当代基础英语教育教学与研究例论

Studies of Contemporary School English Teaching and Research

聂成军　著

中国人民大学出版社
·北京·

君子深造之以道，欲其自得之也。自得之，则居之安。居之安，则资之深。资之深，则取之左右逢其原。故君子欲其自得之也。

——孟子

序

随着《普通高中英语课程标准（2017年版）》的正式颁布，我国英语教育进入了一个以学生为中心、以德育为魂、以核心素养发展为目标的新时代。

新时代的英语教育理念和教学实践必须体现党的教育方针和社会主义核心价值观，必须回答“培养什么人”、“如何培养人”和“为谁培养人”这三个核心问题，必须明确本学科的育人立场、育人目标和育人方法。基于此，新颁布的《普通高中英语课程标准》提出，英语课程旨在全面贯彻党的教育方针，培育和践行社会主义核心价值观，落实立德树人根本任务，促进学生英语学科核心素养的发展，培养具有中国情怀、国际视野和跨文化沟通能力的社会主义建设者和接班人。

基于这一学科育人目标，我们倡导英语课程应该立足于学生学科核心素养的综合发展，通过创设一系列基于现实社会情境和跨文化交际语境，融知识、技能、态度、价值观于一体的英语学习活动，包括自主学习、合作学习、探究学习、线上线下互动学习，进而促进学生英语学科核心素养的逐步形成和有效提升，使他们成为胸怀祖国、面向未来、走向世界的社会主义强国和人类命运共同体的建设者。

英语学科核心素养体系涵盖语言能力、文化意识、思维品质和学习能力等学科教育核心要素。这一素养体系是英语学科育人价值的集中体现，是学生通过英语学习而逐步形成的正确价值观念、必备品格和关键能力。语言能力不仅指在社会情境中，以听、说、读、看、写等方式理解和表达意义的能力，还包括在此过程中形成的语言意识、语理认知、交际策略和沟通能力。文化意识包含学生对祖国文化的自信、对中外文化的理解和对优秀文化的认同，是构建人类命运共同体背景下应具有的跨文化认知、态度和行为取向。思维品质涵盖语言学习和在逻辑性、批判性、创新性等方面体现的思维能力，以全球化视角观察和认识世界的能力，对多元文化进行比较并做出正确价值判断的能力，以及发现问题、分析问题和解决问题的能力。学习能力的培养有助于学生积极运用和主动调适外语学习策略，拓宽外语学习渠道，提升外语学习效率。

指向学生核心素养发展的英语学科教育和课程学习应该以人类命运共同体背景下的人与自我、人与自然、人与社会等主题为内容范畴，以多模态语篇为学习载体，从语言的感知和解读到意义的判断和建构，从语言学习的知识输入到语言学习者的意义表达，是一个语言能力、文化意识、思维品质和学习能力综合发展、循环而上的过程。我们通过听读理解、梳理加工、表达交流和综合运用，对口头或书面语篇进行解读、评判和阐释，创造性地表达个人观点、情感和态度，形成语言能力；感知和理解文化异同，形成文化意识；学会辨析和处理信息，提升思维品质；运用有效策略和方法，提升学习能力。通过语言能力、文化意识、思维品质、学习能力等学科核心素养的综合发展，力求在学生身上形成整合的、可内化、可迁移、可重构的核心素养，融合认知性素养和非认知性素养，形成元认知能力，可转化为胜任力和创造力，伴随一生而终生受益。

如果英语教师以立德树人为学科教育的根本任务，坚定学科核心素养发展的育人理念，他们所看到的将是一批有灵魂、有个性、有创造力的学生，而不是一堆孤立凌乱的知识；他们所看到的学生将是主动建构的思想内核，而不是被动存储的信息硬盘。英语学科知识和语用技能可以通过学生在特定情境中的主动参与、互动体验、能动创造而得到内化和发展。因而，我们要转变以语言知识为主要目标的狭隘的外语学习观，改变以知识记忆为主要任务的学习方式，打破语言知识和技能分解式训练的方式，倡导以学生为中心的互动学习、深度学习、强化学习和拓展学习，从语言碎片式的机械识记走向语言知识和技能的融会贯通及有效运用，从关注语言知识与技能操练走向关注语言素养、人文素养和思维素养的融合发展，从“学会”走向“会学”及“会用”。

令人遗憾的是，有些教师基于他们对教学和评价的认识，以知识传授为目标，以知识传授者为中心，采用传统的碎片化知识传授和分离式技能训练的教学方法，把行云流水、融会贯通的概念分割成独立的语法项目或语言点，机械地、大剂量地、反复地灌输给学生。学生所得到的“知识”无法上升为能力和智慧，无法转化为终生受用的素养。

新颁布的《普通高中英语课程标准》倡导以学生为中心、指向学科核心素养发展的学习活动观。这要求我们教师重新审视英语教学设计的合理性和有效性，科学组合英语教学诸要素，积极改变课程内容的呈现形态，积极设计结构化、情境化、过程化的教学活动，创设一系列具有关联性、综合性、实践性特点的学习活动，进而促进学生学科核心素养的有效形成和提升。

以学生为中心、指向学科核心素养发展的英语教学设计，以“人与自我、人与自然、人与社会”为主题范围，以“多模态语篇”为教学载体，以“结构化的知识、基于真实情境的技能、认知及元认知策略、健康的情感态度价值观”为教学内容，以“置于意义情境的学习活动”和“促教促学的学业评价”为教学进程，将“思维的逻辑性、批判性和创新性培养”有机融入英语教学与跨文化运用的全过程。

我们的课程教学能否真正做到以学生为学习主体，以活动为教学形式，关键在于教师能否转变观念，能否把教程转变成学程。教育是为学生服务的事业，自然应该以学生为主体。我们的学生是有血、有肉、有灵魂的人。我们的课堂教学，从感知、解读、判断，到比较、批判、重构，要留给学生充足的时间去体验和表达。教师不能把课堂当成念经堂，不能把教学演绎为独角戏。一堂好的英语课应该是一堂“老师有激情”“学生有声音”“课堂有温度”“教学有活力”“学习有成效”的活动型英语课。

我很高兴地看到，北京市海淀区教研员聂成军老师在这一方面有独到的理论研究和积极的教学实践。聂老师基于其长期以来对基础英语教育教学所从事的学科研究、教师教育、课堂观察和学生发展，完成了专著《当代基础英语教育教学与研究例论》，并在著作中提供了诸多基于新时代英语教育教学理念、体现新课标育人要求的课例，为英语学科核心素养在课程教育教学中的落地做出了积极有益的贡献，值得一线教师在实际教学中借鉴。

是为序。

梅德明

2018 年 3 月 28 日于上海外国语大学

自序

公元二〇一八年，元月十六，岁在丁酉，冬月卅日，拙著结笔。时值课程方案重构，国家标准另颁。课标修订，群贤集智，历时四载。而拙著起笔于甲午，迄今亦四载余。是年也，愚从教三十载，已逾不惑。读硕北师，耳闻木铎金声，心思教育本源。念荷锄之辛，期下自成蹊，故且行且思，慎然起笔。然俗务缠身，囿于浅学疏才，走笔时断时续。刍荛之见，今得付梓，冀为引玉之砖。

英语教育之使命，在学语言、悟文化、建思维、笃践行。依课标，则在培核心素养，履立德树人之责。然知易行难。课堂施教，培植素养，当如何举重若轻，知行合一，得到功成？开卷拙作，或益有一二。

教授英文，殊不易也。传道、授业、解惑，孜孜不倦。家国情怀，国际视野，学高行范，未尝敢忘。教育科研，格物致知，当深入探究。究者，谋也。欲谋英语教科研之道，拙著范例，当可循也。

噫，裨益有心者，不亦说乎？

戊戌孟春，北京知闲斋

自序

CONTENTS

目录

第一章

中国基础英语教育的历史与现状

一、中国基础英语教育教学历史的简要回顾

在 19 世纪初，通过日益增加的与英国等那时最强的资本主义国家的接触，中国开始感受到外部世界的影响。在频繁的外国列强侵略和占领的威胁下，当时的统治阶层越来越认识到“师夷之长”的必要性。于是，中国开始开展英语教育教学，试图从英国身上学习而强壮自身。Adamson（2002）通过将近现代中国历史分为三部分来分析英语语言和教育在中国的官方作用和地位：晚清、中华民国、新中国。

第一个时期：晚清时期——一个文化剧烈碰撞冲突的时期。这一时期又分为两个阶段。

从 1759 年至 1860 年为第一阶段。官方的英语程度很低，仅用于贸易。当时的中国政府将广州作为对外贸易的主要口岸，外国人只被允许住在沙面岛的很小区域中。根据 Bolton（2002）的研究，在中国南部英语只在教会学校里教授。第一所教授英语的学校在第一次鸦片战争之前的 1830 年代晚期建于澳门。

从 1861 年至 1911 年为第二阶段。英语开始得到官方承认，因为它被认为是接触西方科学技术的媒介。它同时也被作为中国政府开展国际外交的有用工具（Adamson，2002）。根据 Bolton 和 Tong（2002）的研究，在 1856 年至 1860 年的第二次鸦片战争之后，英语开始在教会学校

和大学中推广。1862 年洋务运动期间，在中国由时任中国海关总税务司长官的 Robert Hart 开办了第一家现代外语教育机构：京师同文馆（the School of Combined Learning），其后京师同文馆于 1902 年被并入京师大学堂（Metropolitan College，北京大学的前身）（Guo，2001）。此为中国正式开始英语专业教育的标志。英语专业的教育通常要求学生参加英语、英语语言理论和英语文学的学习以获得对英语语言的良好驾驭能力。随着 1902 年英语被正式并入中学的标准课程，对英语教师的需求随之大大增加，英语专业教育也因而得到较快发展（Hu，1999）。

第二个时期：中华民国——政府建立了与英语国家的外交纽带。这个时期也可以分为两个阶段。

第一阶段是从 1911 年至 1923 年。国人对英语和英语教育的争论充满了矛盾心理，英语的地位得到了稍高认可，并被作为探索西方哲学和其他理念的载体。社会上层的人们可以得到一些出国留学的机会。

本时期的第二阶段是从 1924 年至从 1949 年。英语服务于国人向西方学习民主、军事和其他交流。在 20 世纪前半叶的中国，虽然速度不快，但英语专业的教育仍不断发展。尽管经过了军阀混战、抗日战争、解放战争等混乱年代，到 1949 年新中国成立前夕，依然约有 7 000 人在从事英语专业的学习（Hu，1999）。

第三个时期是 1949 年至今。这是一个国际和国内的政治气候由起伏不定到相对稳定的时期。本时期可以分为四个阶段。

第一阶段是从 1949 年至 1965 年。新中国成立后，英语教育遭受了第一次倒退。1952 年，中国只有 8 家机构还在教授英语（MOE，1999）。到 1956 年，校园里只有 545 名英语教师，大部分英语系也被教育部关闭（MOE，1999）。而在 20 世纪 50 年代中后期，随着文化的发展，政治压力减弱，英语随之变得流行。英语被认为是推进国家现代化、促进国际理解及加强与西方国家外交联系的有用工具。为了纠正以前的外语政策的错误，教育部于 1956 年起大力恢复英语专业的教育（Hu，2001）。到 1964 年，为适应国际国内形势的变化，教育部正式规定英语为学校的第一外语。此次英语政策的扩张不仅增加了国家对英语专业毕业生的需求，而且为政府准备了能说英语的政府工作人员。此谓中国英语教育史上的第一次复兴。

第二个阶段是从 1966 年至 1976 年。1971 年，美国正式承认中华人民共和国为联合国成员，中国开始恢复与美国的友好关系。当尼克松于 1972 年访华时，两个国家的领导人同意就商务、文化和教育的交流进行对话。那时，“又红又专”意味着“学习外国的东西以成为专家来服务人民”（郭家铨，2001），对英语教育的恢复也随之而起。

第三个阶段是从 1976 年至 2002 年。1976 年“文化大革命”结束后，英语教育才真正迎来了第二次复兴。英语教育重新流行起来并又一次被认为是国家现代化和发展的有用工具。1982 年，英语成为中国大陆初中的主要外语。1985 年，在广州举办了第一届英语教学国际研讨会（郭家铨，2001）。自那以后，英语专业的教育机构逐年增加，大学英语专业的学生也越来越多，至 1996 年，已达到 55 899 人（Cen，1997）。而有英语专业的机构也从 1952 年的 8 个增加到 1996 年的 304 个（MOE，1999）和 2002 年的 420 个（SCFLM，2002）。2001 年，英语专业的在校学生已经达到 150 000 人（Wang，2001）。由于 2001 年 11 月中国加入世界贸易组织而带来的新挑战（Pang，Zhou & Fu，2002；Yuhua，2002）以及北京被指定为 2008 奥运会的主办城市，加强基础英语教育变得更为必要。根据 Yuhua（2002），中国教育部决定在 2001 年起为所有小学三年级以上学生提供英语课。2001 年 6 月 8 日，教育部印发《基础教育课程改革纲要（试行）》，开启了新课程改革。《普通高中英语课程标准（实验）》于 2003 年正式颁布，标志着我国基础英语教育进入了一个新阶段。

第四个阶段是从 2003 年至今。2003 年，中华人民共和国教育部颁布了《普通高中英语课程标准（实验）》，明确提出，中国社会发展和经济建设对公民的外语素质提出了更高的要求，高中阶段的外语教育是培养公民外语素质的重要过程。把高中英语课程定义为“普通高中的一门主要课程”（教育部，2003），指出“高中生学习外语，一方面可以促进心智、情感、态度与价值观的发展和综合人文素养的提高；另一方面，掌握一门国际通用语种可以为学习国外先进的文化、科学、技术和国际交往创造条件”。该标准提出了“在义务教育阶段英语学习基础上，进一步明确英语学习的目的，发展自主学习能力和合作学习的能力；形成有效的学习策略；培养学生的综合语言运用能力”的高中英语课程总目标。

及至2018年，教育部在经过长期研究与论证的基础上，颁布了《普通高中英语课程标准（2017年版）》，将综合语言运用能力理论发展为“学科核心素养”理论，重新定义了高中英语课程的性质：英语是当今世界广泛使用的语言，是国际交流与合作的重要沟通工具，是思想与文化的重要载体。学习和使用英语对汲取人类优秀文明成果、借鉴外国先进科学技术、传播中华文化、增进中国与其他国家的相互理解与交流具有重要的意义和作用（教育部，2018）。此时的中国，英语教育教学已然成为基础教育领域的重要组成部分。普通高中英语课程已经被定义为“全面贯彻党的教育方针、落实立德树人根本任务、发展英语学科核心素养、培养社会主义建设者和接班人的基础文化课程”（教育部，2018）。

在短短的一百余年时间里，特别是改革开放及提倡素质教育以来，我国的基础英语教育教学经过了历次改革，取得了长足的发展。在这样的改革过程中，外语教学法流派及教学思想对其产生了深远的影响。梳理并分析这些影响，对于我们理解基础英语教育的改革历程，分析当前基础英语教育教学的任务，把握未来基础英语教育的改革与发展方向，都具有极其重要的理论与现实意义。

二、外语教学法流派对中国基础英语教育教学的影响

外语教学法流派及教学思想的变迁与发展是一门古老而年轻的科学。从18世纪下半叶语法翻译法产生到现在200多年的发展历程中，随着人们对外语教学规律认识的不断提高，以及相关科学研究的深入，不断涌现出新的流派与思想。

纵观历史，外语语言学习一直是一个重要的实际问题。因此，对于外语教学法的研究也经历了一条漫长的道路。从最初的“语法翻译

法”，到后来的“口语教学法”（The Oral Approach ）、“直接教学法”（The Direct Method ）、“听说法”、“认知法”、“交际语言教学法”（Communicative Language Teaching ）、“全身反应法”（Total Physical Response ）、“默示教学法”（The Silent Way ）、“社团语言学习法”（Community Language Learning ）、“自然教学法”（The Natural Approach ）、任务型教学法（Task-based Language Teaching ）和整体语言教学法（Whole Language Approach ）等。

1. 外语教学法流派及教学思想变迁

（1）语法翻译法

语法翻译法最早出现于 18 世纪晚期的欧洲，是外语教学中最古老且影响最深远的方法。

语法翻译法实际上是重在培养和提高学生的阅读理解能力，其内涵是首先分析句子语法，然后把句子翻译成母语，利用两种语言，进行语义的对比和意义直译。 在学习过程中，把用母语翻译作为实际教学的目的，也是其重要手段。语法翻译法非常重视阅读，强调翻译，重视语法和结构，忽略外语的听说交流能力。

语法翻译法的特点是：用母语去教授外语，将语法定位为学习重点和教学中心，把翻译和书写训练作为基础教学环节，不重视视听、口头交流等技能培养。

语法翻译法的优点：第一，有利于认识母语与外语之间的基本联系，在母语的基础上，将外语语法和结构等特点，作为攻克外语的核心以及重点内容。通过大量的例句和练习，帮助学生巩固外语语法知识。在学习母语与外语的训练、对比以及掌握过程中，对外语的词组、语句、语法、篇幅、结构和内涵的学习，循序渐进，步步深入，走向严谨和精准，进而奠定了扎实的外语语法基础。第二，在平时的教学过程中，对于比较复杂的结构和抽象概念，借助母语理解和学习，易于掌握和理解。第三，翻译法有利于培养学生的阅读理解能力和写作能力。该法以阅读为目的，在翻译的过程中加深理解，从单词渐进学习开始，结合语法例句分析，最后进行通篇的完整翻译。在长期大量的翻译训练过程中，很好地提高学生学习语法和文章结构的能力。

语法翻译法的缺点：学生只是死记语法规则、词汇及例句，对于听说交流能力培养欠缺，使得学生不善于交流，不能顺利运用口语跨文化沟通。只会读、写，不会听、说，不利于语言综合能力的提高，难以实现跨文化交际的目的。其另一不足是忽视了学生的主观能动性，学生没有较强烈的学习兴趣。

后世学者举了一个典型的例子，说明当时语言教学理论化到只重视规则而不计其他。

教师：翻译这个句子："棕色的牛坐在树枝上吱吱地叫。"

学生：什么？哪有这样的事？牛会坐在树枝上还会像鸟叫？

教师：没有那样的事不要紧，我们不是学习句子的内容。

（2）口语教学法

口语教学法是为了实践和学术原因而形成的。20 世纪 20 年代，帕尔默·霍思比和另外一些英国应用语言学家研究出了一种教学法——口语教学法。

口语教学法的特点：以语法为基础，语法和词汇按难易程度分层次教学，新的语言点通过有意义的情景活动得到展示和练习。

口语教学法的优点：口语教学法首先尝试建立理论原则，这些尝试标志着应用语言学的诞生。在语言教学实践方面，口语教学法弥补了语法翻译法的一些不足。教学内容按难易程度分级编排，学生不必面对未经分级的目的语而犯愁。在介绍语言结构时，口语教学法强调情景的作用，情景可帮助学生将所学应用到实际生活中去。

口语教学法的缺点：口语教学法不关心语言的得体性，也不关心真实话语中规则的使用。它的主要目的在于用情景来说明每一课中孤立的语法点。因此，它依然是以语法为纲的方法。

（3）直接教学法

直接教学法又称直接法，出现于 20 世纪 30—40 年代的英国。它是依照幼儿学习语言的自然过程与方法来设计教学的，强调直接学习和使用语言，以模仿为主，以归纳途径教授语法，强调语音和口语教学，注重实践练习和培养语言习惯，并重视使用直观教具。直接法有助于培养学生熟练使用外语的能力，教学效果较为明显，但在初创时期完全排斥母语，给外语教学带来了不必要的麻烦，并且忽视了母语和外语学习的共同规律和差异性等。直接法属于经验主义的教学法。

直接法把口语作为主要教学内容，强调模仿，强化自说、学说的教学训练方法，教学中以听说、模拟、反复听力练习，增强说话和听力的能力。

直接法的特点：在培养口语和听力方面有显著成效，可进行有效的交流。

直接法的优点：采纳直观的教具，在引起学生兴趣、新鲜感及创造力的基础上，让实际情景和抽象内容相结合，活跃课堂气氛，提高了学习效率。

直接法的缺点：教学方法简单化，对深层次的文化修养的重视和理解不够，对教材的抽象复杂概念了解不深，内容单一且词汇量少，几乎不强调语法功能，没有母语与外语之间的有机结合，对于学生的主动学习和理解能力的培养有限。

（4）听说法

听说法是第二次世界大战爆发以后以语言学家布卢姆菲尔德（L. Bloomfield）的结构主义语言学与心理学家斯金纳（B. F. Skinner）的新行为主义教育思想为理论基础开创的。他们认为学习外语应当让学生学会不自觉地运用所学外语的语言结构，把所学外语的语音、词汇、语法变成新的语言习惯，反复模仿、记忆、操练，达到不假思索脱口而出的程度。听说法把语言结构分析的研究成果运用到外语教学中，使教材的编写和教学过程的安排更具有科学的依据。但听说法过分重视机械训练，忽视语言规则的指导作用，过分重视语言的结构形式，忽视语言和内容的意义，存在流于“造作”的语言倾向。这种方法以句型操练为其独有的特点，句型又被看作语言结构的缩影。因此，听说法应是一种理想主义的教学法。

（5）认知法

认知法产生于20世纪60年代，吸取了瑞士心理学家皮亚杰（Jean Piaget）的认知结构教育学思想、美国心理学家和教育学家布鲁纳（J. S. Bruner）的结构主义教育学思想、乔姆斯基（Noam Chomsky）的转换生成语言学的辉煌成就，提出了一套新的教学原则：① 外语要以学生为中心；② 在理解语言知识和规则的基础上操练语言；③ 听、说、读、写齐头并进，全面发展；④ 利用母语的语言知识和概念；⑤ 对错误进行分析和疏导；⑥ 广泛运用直观教具和电化教学手段，使外语教学情景化、交际化。其意义在于语言教学创新意识和“以学生为中心”的观念及原则。

（6）交际语言教学法

交际语言教学法又称交际法或功能法，产生于20世纪70年代，以社会语言学和心理语言学的成果为理论基础，认为语言教学的目的是培养交际能力，强调连贯语言教学的话语教学思想。交际法还阐明了人们在用语言进行交际时涉及的情景、功能、意念、社会、性别、心理作用、语体、重音和语调、语法和词汇、语言辅助手段等语境因素的协同作用，要求交际过程中以言语交际作为出发点、手段和目的。交际法要求按学生需要取材，通过交际学习语言，这又走进了接触积累的经验主义教学法圈子。

交际法的重点：通过语言加强交际功能。通过语言之间的交流，让学生在真实或接近真实的交际场合进行训练，学生的主观意念、态度、情感、文化修养、创造性和自由表达能力等得以发挥和提高。

交际法的特征：太强化语言的内在意义，不重视结构和语言功能作用，偏重于交流和交际形式，主张采用真实材料进行教学，过于看重语境环境氛围；教学过程太交际化；学生是学习活动中的主体，教师所起的作用仅仅是激发学生的学习热情和积极态度。

交际法的优点：鼓励学生大胆开口说英语。强调教学过程的交际化，培养学生的语言表达和交际能力。

交际法的缺点：首先，学生必须有较多的学习时间。其次，要求有相关的地理、历史、风土人情等文化知识背景，在实际学习中需要紧密结合生活和社会，须有较好的训练环境。

（7）全身反应法

全身反应法（TPR）由美国著名心理学家詹姆斯·阿士尔（Dr. James J. Asher）提出，其理论基础在于：人们在幼儿时期学习语言时是听说促进言语和书面表达能力的提升，当通过听说获得的信息由量变达到质变时，幼儿就能自然地运用语言表达出自己的意思了。

全身反应法的优点是强调身体的互动性和教学的生动性，以便让孩子更直观地了解，在游戏中学习。英语生活化，同时也可以更好地激发孩子对英语学习的浓厚兴趣。

全身反应法的缺点：比较抽象的单词和句子很难用 TPR 来表述，教师在向学生解释一些抽象的事物的时候会比较困难。

（8）默示教学法

默示教学法是由 Caleb Gattegno 在观察一位欧洲学者进行数学教学后研发出来的教学法。Gattegno 认为，语言为一个结构性的组合体，所以教学上可以将发音、文法等元素抽离社会情境来介绍。

Gattegno 也非常强调学习者学好外语的两大特质：①沉默（silence）——沉默使学生能专注于所学的标的物上，进而产生组织、统合的能力。学习中常见的反复诵读（repetition）反而会搅扰心思运作的状态。②意识状态（awareness）——Gattegno 非常重视心理学中“如何学好学习”（learning to learn）这门学问。他认为，意识状态的发展要由注意力开始，然后才透过实验、自我修正来达到融会吸收的境界。这点也是默示教学法有别于其他教学理论的最大特色。

（9）社团语言学习法

社团语言学习法又称咨询法（Counseling Learning），产生于 20 世纪 60 年代初期的美国，是由古兰（Charles Curran）创立的。

这种教学法主要的教学目标是外语口语。它的突出特点是以学生为中心，教服从学。教师是顾问，是辅助者，学生是“病人”。教师注意的中心是“病人”的需要。另一个突出特点是依靠学生的母语，逐渐由学生的母语过渡到外语。

这种教学法的学习方式和过程是这样的：首先学生用母语建立相互信任的人际关系。学生坐成一个圆圈，教师在圈外。学生可以是零起点的外语学生。如果一个学生想对小组或某个学生说几句话，他就用母语说，顾问就把他的话翻译成外语，然后让学生重复这句外语。接着，别的学生就用母语回答，顾问再翻译，学生重复。这样，会话就会继续下去。如有可能，可以把会话录下来，引导学生归纳一些有关新语言的信息。如果学生愿意，顾问可以给更多的指导，解释一些语言规则。

在开始阶段，“病人”会出现迷惑不解、混淆的情况，但是在顾问的帮助下，会慢慢好起来，开始用外语说一个词、一个短语，不用翻译。这是“病人”由完全依赖顾问到独立学习的第一个标志。随着“病人”对外语的逐渐熟悉，直接用外语交际就会发生，顾问的指导就会减少。数月之后，“病人”就会用外语进行流利的交际。从完全依赖顾问到完全独立，其间分以下五个阶段：完全依赖顾问；会说一些外语词和短语；逐渐独立，但还有一些错误需要顾问纠正；只需要顾问解释一些成语、具有特殊意义的固定表达法和语法；独立、自由地交际，顾问虽出场，但保持沉默。

社团语言学习法的理论基础是人本主义心理学和以学生为中心的教育学。

（10）自然教学法

自然教学法是由 Stephen D. Krashen 和 Tracy D. Terrel（1983）提出来的。他们在研究儿童如何产生第一语言的基础上，区分了语言学习中自然“习得”和“学习”两个不同的概念。

Krashen 和 Terrel 指出，学习第一语言对于幼儿来说，既是生存的需要，又与他们的现实生活紧密相连。儿童出生以后，生活在一个富有实际意义的环境之中，在日常生活和与父母的交流中，自然“习得”第一语言。“学习”指的是学生在学校里有意识地学习第二语言。课堂教学侧重于语音、语法、句型训练和听写、造句等等。

Krashen 和 Terrel 认为，在学习英语的过程中，用习得的方式比学习的效果好得多。因此，课堂环境应该尽量接近学生的实际生活。教师应利用学生过去学过的知识，设计和 ESL 学生文化相近、便于他们理解的教学活动。在介绍新词汇、引进新知识的时候，教师要尽可能结合周围实际环境。

Krashen 和 Terrel 进而说明，语言发展是有阶段性的，由简而繁，逐渐提高。Krashen 把实施自然教学法的过程分成 4 个阶段：① Pre-Production，② Early Production，③ Speech Emergence 和④ Intermediate Fluency。

自然教学法涉及的范围相当广泛，和许多别的教学法都有关联，它的意义在于阐述了“习得”的理论,解释了“习得”和“学习”的区别，说明了英语教学循序渐进的阶段。其重点在于创造一个与儿童学习第一语言相近的环境，使学生能够自然“习得”，提高英语的流利程度和运用英语进行交流的能力。

（11）任务型教学法

任务型教学法是从 20 世纪 80 年代逐渐发展起来，广为应用语言学家和外语教学实践者认可和接受的一种外语教学方法。任务型教学法以任务组织教学，在任务的履行过程中，以参与、体验、互动、交流、合作的学习方式，充分发挥学习者自身的认知能力，力图为学习者提供机会，通过课堂上以意义为焦点的活动，参与开放型的交际任务。其课堂操作程序表现为一系列的教学任务，在任务履行过程中，学习者注重语言交际的意义，充分利用自己已经获得的目的语资源，通过交流获取所需信息，完成任务，其学习过程是沿着开放的途径达到预期的教学目标。

（12）整体语言教学法

美国语言学家 K. Goodman（凯 · 古德曼）于 1986 年提出的整体语言教学法，是关于语言、语言学习、语言教学、课程内容和社团学习的一整套教育哲理。这一教育理念对美国、加拿大、新西兰、澳大利亚等国的语言教学产生了巨大影响，同时也引起了我国基础英语教育界的关注。这一教学法的主要特点是：①强调整体。在语言教学中，听、说、读、写是不可分割的整体。②语言要和文化、社区相结合，教师要和学生相结合。学习语言的目的是为了满足学生在现实生活中的真实需要，能够进行有意义的人际交流，解决生活中的实际问题，而不是为了学习语言而学习语言。③单元以主题为中心。

整体语言教学法的主要优点是使一个主题概念能够多角度、多层次地反复出现，使学生有机会把过去的知识和经验与今天的学习任务结合起来，使新旧知识在头脑里形成网状记忆、网状联想，使英语学习的质量产生飞跃。注重学生生活和学习有关的练习和活动。可用来培养各种语言能力。

整体语言教学法的主要缺点，一是忽视词汇教学，二是对教师的要求较高。

（13）其他教学法流派及教学思想

20 世纪 80 年代以来，在批判以教师和课本为中心的教育观和教学法、主张建立以学生为中心的教学法基础上，出现了一些新的教学法流派。包括默教法，强调使用各种直观教具，让学生通过联想和对比的方法学习外语；顾问法，强调在活泼的气氛中通过顾问游戏的方法习得并运用语言；暗示法，主张运用各种方法激发左大脑和右大脑半球协调行动，不但提高记忆能力，而且发挥创造力。

2. 外语教学法流派及教学思想的发展趋势以及英语教学方法在我国的演变

纵观外语教学法流派及教学思想的发展历程，各流派之间尽管存在前后否定，及否定之否定的过程，但从总体发展趋势分析，仍是扬长避短、一脉相承的，我们不难发现其发展历程中存在着这样的良性的趋势和脉络。在学习目的上，从将学习语言看成掌握知识，到强调运用语言进行交际；在教学理念上，从“以教师为中心”到“以学生为中心”，培养学生的自主学习能力；在学习过程上，从被动接受语言，到强调学生主动参与教学活动；在学习方法上，从机械翻译、背诵，到注重创造性和情感的发挥；在能力培养上，从单一能力培养，到强调听、说、读、写各方面协调发展；在教学手段上，从单一教学手段，到运用各种先进教学手段和教学工具。这些教学法流派及教学思想的变迁趋势对我国基础英语教育教学产生了极其深远的影响。

从 20 世纪 80 年代以来，我国基础教育阶段英语教学方法的演变大体上经历了五个不同的阶段。80 年代中期以前，语法翻译法主导着英语课堂教学活动。此后，交际法、任务教学法、整体语言教学法和认知教学法相继出现，并开始成为中学英语教学的主导方法。

语法翻译法通过对句子的分析让学生掌握英文的语法规则；通过句子的汉语翻译让学生理解句子的意义；通过词汇背诵让学生掌握英语语言的基本构成要素；通过阅读和写作训练巩固学生所学习的语法知识和词汇知识，提高阅读理解能力，从而能够胜任考试的需要、阅读英文文献的需要和写作英文论文的需要。自从 20 世纪 80 年代英语教育在国内蓬勃发展以来，语法翻译法就为外语教学研究人员所诟病。“传统的语法翻译法只注重语言规则和形式的讲授，而忽视语言的交际功能，故产生了诸多不良后果”（聂成军，2016）。

语法翻译法忽视了对英语交际技能的训练，特别是口头交际技能的训练。针对语法翻译法的这一缺陷，交际法应运而生。这种英语教学方法强调英语学习者应该在交际中掌握语言，通过实际使用语言来掌握这门语言，通过语言的使用自然地掌握语法规则、理解语言所要表达的意义。交际法教学主张“由做而知”，学习者通过“做”能够自然学会语言知识。在交际教学法中，教师的任务就是为学生进行语言交际创造情境。交际法的提出确实引起了英语学习者特别是高中学生对英语交际能力（口语能力和听力能力）的关注，客观上促进了我国中学的英语教学活动。但是，交际法所主张的在使用中学习英语的理念并没有得到彻底的贯彻，基础教育阶段英语教学中，交际法依然只是一个辅助性的教学方法，成了学生进行语言操练的手段。

交际法虽然是语法翻译法的有益补充，对我国中、小学生英语口头表达能力和听力能力的提高做出了很大的贡献，但是其自身也同样存在着不可克服的缺陷。交际法的教学情境往往为了语言学习而设定，对于参与者来说没有什么意义，而且交际情境也不真实。针对交际法的缺陷，人们提出了任务型教学法。任务型教学法同样主张学生应该在语言使用中掌握一门语言。但是任务型教学法不再为学生设定虚构的情境，而是交给学生一定的任务，让学生在完成任务的过程中有意义地使用英语进行互动，并在真实环境中掌握英语。任务型教学法虽然从理论上克服了交际法存在的缺陷，然而，在任务执行过程中，为了完成一个任务，同学之间虽然在老师的监督下会使用英语进行互动，但是却不会相互学习对方在语言表达上的优势，对互动中的学习存有抵触情绪。这样同学之间互动与交流虽然真实，却很难带来理想的学习效果。

整体语言教学法强调语言教学的整体性，将英语教学内容作为一个整体呈现给学生，并在教学过程中综合训练学生的听、说、读、写四项基本技能，要求学生掌握语言交际能力。“作为一种教育理念，整体语言教学法提出语言是一个整体，强调语言教学内容的整体性、语言技能的整体性以及语言的交际功能。”与任务型教学法相似，整体语言教学法同样强调英语教学的真实性和互动性。在整体语言教学中，学生阅读英文材料的目的不再是为了学习语言，而是为了获取对他们有价值的意义和信息。而学生对英文阅读材料的阅读也不再是从单词、句子、段落开始，而是从阅读内容的整体出发不断建构阅读材料的整体意义，然后在完成整体意义建构的过程中获得词汇能力和语法知识。阅读材料也不再仅仅服务于阅读训练，而是同时服务于听、说、读、写四种技能的综合训练过程。另外，阅读的内容也同时是情境设计的一部分，在整个阅读的过程中英语学习者之间还需要相互的交流，从而体现了整体语言教学的交际性。

随着认知科学的发展，人们在外语教学中开始有意识地引入认知科学研究成果。认知教学法就是强调外语学习者个体认知过程的一种外语教学方法。它与整体语言教学法一样，强调语言技能的综合发展，强调通过有意义的交际来训练语言能力。除此以外，认知教学法还特别突出了学生在英语学习中的中心地位，强调英汉语言之间的对比，强调对错误的疏导，强调现代化教学手段的使用。

教学方法的演变是外语习得研究发展的结果，反映了外语教学研究的最新成果，有效地促进了我国基础教育阶段英语教学工作。但是，这些教学方法大多发源于英美国家，是针对英美外语学习者和外语教学研究的成果，其对于不同国家外语学习者的普适性还需要进一步论证。

西方主流的英语教学方法虽然从其自身来看有着很多合理的东西，也有值得我们借鉴的地方，但是这些方法毕竟是发源于国外，是在国外特定文化背景下产生的符合国外特定文化需要的教学方法。倘若我们不加改造地将这些方法直接运用于中国基础教育阶段英语教学，那么我们很有可能无法取得理想的教学效果。

3. 外语教学法流派及教学思想对基础教育英语教学大纲（课程标准）的影响

1977 年以来，我国中小学英语课程发展大体可以分成三个阶段：1977 年至 1990 年；1991 年至 2002 年；2003 年至今。教育部发布的教育教学指导性文件，前两个阶段称为教学大纲，第三阶段称为课程标准。在这样的改革历程中，外语教学法流派及教学思想发挥了重要的影响和指导作用。

（1）对教学大纲（课程标准）教学理念的影响

教学理念在整个教学大纲（课程标准）的编写和改革过程中，具有重要的指导作用和战略意义。外语教学法流派及教学思想在教学理念上对基础教育英语改革教学大纲（课程标准）产生了深远影响，主要表现在：

教师与学生角色的重新定位。传统教学大纲中教师与学生的角色定位基本上基于以教师为中心的教学模式，学生处于被动接受的状态，这对学生学习兴趣的培养和主观能动性发挥，以及学生创造能力的提高产生了负面影响。1985 年的全国中学英语教学调查与分析指出，“重语法规则的讲授、轻实际能力的培养”的观念和做法是造成学生英语水平低的重要原因。在外语教学法流派及教学思想“以学生为中心”、将学生看作具有情感和创新精神的全面发展的人的发展趋势影响下，教学大纲的改革逐渐对教师与学生的角色进行了重新定位。1992 年后大纲把教师的“主导”作用改成了“指导”作用，指明教师主要是引导和帮助学生学习英语。在这样的指导思想下，学生成为英语教学中的主体，教师采取多种方式、方法引导学生的自主学习，充分发挥学生的自主学习能力。2003 年始，在课程标准中进一步提出教师要转变在教学中的角色，不应仅仅是知识的传授者，还应成为学生学习的促进者、指导者、组织者、帮助者、参与者和合作者。

注重学生的全面发展。在外语教学法流派的发展历程中，从翻译法磨炼学生的智慧，到直接法、听说法培养学生的语言习惯，到认知法注重听、说、读、写齐头并进，再到暗示法等教学方法注重学生创造力的发挥，外语教学方法沿着注重学生全面发展的方向不断探究和尝试。我国将素质教育提上议事日程以来，基础英语教育吸收、借鉴了教学法流派对学生全面发展的重视，在历次教学大纲改革过程中，不断加强对学生各方面综合能力和素质的培养，先是提出学生听、说、读、写能力的综合训练，注重运用语言进行交际能力的提高，提出鼓励学生发挥创造力和想象力，更在此基础上提出重视学生情感态度的培养和跨文化意识的提升。及至 2018 年，又提出培养和发展学生应具备的语言能力、文化意识、思维品质、学习能力等学科核心素养。

（2）对教学大纲（课程标准）教学目标的影响

在教学大纲改革中“以学生为中心，促进学生全面发展”教学理念的指导下，基础教育英语教学大纲（课程标准）课程目标进行了调整和改革。

由学习知识转变为运用语言进行交际。大纲的编者吸收了交际语言教学的思想，1988 年以后的大纲教学内容部分都增加了日常交际用语简表，从而保证在教学中和教材编写中做到教学内容紧密结合生活实际，学用结合。此后，历次教学大纲的改革逐渐由将外语学习的目的视为掌握知识，转变为运用语言进行交际。

由注重应试转变为注重能力培养，再发展为培养核心素养。1988 年的九年义务教育初中英语教学大纲明确提出“提高整个中华民族的思想道德素质和科学文化素质”。1992 年的义务教育初中教学大纲则增加了“激发学生的学习兴趣，养成良好的学习习惯，使学生受到思想品德、爱国主义和社会主义等方面的教育，发展学生的思维能力和自学能力”。2011 年义务教育课程标准则提出了“通过英语学习使学生形成初步的综合语言运用能力，促进心智发展，提高综合人文素养”。1996 年全日制普通高中英语教学大纲明确提出了“提高中华民族的思想道德素质、文化科学素质和身体心理素质”的要求。2000 年义务教育初中大纲旗帜鲜明地提出要“以培养学生创新精神和实践能力为重点，全面推进素质教育”。2003 年课程标准提出“培养学生的综合语言运用能力”。2017 年版普通高中课程标准提出“落实立德树人根本任务，进一步促进学生英语学科核心素养的发展”。这一系列的变化足可说明，英语课程教育目标在由单纯传授知识向提高学生全面素质的方向再到培养具有中国情怀、国际视野和跨文化沟通能力的社会主义建设者和接班人的转变。

由强调单一方面的能力转变为“听、说、读、看、写”综合能力的训练。教学法流派发展的一个显著特征就是，从注重单一的外语能力的训练，转变为注重听、说、读、看、写能力的全面提高。1982 年义务教育初中教学大纲规定“英语教学要着重培养学生综合运用语音、词汇、语法进行听、说、读、写的交际能力”。在过去的 20 多年中的多个教学大纲中，无一不强调听、说、读、写的综合训练，并提出四项技能的训练相辅相成，互相促进，1993 年和 1996 年的高中教学大纲还特别强调，听和读是理解和吸收信息的手段，并规定了泛听和泛读的量以保证学生培养起语感。2017 年版高中英语课程标准则又将英语语言技能描述为“听、说、读、看、写等方面的技能”。

重视情感态度与文化意识的培养。培养跨文化交际的意识首次出现在 1993 高中英语教学大纲（初审稿）中。该大纲的教学目的规定“增进对所学语言国家的了解”，并且专门阐明了“处理好语言教学和文化的关系”。依据该大纲编写的高中英语教材除了注意结构和功能，还特意编入了有关英语国家文化知识等话题的内容。这样做，不仅可以加深学生对语言的理解，更重要的是扩大了他们的视野，增强其国际理解力，也有助于他们更好地理解本民族的文化，同时体现了学科的融合。

落实立德树人根本任务，体现英语学习的基本规律和英语教育的发展趋势。2017年版普通高中课程标准提出英语学科的四大核心素养为发展目标：语言能力、文化意识、思维品质、学习能力。其中语言能力是指在社会情境中，以听、说、读、看、写等方式理解和表达意义、意图和情感态度的能力。

（3）对教学大纲（课程标准）教材内容的影响

基础教育英语教学大纲（课程标准）教学理念和教学目标的转变首先体现在大纲（课程标准）对教材教学内容的修改上。

教学内容贴近生活实际。英语教材的内容改变了以往以教授语法为中心的内容和体例编排，教材内容逐渐贴近学生的生活和现代社会生活，并渗透思想情感的教育，“寓思想教育于语言教学之中”，“树立符合素质教育精神的英语教育观”，渗透大量自然和社会科学知识。

教材结构、功能、话题相结合。近年来，教材多采用结构、功能、话题相结合的方法，有些教材又加上任务型教学活动。教材语言比较真实、自然、地道，教学方法比过去灵活，加强了交际性、实践性和启发性，促进了学用的结合。

教材编写注意趣味性和多样化。教材的编写注意学生生理和心理发展的特征，特别是年龄的特征，重视从教材内容、编排体系到呈现形式等方面提高趣味性，以激发学生的学习兴趣。并力求符合学生学习英语的认知规律，注意调节教材的难易程度和分量。鼓励一纲多本，以适应不同地区学生英语基础和接受能力上的偏差；引进多种外国教材，补充发达地区和外国语学校等不同类型学校的需求；编写不同起点的教材，特别是小学起点的英语教材。

2017年版课程标准则对教材编写提出了如下建议：落实立德树人根本任务，培养学生英语学科核心素养；满足学生多元发展；以主题为引领，以活动为重点，整体设计教材学习单元；采用真实的英语语言素材，帮助学生增长知识和生活体验等。

（4）对教学大纲（课程标准）教学模式和教学手段的影响

重视师生互动、共同参与的教学模式。教学大纲（课程标准）的改革逐步树立了师生互动、共同参与的思想，要求教师要善于根据学生的生理和心理发展的特点认真研究教学方法，调动他们的主动性和积极性，并且要求教师面向全体学生，因材施教，发挥不同学生的特长。此外，还要求教师耐心地帮助学习上有困难的学生，鼓励他们的进步，使他们树立信心。对学生在口语实践中出现的失误采取宽容的态度。

重视直观教具和现代化教学手段的综合运用。认知法教学思想强调，“广泛运用直观教具和电化教学手段，使外语教学情景化、交际化”。我国缺乏英语语言环境，充分利用直观教具和电化教学手段就显得非常必要。大纲要求利用现代化教学技术进行英语教学。根据大纲编制出的教材配有挂图、录音带、幻灯片、录像带、VCD、CD-ROM、DVD、计算机软件等。系列教材使教学立体化，为学生提供地道的语言材料和标准的语音语调，而且提供真实自然的交际情景，有助于培养他们的英语思维。2000 年颁发的初、高中大纲进一步提出广泛利用和开发各种教育资源，鼓励教师和学生借助广播电视、英语报刊以及网络等进行自主学习。2017 年版高中英语课程标准则又进一步提出，教师要积极关注现代信息技术在英语教学领域中的发展和进步，努力营造信息化教学环境，学习和利用网络提供的实时个性化学习资源，为学生搭建自主学习平台，帮助学生拓宽学习渠道，提高英语学习的效率。

（5）对教学大纲（课程标准）教学评估体系的影响

教学大纲（课程标准）针对教学评估体系的改革同样受到主张培养交际能力、注重学生全面发展的教学法流派及教学思想的影响。早在 1988 年的大纲中已加上了有关“测试方法”的内容，1992 年大纲强调“考试、考查内容应做到单项和综合相结合，注意考查学生综合运用语言知识的能力”。大纲还规定了既要有笔试，也要有口试和听力测试。2000 年颁布的《九年义务教育初中英语教学大纲（试用修订版）》对评价的论述又有了进一步的发展，表明了在测试改革方面的新观念、新要求，使单一测试上升为关注学生语言能力发展的多元评价系统。

2017年版课程标准提出着重评价学生的学科核心素养发展状况，应以形成性评价为主并辅以终结性评价与定性评价相结合，注重评价主体的多元化、评价形式的多样化、评价内容的全面性和评价目标的多维化。

（6）对英语教学方法和教学质量的影响

针对中国学生交际能力差的情况，人们往往归罪于教语言知识，具体说，教语法。因此，自20世纪80年代中期以来，国内大力提倡国际上流行的交际教学法，淡化语法教学，甚至不教。交际教学法已成为我国主流教学法，教材编写、课堂教学以至外语测试，无不举起交际教学法的大旗。鉴于国内英语课程、教材、教法等受某一个流行的教学法派别影响而走极端的做法，包天仁（2004）在谈到中国小学英语教学为提高学生“交际能力”之目的，以输出为主，淡化语法的现状和反思时，提出“小学英语教学的四大要素”，即“外语”“环境”“资源”“类型”。英语对中国学生来说是一门外语，不是第二语言，这个概念需要区分。然而绝大多数的教学法流派都是从西方第二语言习得的理论流行过来的，因此我们可以借鉴，但是在没有任何实践的情况下，绝对不能大面积地拿来使用、推广。我们需要考虑国内具体真实的外语学习环境、资源允许与否，思考中国外语教学特别是基础教育阶段到底是什么类型的教学，哪种教学比较可行，以输入为主还是输出为主，到底应不应该淡化语法。

他认为按照语言教学规律，中国的外语教学应该是以 input instruction，或者叫 input-based instruction，或者叫 form-focused instruction，以输入为主的教育，而不是目前实行的这种输出型的或称为交际型的、任务型的教学类型。我们的教学应该采用科学的教学风格、教学策略、教学方法，课堂组织、课堂活动可以多样化，百花齐放。但是最基本的一些规律不能违背，因为这种东西违背以后会受到惩罚。比如，我们要培养学生的交际能力。然而交际能力最主要的一个特征能力就是语法能力，交际能力里面包含了四个小的、具体的能力，即语法能力、语篇能力、语用能力、策略能力。如果不懂语法，淡化语法，甚至不教语法，在没有外语的语言环境里是绝对行不通的。

胡壮麟（2002）早就指出交际教学法不是外语教学的万应灵药。它有优点，也有缺点。交际法鼓励学习者张口，倡导“流利甚于正确”，“教语言而不是教语言知识”的原则，在外语教学的初期和中期有很大作用。其负面效应是它常使学习者产生误解，以为自己说得快，写得快；说得好，写得好。其实不然。中国老师常有这样的体会，学生言谈和书面作业中暴露很多问题，可学生对老师的指正往往不接受，其理由是他们经常受到外籍老师的肯定和表扬，因此不认为自己说错了，写错了。事实上，在语言交际过程中，说快说慢不是根本目的，交流正确的信息才是主要的。

从发展方向看，一个语言正确但不流利的学习者，如果有更多机会和说英语者接触，会逐渐趋向流利；但一个语言貌似流利可错误很多的学习者，靠他自己的习得，很难往正确方向发展，因为他已养成错误而自己仍认为是正确的陋习，对一些错误的表达方式定式化了。没有人指点，或者即使有人指点了但他本人并不认为如此，亦难以化不正确为正确，这极大地降低了学生的语言质量和我们的教学效果。

如果说中国学习者交际能力差，这决定于多种因素，把语法教学当枪靶子打，不能解决问题。如英语作为外语学习和英语作为第二语言学习是不同的，在中国听和讲外语的环境有很多限制；采用原汁原味的交际法对老师要求非常高，而现有的老师够格的或有经验的不是足够多；中国学生在性格上内向的多于外向的，明明会说也不愿意抢着说。其他因素尚有学习硬件不如一些发达国家，以及对外开放的程度，等等。所有这些说明，提高交际能力是个综合工程。基于学生碎片化语言越来越多，语言质量下降的背景，我们的一些国内和国外同行对语法教学已经开始端正态度，重新评价。一些有识之士纷纷提出，交际法应和语法教学结合，由此产生了交际法向交际 – 语法教学法的过渡，持续稳步提高学生的语言质量和交际能力。

三、中国基础英语教育教学现状

1. 取得的成绩

英语课程，既是学生通过英语学习和实践活动，逐步掌握英语知识和技能，提高语言实际运用能力的过程，又是他们磨炼意志，发展思维，拓展视野，丰富生活经验，发展个性和提高人文素养的过程。随着英语课程的不断改革，以工具性和人文性相结合为特征的新课程对英语课程改革产生了积极的影响，取得了不小的成绩（王蔷，2015）。

（1）基础英语课程改革取得的成绩

教学目标由掌握语言系统向综合语言运用能力再向学科核心素养转变，使学生学习英语不再只为考试，而是更注重语言的实践性和应用性，培养学生的英语素养。

教学性质由工具性向工具性与人文性的统一转变。作为学生学习和教师教学的工具——教材，通过课程的改革，高中英语教材内容符合高中学生的生活经历、心理特点和兴趣爱好。同时，通过教学提高学生的听、说、读、看、写能力，培养学生正确的世界观、人生观和价值观。

教学理念由以教师为中心向以学生为主体转变。在英语课堂中尤其要重视学生的主体地位，培养他们的自主意识。教师正不断转变自身观念，及时转换并定位自己的角色，由“教”向“导”进行转变。

教学内容由知识点的讲授向语言知识、文化意识、思维品质和学习能力的综合转变。新的高中英语课程标准对学生的学科核心素养的各个方面都提出了具体的要求，从而促进学生全面发展。

教学方式由死记硬背向多种教学方式转变。提高中学生英语学习兴趣就要在英语教育过程中打破传统的死记硬背的教学模式，改变教鞭下出高徒的教学理念，因材施教、创新教学，利用现代化科技等各种行之有效的教学方法，培养学生学习英语的热情，使教学方式更加丰富。

最后，教学评价由终结性向终结性与形成性和定性评价的结合转变。科学的教学评价有利于促进教学目标的实现，教学评价更注重学生的主体地位，让学生有更多的机会选择适合的学习方式。通过终结性与形成性教学评价相结合，可以实现教学的一体化，使评价更为客观与全面，从而促进学生的全面发展。

（2）基础教育领域英语课堂教学取得的进步

尽管我们的英语教育还存在这样或那样的问题和困难，但不可否认的是，不论是小学生、中学生还是大学生，他们的英语能力在近几年从整体上开始显现扎实的进步，“聋哑英语”的状况开始得到改善。特别是自2001年国家启动第八次基础教育课程改革以来，小学英语课程以三年级为起点逐步推进，九年义务教育新课程从2005年起全面实施，高中课程的改革实验也于2003年拉开序幕，整个基础教育进入全面改革与创新的新时期。中考、高考改革也伴随着课程改革的实施稳步推进，以学生为主体、关注学生全人发展的新课程理念正在深入人心，各地教研活动蓬勃开展，涌现出一大批锐意改革、勇于创新的学校、教研组、教师、教研员。

进入新课程改革以来，基础教育领域英语课堂正在发生积极而深刻的变化，传统的讲授语言知识的教学方式正在转变为教师指导下的学生体验、参与、实践、合作、探究式的学习方式。学生在良好的学习氛围中学习语言知识与技能，发展兴趣，建立自信，探索有效的学习策略，用所学语言获取新知识，进行思维和情感交流。

广大英语教师对新课程改革报以极大的热情，他们投入了大量的时间和精力去努力实践新课程的理念。我们欣喜地看到，课堂教学活动多样化了，课堂互动模式多层次了，课堂气氛宽松民主了，评价手段丰富了，学习渠道拓宽了，教师角色转变了。教师不再仅仅是知识的传授者，而且还是学生学习的指导者和促进者、教学活动的设计者和组织者、学习资源的提供者，同时又是学生进步的观察者、鼓励者和积极评价者。很多关心和关注基础英语教育教学的专家、学者都曾亲身感受到学生的学习热情，看到学生主动地参与课堂活动，体会到他们活跃的思维和丰富的想象力，也见证了他们在综合语言运用能力和学科核心素养方面所取得的进步。

2. 当前基础教育英语课程与课堂教学中存在的问题及原因

新课程提出了很多新思路、新理念，使得教坛更为百花齐放。但是，在英语课程改革过程中同样也暴露出一些问题。

（1）存在的问题

有些学者批评英语新课程所倡导的理念和方法脱离中国实际，过于西化；也有学者对小学开设英语课程的必要性和可行性提出质疑；有些学校虽然清楚课程改革的重大意义，但是囿于考试和升学的压力，不敢贸然尝试改革。而广大英语教师虽然在理念上赞同和支持新课程，但在课程实施方面却有不少的困难，主要是缺乏切实有效的方法。面临大班教学现状，背负考试的压力，再加上教学工作繁重、教学资源不足、语言环境欠佳，以及个人语言和教学能力均有待提高等实际情况，中小学英语教师迫切需要在课堂实施层面得到更具体和更直接的指导和帮助。我们也看到，在英语课堂上，还有不少教师关注自己的教多于关注学生的学，与学生交流教学目标的少，对学生进行学习策略的指导和训练少；自己控制课堂多，给学生实践和思维的空间少。也有的教师关注了学生的学习兴趣，却忽略了学生语言能力的发展。（王蔷，2009）

潘淑娟（2010）指出改革开放30年以来中国英语基础教育的一些问题：一是教学思想相对滞后。二是大、中、小学的英语教学相对脱节。到目前为止，学校的英语教学还没有形成一个完整的体系，基础教育和高等教育阶段的英语教学各行其是、各自为政，缺乏阶段性、层次性和渐进性。三是教学模式单一、刻板。四是教学方法相对陈旧。五是教学手段落后。六是从事英语教学师资不足，投入不足。但随着我国改革开放的不断深入，对其他能力尤其是口语能力的要求显得更为迫切，社会上出现了许多以培养口语能力为教学目的的各种教学试验，这是时代发展对英语教学的新要求，也是我国基础教育对英语教学的新要求。而目前，口语教学可以说是我国英语教学的薄弱环节，因此，注重培养学生的写作和口语交流能力，提高英语学科核心素养，成为进一步改革英语教学的重要方向。英语教学改革了，培养的学生学习方式、学习方法、学习内容等一系列问题相应发生了改变，自然会影响到整个基础外语教育。

王蔷（2015）指出课程改革过程中的主要问题包括：传统教学理念还没有得到根本的转变，教师关注“教”仍然多于关注“学”；课堂教学模式化、表层化、程式化；教学内容呈碎片化状态，缺乏整合，难以形成能力；忽视对主题情境的创设和对主题意义的深层探究，导致思维培养缺失；缺乏针对语篇文本的深入分析；为应试而教和为应试而学导致学科价值的错位，两极分化现象极其严重。

（2）原因分析

究其原因，首要的是社会、学校和教师对英语课程的本质和价值的认识还不到位。对于不少校长、家长和教师，他们最关心的是学生的考试成绩，这使得学生也不得不为了考试和升学而学习英语。在英语课堂上，特别是在中学阶段的教学中，不少教师更重视讲授语言知识，如词汇和语法知识，要求学生记忆和背诵，而忽略对学生学习兴趣的培养。学校的教研活动也很少研讨如何通过英语教学培养学生的语言能力、文化意识、思维品质和学习能力。学生和教师都把大量的时间花在做题、讲题和核对答案的过程中，忽略了课程的育人价值。

虽然21世纪之初的课程改革就提出了以学生为本的教育理念和以实践、参与、合作、探究为特点的教学方式，但教师的传统教学观念尚未得到根本转变，指向特定知识的教学导致学生所学到的知识多为碎片化形态，难以形成整合性能力，因而也就无法使学生运用所学知识参与到分析问题和解决问题中。教师对每一节课后学生应该学会什么，而实际上学会了什么，或增长了什么新的能力，以及更新了什么价值观并不清楚，更不知道该如何去评价学生每一节课的知识增长、思维发展和能力进阶，所以很多教师都期待学生在课后能自觉整合课堂所学的内容。但由于多数学生没有能力或缺乏主动整合课堂所学的碎片化知识的自觉性，由此日复一日，年复一年，不断地加重学生的学习负担，也就导致英语学科两极分化现象成为本学科的一个突出问题。

其次是缺乏对学科育人价值的认识，只是顺应课程改革的趋势，为了改变而改变，课堂教学流于表面。以阅读课为例，课改后的阅读教学虽然已经从关注知识转向了关注阅读技能的发展，但不少教学仅满足于对文本的表层信息的提取和一些简单的问答、选择和判断正误的练习，对文本深层含义的挖掘活动很少涉及，忽略了在阅读教学中理应关注的对所学文本的深度理解和分析，不利于学生在发展语言技能的同时发展思维能力，形成正确的价值观，也不利于引导学生建构结构化知识进而转化为能力。而语言、思维和文化价值观的发展是需要一系列相互关联的、具有综合性、实践性特征的教学活动作为中介才能实现的。学生只有通过参与活动，才能有机整合和内化所学内容，实现迁移和创新，促进知识向能力的转化，即运用所学知识和技能分析问题和解决问题，理性地表达观点和态度。模式化的教学导致很多课堂教学停留在对表层意义理解的正确性的检测上，学生缺乏口头、笔头表达的能力，情感态度价值观目标标签化。这些问题出现的主要根源是教师对于英语学科立德树人根本任务的理解和落实不到位。英语课程改革要想取得本质上的成功，教研专家和一线教师还有很长的路要走。针对这些问题，教师仍然需要不断改变和调整，以适应 21 世纪培养人才的需要。

3. 问题的解决方向

孙艳（2014）在当前外语考试改革的背景下，建议回归学科本质，即人文性和工具性的统一，开启中小学英语教学的新思路。

（1）甄选有文有采的教材

儿童心理学研究表明，故事是青少年最感兴趣的话题，基于故事的教材不失为儿童学习英语的一种选择。读着《钢铁是怎样炼成的》成长起来的老一辈革命家们坚忍不拔的性格、勇往直前的精神时时感动着一代又一代人。好故事生动有趣、富有内涵、有文有采，可以丰富学生的想象，开拓其视野，启迪其心智。所以，英语教材的甄选要从学生全面发展的角度出发，选择有内容且内容与学生不同学习阶段相适应的教材，以提高学生文化素养、开启学生心智和培养学生性情。

（2）提高教师教学能力

教师教学能力包括教师的教育教学观念、语言应用能力、英语学科教学和评估的能力以及教学研究的能力。教师这些专业能力的发展需要时间，也需要培训。如果说教师教学功利化是家长、学校和社会强加给教师的升学压力造成的，那么英语考试改革对广大基础教育阵线上的英语教师来说无疑是春风、春雨，实施应试教育的压力和无奈理应被冲刷、被吹散。在接下来的时间里，教师应多参加相关教育技术、教育理论的培训和研讨，重新树立英语教育教学观念，大力实践科学、先进的教学方法并立足现实，创新本土化的行之有效的教学方法，从个人努力和国家培养多个层面提高教学能力。

（3）改革评价方式

目前的英语教育使标准化训练大行其道的主要原因是单一的评价方式。评价方式单一抑制了有效的语言习得，降低了积极的学习情感，遏制了学生的创新思维能力。要改变现状测评方式要做到合理多样，可以包括自我评价、同伴评价、家长评价、教师评价等各种方式，实现形成性与终结性评价相结合，而且应该采用表演、演讲、辩论、剧本创作、日志等多种方法，激发学生学习的兴趣。

王蔷（2009）认为外语教学的未来发展需要关注和解决好以下**五个方面**的问题。

（1）立足本土，兼收并蓄，继续推动以学生为主体的教育理念，努力实现英语教育人文价值与工具价值的和谐统一

在全球化的今天，知识的创新、教育理念与方法的创新必然会在持续的多元文化的教育理念的碰撞中产生。英语课程改革既不应盲目模仿、照搬西方国家的教育理念和方法，也不能一味强调中国国情而闭关自守。人类教育理论的发展、教育思想的形成、教学方式的创新已成为人类共有的财富。尽管各个国家在社会、经济、教育体制上都不尽相同，但是在教育目标和人才培养规律等方面已取得很多共识：教育应以学生为主体，要改变以知识为本的被动吸收式的学习方式，培养学生自主学习和终身学习的能力，发展学生实践、思维、合作、交流与创新的能力，

培养学生高度的社会责任感，这些都已经成为世界各国教育改革追求的目标。

我国的基础教育英语课程改革正是在充分进行国际外语课程比较的基础上，汲取和借鉴国际先进的教育思想，从我国社会、经济发展和人才培养的需要出发，提出了以学生为主体的教育理念，将英语课程定位为一门具有工具性和人文性双重性质的课程。以此为出发点，英语课程的学习既是学生通过英语学习和实践活动逐步掌握英语语言知识和技能、提高语言实际运用能力的过程，又是学生磨砺意志、发展思维、陶冶情操、拓展视野、丰富生活经历、发展个性、提高人文素养的过程。在这个过程中，学生通过观察、尝试、评价和反思，认识学习过程，发展自主能力，达到综合语言运用能力与良好意志品质和价值观的全人健康发展。新课程实施以来，广大英语教师积极实践新的课程理念，努力探索适合我国国情的有效教学模式和方法。需要指出的是，由于我国各个地区的经济和文化基础、学校的教学环境和师资条件都存在很大差异，对有效教学模式和方法的探索必将呈现出一个多元发展的趋势。

从目前的教学情况来看，我们需要关注两个问题：第一，以学生为主体的课堂并不是不需要教师的指导，而是对教师角色的转换和教学策略的选择提出了更高的要求。第二，新课程关注学生的情感、态度和良好价值观的形成，但并不是忽视学生的学业发展，两者是相辅相成、相互促进的关系。因此，我们特别要注意处理好以下几个关系：在关注学习兴趣的同时，不应忽视学习成效；在关注技能发展的同时，不应忽视语言知识（词汇和语法）的学习；在关注学生行为参与的同时，不应忽视学生思维能力的发展；在发展听、说能力的同时，不应忽视对读、写能力的培养；在发展学生认知能力的同时，不应忽视学生自主学习能力的发展；在关注教学活动多样化的同时，不应忽视教学活动本身的教育意义。也就是说，在教学过程中，教师既要关注学生情感、态度、价值观的健康发展，又要关注学习过程的教育性以及学习结果的有效性。这无疑对教师的专业素质和水平提出了更高的要求。

（2）关注课堂，注重教学实效，加快外语教师教育改革，全面推动外语教师专业化发展

在以学生为主体的教育理念不断深入人心的今天，英语课堂已经基本改变了教师“一言堂”的授课方式，鼓励学生参与学习活动已经成为教师教学设计的关注点，发展学生听、说、读、看、写的综合技能也得到了重视。但是，不可否认的是，很多教师课堂教学的实效还不高，学生在每节课上所学的知识和能力发展并未达到单位教学时间内的最大效能。随着课程改革的不断深入，学校、教师、教育专家和学者开始聚焦课堂教学，课堂教学的实效性越来越得到重视。

观摩一线教师的课堂教学，不难发现，不少教师还存在课堂教学的目标定位以教师的教为出发点，立足语言知识点和语言结构的学习，对学生的学习过程、认知方式和特点关注不够，教学环节和步骤的设计逻辑性不强，以及活动之间缺乏内在联系等诸多问题。此外，有些教师对自己课堂教学的效果缺乏评价意识和有效的评价设计，这必然导致部分学生，特别是基础比较薄弱、自主学习能力不强的学生学习效率不高，课后课业负担加重，逐渐失去对英语学科的兴趣和自信心，最终放弃学习英语。由此可以看出，教师的教学基本理念、教学设计和课堂教学的执行力是学生有效学习的保证。

教师课堂教学的有效性表现在：① 教师对每节课的教学目标的定位；② 教材的分析；③ 学生的分析；④ 教学重点和难点的确定；⑤ 教学环节和步骤的设计；⑥ 对自己教学效果评价方案的思考。毋庸置疑，合理的教学设计是保证课堂教学实效的前提条件，而教师的专业基本素质和专业教学能力是关键。优质的教师资源是优质教育的保障。当前，在基础教育课程改革正在如火如荼进行的形势下，教师教育与发展已经滞后于基础教育课程改革，主要表现在以下两个方面：

第一，在职教师的培训课程往往不能有效满足一线教师实施新课程的需要，不少培训还停留在理念宣讲层面，对于教师如何将课程理念转化为课堂教学行为，以及如何解决课堂教学中的具体问题缺乏具体的指导，对发展教师可持续的自主创新能力没有提供有效支持。对于很

多教师来说，理论与实践之间存在令他们望尘莫及的鸿沟。教师们有很好的愿望，也希望努力实践新课程的理念，但由于缺乏适合自己教学环境的行之有效的课堂教学策略和方法而感到心有余而力不足。对于在职教师，国家在过去的几年投入了大量财力和物力，组织了多种形式和层次的教师培训，促进了在职教师对新课程的理解。我们还需要继续探索教师在职培训的有效途径。培训应更多关注如何帮助教师发展教学能力、自我批判与反思能力、分析问题和解决问题的能力，采用诸如教学案例分析、观摩研讨、合作行动研究等方式，切实帮助教师结合自己的教学环境和条件，分析和解决自己教学中的问题，提高他们新课程的执行力，从而为他们的可持续发展和自主创新能力的形成奠定基础。

第二，师范院校的教师教育课程在课程设置、教学内容和方法手段上脱离基础教育课程改革的需要，从师范院校毕业的新教师不了解基础教育课程改革的理念和实施要求，无法适应学校课程改革的需要。针对这种现状，高等师范院校的教师教育课程要加快改革目前的课程体系、教学内容以及教学手段和方式，在为学生打好英语语言基础的同时，引导他们深入学习新的课程理念，转变传统的教学观念，发展与新课程理念相一致的教学技能和技巧，提高课堂教学的实践能力和创新能力，使新一代教师能够较快地成为课程改革的骨干力量。教师是一个专业性很强的职业。我们需要尽快建立一套适合中国外语教育环境和条件以及外语教师现状的外语教师专业化的标准，使教师教育与培训更加规范、有效，从整体上全面提高外语教师教育的水平，促进外语教师教育改革和教师专业水平的提高，为推动我国教育改革、培养合格的外语教师和提高外语教育教学质量奠定坚实的基础。

（3）加强对小学英语课程的指导，在师资的量和质上下功夫

从 2001 年到 2008 年，全国小学英语课程的平均开课率已达 60%~70%，很多较发达的大中城市已达到 100%。关于小学英语课程开设的必要性与可行性的争论仍将继续，而小学英语课程的推进也将继续。在近期对义务教育阶段英语课程标准的修订工作中，英语课程标准

修订组对来自全国29个省市、自治区教育厅（教委）和42个国家实验区反馈的意见进行了逐条讨论与分析后发现，广大英语教师在高度认同《全日制义务教育英语课程标准（实验稿）》（教育部，2001）的基本理念的同时，所提出的意见和建议主要集中在对小学英语教学的指导方面。很多教师指出,《全日制义务教育英语课程标准（实验稿）》（教育部，2001）对小学英语课程的目标和任务的阐述不够明确，对学习内容要求不够具体，对小学英语教学和评价的指导力度不够，缺乏可操作性。广大教师希望修订后的英语课程标准能够针对小学英语课程的特点，为教学和评价提供更具体的指导，对词汇和语法学习内容等与初中阶段的课程分别进行表述。目前的修订工作已经针对这些意见做出了修改，增强了对小学英语课程实施和教学的指导。

在小学开设英语课程是国家发展的重大决策，也顺应了世界很多国家普遍开设小学外语课程的潮流。尽管在外语学习最佳年龄的问题上没有定论，但世界各国在小学外语课程价值方面已经取得了一些基本共识：学习外语有利于促进儿童认知能力的发展，有利于儿童形成良好的性格、品格、意志和交往合作精神，有利于儿童开阔视野，理解不同文化间的差异，形成开放、兼容的态度和价值观。基于这样的共识，虽然各个国家的语言背景和所处的政治、经济、教育环境各不相同，但各国政府都非常重视并积极规划在小学开设外语课程。欧洲委员会早在20世纪初就已经提出，所有欧洲国家的学生要在高中毕业时，除了学好自己的母语外，还要掌握至少两门外语。而这些国家在小学开设外语课程上都面临很多相同的问题：师资数量和质量的问题、课时差异与学习效果的问题、最佳起始年龄的问题以及中小学衔接的问题。目前的研究表明，小学外语教师的语言能力和能否灵活运用适合儿童语言学习的教学方法是课程能否成功开设的关键。我们目前在小学英语课程的开设上面临的主要困难是师资数量不足、质量不高。对小学英语教师需求的急剧增加使教师队伍不乏非英语专业毕业生或其他学科的转岗教师，给小学英语教学质量带来了不少问题。目前，我国的小学英语师资队伍是一支改革意识很强的队伍，但这支队伍非常年轻，教师英语水平参差不齐，小学英语教学经验不足；各地的教学条件和教学环境也存在很大差异。小学英语教师面临的困难很多，如：大班教学，教学工作繁重，学生年龄小、自控能力弱，课时少，英语学习环境差，教师自身的语言能力和教学能力不高等。可以预测，小学英语课程的全面实施还将会走过一段比较长的过渡期，面对支持与质疑、成绩与问题，我们首先需要加强师资规划与培养，同时需要投入更多的人力和物力开展对小学英语课程的目标要求、教学方法、学习特点、评价手段、教师培训和教学效果的研究与评估。

（4）加强小学与中学的合作，解决好中小学英语衔接问题

中小学衔接的问题是不少国家在开设小学外语课程时面临的共同问题，这也将成为在相当长一段时间内我们必须面对和急需解决的问题。这主要是由于目前小学英语课程开设的普及程度和水平有很大差异，导致小学生升入中学时在语言水平和学习兴趣上出现比较大的差异，增加了中学英语教师的教学难度。

过去，小学生升入中学都是从 ABC 开始学，学生的差异不大。而在小学开设英语课程之后，学生进入中学就有了差异，有的学生学得很好，有的学生则学得不太好，有的学生甚至失去了兴趣和自信，更有学生几乎没有学过。如果我们在中小学衔接的问题上处理得不好，一方面会使一批学生过早放弃英语学习，他们也会因此失去更多的人生发展的机会；另一方面，对于那些学习成绩好的学生来说，中学阶段重复和枯燥的学习方式同样会给他们的学习带来负面的影响，使他们失去已经具有的优势，造成时间、资源和成果的浪费。

中学英语教师需要从学生长远发展的角度积极了解和研究小学阶段学生学习的内容、方式和特点，选择和采用有效的方法帮助学生学好英语，努力使学有成效的学生保持小学学习英语的优势，使失去兴趣和自信心的学生重新找回兴趣和自信。中小学英语课程的衔接不仅包括学习目标的衔接、学习内容的衔接、学习方法的衔接，而且包括学习情感以及学习策略的衔接。为此，小学和中学需要加强联系，建立沟通渠道，共同探讨有效的衔接办法，同时还要加大研究的力度，力求摸索出一套

切实可行的中小学英语课程的衔接方案。我们欣喜地看到，已经有少数地区的基础教育教研部门开始关注这一重要的问题，他们在管理上打破小学与初中的界限，统筹规划，建立有效机制，促进中小学英语教师相互听课和沟通，开展多种交流和研讨活动，保证小学生的英语学习到初中后能够得到衔接，这样一来保持了小学阶段的教学成果，二来也使小学英语教学中的遗留问题得以重视和解决。

纵观我国基础英语教育现状，各管一段的学习组织模式和机构之间的分离带来了从小学到初中到高中直到大学每两个相邻学段之间的落差和差异。整体上学段之间的学习割裂，带来学生在各个学段入学时的普遍不适应。小学阶段对义务教育阶段的铺垫、义务教育阶段的铺垫和高中教育阶段的提升在人生成长中至关重要。那么，在小学、初中和高中学段之间架起一座桥梁，帮助学生实现从初中到高中的自然过渡就显得尤为重要，而跨学段展开形式多样的教学研讨或教研联动是达成这一目的的重要基础。

跨学段的教学研究已经成为新课程改革背景下的一种新的研修模式。这种模式有助于形成不同学段之间的优势互补。特别是对完全中学，跨学段研修有助于实现不同学段教师之间已有教学方式方法的融合，有助于同一学科教师之间相互学习，互为借鉴，彼此了解不同学段的学科课程标准、教学目标和教学要求，能够有效避免不同学段之间“少慢差费”现象的发生，更好地做好学段之间的衔接，从而更好地保证教师教学高效和学生课上学习获得感的最大化。

（5）继续深化评价体制改革，实现评价对教学的正向反拨

评价历来是学校、家长、教师和学生最为关注的问题，也一直是学校教学重心的风向标。随着新课程的实施，一个目标多元、手段多样的评价体系正在建构中。新的评价体系既关注过程，又关注结果，强调采用终结性与形成性相结合的评价方式对学生的学科核心素养的形成过程和发展水平进行评价。形成性评价对于所有教师来说都是一个新的课题，教师需要在教学过程中根据学生对该课程的专注程度、参与热情、学习习惯、思维动态、行为表现以及完成作业的情况进行动态式的评价，

改变过去对学生评价只采用一次性考试的方式。对学生学业成绩的评定方案也在研制和试行，包括等级制评价方式、导向性评语、学生自评以及同伴互评等一系列评价方法。同时，中考和高考改革也在逐步推行，教育部已经连续多年组织中考试卷的评价以及对考试命题人员的培训，同时对高考方案提出指导性意见，使终结性评价的重点从关注语言知识的记忆和理解转向对语言运用能力的考查，特别是对在一定的语境中的语言运用能力的考查，促进了中学英语教学从知识学习向能力发展的过渡，有力地支持了课堂教学的改革。目前，新的评价体系正逐步与新课程接轨。

4. 英语课程改革与教学改革的新动向

当今世界各国的教育目标正从“知识核心时代”走向“核心素养时代”，学生应具备的关键能力与必备品格，已经被广泛认为是使学生成功融入和参与未来社会发展的核心素养。而一名成功的人才，不仅能够为个人创造幸福生活，还能为社会的积极发展做出贡献。

当前，英语课程改革已经进入深水区，凸显学科的育人价值，培养学生的核心素养，已经成为我国教育面临的新任务，也是国家培养人才的新目标。英语课程的目标也将从培养学生的综合语言能力转向培养学生的英语学科核心素养，强调在发展学生语言能力的同时，发展他们的思维品质、文化意识、学习能力和正确的人生观、价值观。

要实现课程的育人功能，其主渠道是课堂教学。也就是说，学科育人必须依托学科课程内容，挖掘学科的育人价值。教师通过设计一系列相互关联的课堂活动，使学生基于主题，依托语篇，投身到对语言知识、文化知识、语言技能和学习策略的学习中，获得对语言的形式、意义和语用情境的感知和理解，探究文本的内容意义，通过体验、参与、观察和思考把握学科的规律性知识。这一过程应具有明确的目的，能引发学生积极参与的动机，从而使学生在具体的情境中，感知材料，理解知识，有效记忆，概括并整合信息，理解文化内涵，汲取文化精华，获得语言理解和表达的新经验，构建良好的学科结构化知识，有效迁移和运用新的知识分析和解决问题，最后评估和反思学习过程，形成学科核心素养。

为了培养学生的英语学科核心素养，实现学科育人价值，英语教学要从学科的本质和意义出发，深刻认识学生学习英语的目的和英语课程的性质。《义务教育英语课程标准（2011 年版）》指出，英语课程是一门工具性和人文性相结合的课程。为了二者的高度统一，英语教学应力求优化课程内容，转变教学方式。《普通高中英语课程标准（2017 年版）》又进一步指出，“普通高中英语课程强调对学生语言能力、文化意识、思维品质和学习能力的综合培养”。

梅德明（2017）认为“外语学习从来不是一个简单的学习知识的过程，在学习外语的同时要注重语言背后的文化内涵、价值观、思维过程”。

王蔷（2016）认为学习语言不仅仅围绕词汇和语法知识来学习，更应该将学习过程与生活紧密相连，即教育的目的就是使人可以更好地面对未来的世界，解决各种未知的问题，而学习解决问题的过程必须通过参与真实生活情境的活动来加以解决。为此，转变教与学的方式可以从三个关键词入手，即“情境”、“问题”与“活动”。

其一，语法不是唯一检验语言使用的“正确”的标准，检验语言使用的“正确”的标准是该语言形式是否符合该情境的正式程度、说话人的身份和行事程序。这都是由语境决定的，因此语境创设需要关注真实性、与学生生活的紧密性和语用意义。

其二，教学要以解决问题为基本特征，让语言学习为认识和解决社会、学习和生活中的问题而服务。因此教师要认真研读语篇，在教学设计中树立问题意识，力求使解决问题成为学生学习的出发点和落脚点。随着问题探讨的深入、语言的铺垫，学生的智慧的综合性、广阔性、深刻性、灵动性、创造性都应获得新的发展。语言的理解和表达能力也随之有了提高，思维更加多元，选择更加理性，学习能力也得到加强，这些都是构成英语学科核心素养的重要内容。

其三，活动是人类存在和发展的基本方式，是学生认知、情感和行为发展的基础。学习者只有通过自己的参与、体验、探究、内化、表达等具体活动，才能获得这些知识，因为学生解决问题的能力是在参与活动的过程中发展的。因此指向培养学生学科核心素养的教学要以活动串联学习内容，以活动驱动学习过程，以活动促进语言与思维的发展，实现对主题意义的探究，从而使学生真正学会用英语做事。

第二章
适应新课程改革的基础英语教育教学

新课改的强势推进，促进了教学理念的深刻变革。核心素养理念的提出，为当前中国学生发展开了一剂“良方”。基于核心素养的中学英语教学区别于传统教学，其主要体现在以下几个方面：教学目的方面：注重塑造良好的语言学习环境，让学生在环境的熏陶下逐渐养成良好的语言学习习惯，强化英语表达能力，将理论知识的掌握和口语的流畅表达相结合，灵活运用所学知识解决生活中遇到的英语实际问题。教学方法方面：学生日益成为课堂学习的中心，学生学习的主动性、积极性、创造性不断提高，例如在小组合作和戏剧表演的演练中，学生的思维能力、表达能力、意志品质不断增强。学习方式方面：采取自主学习、探究学习、合作学习等多种新型学习方式，让学生主动探索知识，在实践锻炼和合作探究中收获真知，由此，掌握学习英语的科学方法。学习内容方面：主要以书本为主，以课外生活化、信息化、网络化优质英语素材为辅，不断丰富和扩充英语学习资源。评价内容：逐渐摆脱单一的知识评价，将评价的触角延伸至语言能力、文化意识、思维品质、学习能力等英语学科核心素养，评价内容更全面、系统。评价方法：突破标准答案对学生思维能力的束缚，重视激励和奖惩作用，培养学生批判、质疑、创新思维。

一、新课程改革基本理念概述

（一）理论基础

新课程改革以多种科学理论为支撑，对传统旧教学思想和行为进行革命性的变革。多元智能理论、建构主义理论、人本主义学习理论等为新课程改革提供了重要的理论基础。

1. 多元智能理论

美国著名教育家加德纳针对过去对智力的定义过于狭隘、不能全面反映人的真实能力的局限性，高起点定位，提出了多元智能理论。多元智能理论将人的智能分为多个方面，即语言智能、音乐智能、数学逻辑智能、空间智能、肢体运动智能、内省智能、人际关系智能和自然观察智能这八个方面。这一理论注重从多个方面开发人的智能，为新课改提供了新思路、新视角、新支点。

新课改完全摆脱了传统应试教育的局限，更注重青少年的实践力、创造力、审美力、创新力等综合能力的培养。依据多元智能理论，儿童的智能发展有阶段之分，而幼儿阶段即 0~7 岁是智能发展的黄金期，这一阶段幼儿的智力发展状况将直接关乎幼儿的终身发展。新课改从中汲取了营养，填补了我国幼儿阶段智力发展教育的空白，为早教的兴起和发展注入了活力。多元智能理论还突出每个人的智能发展状况不同，新课改由此努力寻求突破，更加突出教育的公平性、差异性、个体化，主张针对教学对象的个性差异，教师需要采取针对性、个性化、创新性的教学策略，因势利导，善于发现学生的长处，增强学生的学习自信心，同时，弥补学生的不足，以便将每个学生都培养成具有较高综合能力、自身特长、富有个性的新型现代化人才。

综上所述，我们可以看出，多元智能理论有助于教育者形成科学的智力观、学生观、评价观、发展观、教学观。

2. 建构主义理论

建构主义理论认为学生的学习过程与认知发展紧密相连，这一理论以学生为中心，突出学生在课堂学习中的主动性、积极性、探索性，突破了传统“以教定学”的局限性。

建构主义对人类的认知规律进行了分析，指出学习、意义建构以及概念的形成过程，学习是学生在一定文化背景下通过借助他人的帮助而主动建构意义的过程，而不是教师机械填充理论知识的过程。“情境”、“协作”、“会话”和“意义建构”是学习环境中的四大要素或四大属性。教师指导下的、以学习者为中心的学习是学习的科学方法。

新课改依据这一理论，首先，确立了新型的师生关系。传统教师“一言堂”的教学地位被彻底打破，学习的主动权重新交给学生，学生真正成为学习的主人。教师在新的教学模式下，成为教学环境的策划者，学生学习的指引者、组织者、协调者、合作者，课程开发的引领者、建构者。教师从前台转为幕后，引领学生前进的方向，师生间是一种平等的关系，有利于真正实现“教学相长”。其次，确立了新型的学习观。新课程改革强调必须改变传统学生被动接受知识灌输的学习方式，将学生作为学习的中心，引导学生依据已有的知识体系和认知能力，通过双向互动的方式，自主构建新知识体系，进而逐步形成“主动探究，乐于钻研”的学习氛围。最后，确立了新型的教学观。新课改突出教学并不是教师单向度的理论预演，而是师生双向互动的学习过程，“以学定教”逐步成为课堂的发展方向。教师努力为学生打造一个良好的学习氛围，使学生在这一氛围中，能够积极主动地探索知识，建立系统的知识体系，进而将知识体系纳入学科核心素养。

3. 人本主义学习理论

人本主义学习理论的基本观点是：要尊重学习者，将学习者与教学者视为拥有平等关系的学习合作者，从而充分调动学习者的学习主动性；充分重视学习者的兴趣、需要、意愿、情感、态度、价值观；学习不是被动的接受知识的过程，而是学习者自发的、有意识、有计划、有目的的学习过程，学习者有能力自己管理自己、自己教育自己、自己完善自己各方面的能力，最终实现自我价值；学习不是纯理论的演示，需要掌握科学的学习方法，在实践中获得知识的体验和感受，在此基础上积累经验，形成科学的认知；在学习中要建立良好的师生关系，以学生为中心，在做中学，形成互助协作、教学相长的学习局面，共同成长，共同进步；学习的过程不仅仅是获取知识的过程，更是人格健全且不断完善的过程。

新课改从这一理论中汲取了丰富的营养，逐渐突破传统教育仅仅重教师知识传授的局限性，将“教”与“学”完美地融合起来，教师不仅仅注重如何将书教好，而且更加关注学生能力的养成，关注学生如何学、如何学好、如何融会贯通，最终实现自身的全面发展。具体体现在以下几个方面：

从教学目标上看，设定了四维教学目标，语言能力目标、文化意识目标、思维品质目标和学习能力目标，从多个维度发展学生的学科核心素养，激发学生的内在学习动力，挖掘学生多方面的潜能，有助于学生个性化能力的养成。

从教学内容方面来看，教师所选取的教学内容既源于课本，又高于课本，是经过精加工过的教学素材，这一教学素材高度契合学生的阶段性发展特征，能够激发学生的内生动力，有助于学生自主选择和学习，促进探究式学习的发展。

从教学过程来看，强化情感教学和以学生为中心的教学，教师为学生营造一个自由、平等的学习氛围，通过优化环境，激发学生内在潜能，让学生逐步自我发现、自我选择、自我成长。

从教学评价来看，强化学生的自我评价，自我设定评价尺度和规则，进而逐步发现自身的不足，有针对性地学习和完善。

（二）基本理念

《普通高中英语课程标准（2017 年版）》提出五个基本理念：发展英语学科核心素养，落实立德树人根本任务；构建中学英语共同基础，满足学生个性发展需求；实践英语学习活动观，着力提高学生学用能力；完善英语课程评价体系，促进核心素养有效形成；重视现代信息技术应用，丰富英语课程学习资源。这五个基本理念虽然各有所指，但是是一个整体，相互渗透，互相融合，共同为实现“育人”目标服务。

1. 发展英语学科核心素养，落实立德树人根本任务

英语，作为一门国际语言，越来越受到重视，作为教育的奠基石，基础阶段英语教育成为关注的焦点。“核心素养”是在多元智能理论基础上提出的，比“能力”意义更加广泛，围绕“如何培养人、培养什么人”展开。英语核心素养是学生在接受相应学段英语课程教育的过程中形成和提升的适应个人终身发展和社会发展的必备品格和关键能力，它是一个完整的体系，包括语言能力、文化意识、思维品质和学习能力。语言能力是基础要素，文化意识是价值取向和深层旨归，思维品质是心智动力，学习能力是适应现代教育和时代发展的英语学习的必备条件，四者之间是相辅相成、互相促进的有机统一整体。教育的根本目的在于“育人”，为了将立德树人的根本任务以及核心素养的培养落到实处，需要将中国学生发展核心素养与英语学科核心素养紧密联系起来，真正贯穿于教学全过程。只有这样，才能培养出具有核心素养的社会主义事业建设者和接班人。

2. 构建中学英语共同基础，满足学生个性发展需求

古人云:“教未见其趣，必不乐学。”每个学生在智力、能力、情感、态度、价值观方面都不是同一的，这就决定了教师不能忽视教学过程中学生的差异性而采取单一化的教学方式。新课标应遵循教育教学规律，以学生为本，秉承新型教学理念，注重学生的差异性，提倡采取个性化的教学方式，使每个学生在学习中能够形成浓厚的学习兴趣，找寻自己的增长点，重拾学习自信心，向着个性化的方向发展。新型英语教学方式内生的“体验式学习”方式，会带动学生向注重体验和活动的方向发展，帮助学生打好扎实的语言基础，为其升学、就业和终身学习构筑发

展平台，由此构建起基础教育英语的共同基础。伟大的哲学家亚里士多德说过，“对于那些需要学习才能掌握的事情，我们在做的过程中学习”。“体验式学习”将学生个性极大地解放出来，满足学生个性发展需求，让学生在实践和探索中获取真知。

3. 实践英语学习活动观，着力提高学生学用能力

《学记》曾云：“时教必有正业，退息必有居学”，即主张课内外相结合。新课程背景下，逐渐打破传统课堂教师“一言堂”“满堂灌”的教学局限，将丰富多彩的英语学习实践活动融入课堂教学，创设出特定的语言环境，让学生在实践操练中潜移默化地接受语言的感染，增强英语表达力。英语是一门语言学科，而课堂上学习的时间是有限的，想要达到新课标的要求，教师需要有效设计丰富多彩的英语学习活动，作为课堂教学的拓展延伸。这些活动可以由日常性学习活动和阶段性学习活动组成，形式可以灵活多变，内容需要新颖、富有特色。通过早读、Daily Report、自办报刊或宣传画等宣传活动、英语角等日常性学习活动以及有重点、有创意的阶段性学习活动，如竞赛性英语活动、英语戏剧表演、文化交流等，使语言理论学习与实践活动密切结合起来，极大地激发学生的英语学习兴趣，调动学生的学习热情，提高学生的学用能力。

为此，教师应设计具有综合性、关联性和实践性特点的活动，使学生通过获取与梳理、概括与整合、实践与内化、分析与评价、迁移与创新等一系列的学习与交流活动，提高学用能力，促进学科素养的提高。

4. 完善英语课程评价体系，促进核心素养有效形成

传统英语课程评价存在评价过程“重结果，轻过程”；评价方式“重选拔，轻发展”；评价内容“重知识，轻能力”；评价标准“重统一，轻个性”；评价主体“重教师，轻学生”等现象。新课程英语课程评价逐渐突破传统课程评价的局限性，在评价内容、评价方式、评价过程、评价主体、评价标准方面实现了全方位、多层次的变革。新课程英语课程评价体系是发展性评价，在评价主体方面，形成多元主体评价，评价主

体新增学生、家长、社会等多个方面，评价更全面、客观；在评价内容方面，评价分为知识、能力等多个方面，更注重学生对于知识的理解、迁移、运用；在评价方式方面，以激励为主，批评为辅；在评价标准方面，弱化评价标准，实行弹性评价；在评价过程方面，突破终结性评价，逐步建立形成性评价与终结性评价和定性评价相结合的机制。这种发展性评价体系，能够在较大程度上促进学生英语核心素养的有效形成。

5. 重视现代信息技术应用，丰富中学英语课程资源

信息技术的更新升级，为中学英语教学提供了技术支撑，“互联网 + 教学方式”日益受到一线英语教师的追捧。网络环境下教学资源的丰富性、共享性、多样性，教学手段的技术性、交互性、时代性为中学英语教学提供了诸多便利。真正优秀的教师需要学会利用现代化的教学设备，充分准备，精心备课，优化教学内容。在新课程背景下，教师一方面需要重视现代信息技术，学会利用网络提供的优势，并结合英语学科的特点，努力寻求使中学英语课堂趣味化、高效化、生动化的最优策略，为实现教学转型服务。另一方面，需要建立网络英语课程资源平台，实现中学优质英语教学资源、教学课堂的共享和交流，有助于丰富中学英语课程资源，在互助、共享、合作中实现多赢。

（三）新课程改革基本理念下的几个关键词

1. 课程领导力

新课程改革对教师的课程领导力提出了更高的要求，教师不仅需要彻底抛弃传统的教学理念，迅速接受新型教学理念的洗礼，避免思维惯性，还要及时关注学科发展动态和发展趋势，积极研究学科课程，做课程开发的起跑者、引领人。当前，教育界也产生了许多先进的教学成果，如“生本学堂”“情景教学法”“探究式学习法”“戏剧教学法”等。但是课程领导力仍然是当前教师普遍的短板，在短期内努力成效不佳，需要教师持续在课程领导力上下功夫。

教师课程领导力包含课程理解力、执行力、开发力和学科实践活动

课程的创造力。课程理解力更多是对于课程目标的理解、课程理念的认知、英语课程本质的把握；课程执行力就是教学能力；课程开发力就是课程开发的能力，即进行校本课程开发所需要的从课程目标、内容、实施和评价等方面应该具备的宏观掌控能力；学科实践活动课程核心是创造力，需要在实践活动课程中体现，运用知识进行创造性学习，比如英语方面，创造性地进行戏剧展演、英语编剧等等。

2. 课程功能观

改革开放以来，我国的课程观经历了三次变革，我们现在进行的新课改正是第三次变革。这次变革不再是传统意义上的文本转换，而是根本意义上的变革，其实质是教师与新课程的共同构建。这次课程观的转换与提升主要体现在以下六个方面：第一，从注重整齐划一到关注学生的个性化发展。第二，从书本知识的灌输转向学生自主探究学习。第三，从单一的课堂向生活课堂回归。第四，从强调分科到注重综合。第五，从选拔性评价转向发展性评价。第六，从狭隘封闭走向国际交流与合作。

3. 学生观

新课改促使传统的“教师中心论”逐步转向以学生为中心，教学主要围绕学生的兴趣和需要展开。新课改科学地指出了教师和学生在课堂中的地位。从学生地位来看，就是要改变传统教育将学生视为课堂教育中属于从属、被动、依赖的客体地位的思想观念，将学生作为一个独立的人、一个完整的人、一个拥有自主表达权和创造权的人来看待，弘扬学生的主体性，这也高度契合教育发展人、完善人的深层旨归。

4. 教学观

学生是课堂学习的主人，在新型课堂中，学生不再属于被动的从属地位，而是与教师平等的主体地位。在教学过程中，教师完全遵循学生的认知发展规律，不再简单地将知识灌输给学生，而是通过引领和指导学生，使其对知识进行主动探究、实践、吸收、转化，提升综合能力和核心素养。教师从台前逐渐转为幕后，不再是传统意义上的“权威者”，而是与学生处于平等的地位，是课堂学习的指引者、课堂秩序的维护者。教师主要通过为学生提供丰富的学习资源、营造良好的学习氛围、设计丰富多彩的活动内容等方式对课程进行领导。

5. 学习方式

新课程改革对传统型学习方式进行了根本性变革，从本质上讲，现代学习方式以培养现代化所需新型人才、促进人的全面发展为目的，由多个维度的具体方式以及不同层次结构组成，是一个开放的系统。现代学习方式的基本特征主要是以下几个方面：

第一，主动性。学习不再是教师机械地灌输理论知识，而是学生主动学习、自主探究实践的过程。学习不再是一种负担，而是一种发自内在的需要，是一种愉快的体验，是认知逐步发展完善的过程，学生对自己的学习负主要责任。

第二，独立性。传统教师“满堂灌”的教学方式，使学生独立思索、独立学习、独立实践的能力逐渐丧失，最终形成严重的依赖心理。此次教学改革，教师完全尊重学生的独立性，相信学生、鼓励学生、引导学生独立思索、探究、实践、学习，并且创造自主学习的环境和氛围，让学生独立学习的能力不断增强。

第三，独特性。依据多元智能理论，每个学生的智力水平、智慧类型均有所差异，因此每个学生都具有自身独特的学习方式。现代教学针对学生这一特点，采取独特的个性化教学方式，促进学生个性化发展，形成学生的独特优势。

第四，体验性。现代学习方式最突出的特点就是注重学生的体验性。一方面，让学生在体验中感悟、在体验中实践、在体验中收获，在体验中获得真知。这种直接性的体验方式，有助于挖掘“童心”，守住“童趣”。另一方面，鼓励学生敢于质疑、敢于突破、敢于创新，在体验探究的基础上，对教材形成自己独特的见解，让学习成为个性塑造的过程。

第五，问题性。问题是学生学习的根本动因。现代教学特别强调带着问题学习，充分发挥问题引领学习的内生动力，以问题为主线，通过问题发现—分析—解决这一完整的过程，激发学生勇于探索、勇于实践、勇于创新。

6. 教学方法

在传统应试教育下，为了取得高分，教师大多数采取较为单一的教学模式，教师进行系统理论的知识讲解以及做题方法技巧的传授，学生被动接受知识以及强化做题方法的训练与实践。新课程改革完全打破学生被动接受知识的局面，以学生为学习主体的新型教学方法应运而生，如小组合作法、戏剧表演法、探究式学习法等。这些新型的教学方法，注重学生主动建构、获取知识，学生的自主学习能力不断增强。

7. 评价内容

传统教学评价多数以考试分数作为唯一的衡量标准，评价内容停留于知识层面，很少深入到文化意识、思维品质层面。新课标指出，英语学业水平考试和高考应该在考查学生的英语语言运用能力的同时，渗透对文化意识、思维品质和学习能力的考量。2018 年教育部考试中心修订《考试大纲》时也明确指出，未来高考要“体现素养导向”。为此，需要完善相应的教学评价体系，丰富教学评价的内容，将学科核心素养的评价贯穿于课堂教学的全过程，旨在激发学生英语学习潜力，在欢乐愉悦的氛围中收获真知。

二、新课程改革背景下英语课堂教学的转变

（一）教育理念

1. 中国学生发展核心素养

中国学生发展核心素养的提出是顺应世界教育发展潮流、符合教育发展规律及学生终身发展的重要举措。“核心素养”在教育方针的贯彻落实中起到穿针引线的重要作用。核心素养以易理解、可操作、可推广的形式回答了新形势下“立什么德、树什么人”的根本问题，引领课程

改革和育人模式变革。

核心素养以培养“全面发展的人”为最终目标，明确规定了新时期学生应当具备的核心能力和关键品格，分为文化基础、自主发展、社会参与三个方面，综合表现为人文底蕴、科学精神、学会学习、健康生活、责任担当、实践创新等六大素养，具体细化为国家认同等十八个基本要点。这些基本点之间是相互联系、相互促进的一个整体。

中国学生核心素养的提出，反映了新时期对人才的新要求，社会主义现代化建设所需的人才，并不是单一型的人才，而是全面发展、综合能力和素养都较强的人才。这些具备核心素养的新型人才，才能真正承担起建设现代化的重任。

外语素养是中国学生发展核心素养体系中的重要组成部分，外语素养的形成主要是通过外语课程的学习获得的。在系统的外语课程中，学生学会用书面或者口头等语言形式，实现语言的交流、表达、理解。课外阅读和学习也是外语素养形成的重要途径，因此，外语素养不能完全等同于外语学科核心素养。

2. 英语学科核心素养

在系统的核心素养指标体系中，英语学科核心素养分担着培养学生核心素养的重担。通过新课改，英语学科教育的价值被充分挖掘出来，主要是经过系统专业的语言学习，学生养成良好的学习习惯；形成优秀品格、伦理道德以及健康积极的心理态度；掌握审辩与创造性思维方法以及解决问题的基本能力；在实践锻炼中，认识世界的多样性与变化。

随着经济贸易全球化向纵深发展，英语作为国际性语言的重要性日益凸显，学生英语理论学习、运用英语交流在接触世界、拓宽视野的过程中的重要作用也不言而喻。

基于核心素养下的英语学科教学需要打破传统的英语教学模式，以学生的兴趣为着眼点，充分利用现代化信息技术，为学生营造良好的语言学习环境，让学生处在特定的语言环境中理解、交流、创新，由此变被动传输语言知识为自主学习、自觉运用语言知识的状态。

这一基于核心素养的英语学科教学理念，将英语学科的工具性、实用性与人文性、艺术性高度统一起来，并以此作为学科设置的目标。即通过英语课程的学习，学生不仅能够获得英语专业知识与技能，并灵活运用到日常生活实际中，更能形成关键能力和必备品格。为了全面体现英语学科的育人价值，在全面吸收和借鉴国内外关于英语学科核心素养的研究成果的基础上，结合当前中国英语课程教学的实际，英语新课程标准将英语学科核心素养归纳为语言能力、文化意识、思维品质和学习能力四个方面。当下的基础教育阶段的英语课堂教学，必须着力于落实上述英语学科四个素养的培植。

3. 英语学科教育教学的本质

英语学科本质主要体现在三个方面：第一，工具性。英语学科目的主要是让学生在系统的学习中掌握英语知识并学会用英语自主理解、自由交流、灵活运用。第二，工具性与人文性的统一。英语新课程目标注重培养学生的英语学科核心素养。主要有以听、说、读、看、写五个方面为代表的英语语言运用技能；以语法、词汇、语音、功能、话题等为代表的语言知识；以文化知识、文化理解、跨文化交际的意识和能力等为代表的文化意识；以兴趣动机、合作意识、自信意识、文化自信、国际视野等为代表的情感态度；以认知策略、交际策略、调控策略、资源策略为代表的学习策略五个方面。第三，交际性。为了建设现代化国家，需要培养一支通晓外语的专业人才队伍。因此，英语不仅具有交流的工具性作用，还承担着传播语言知识和文化生活背景知识、提升文化素质、培养多元智力的重任。

英语学科教育教学也具有多重价值，体现在对学生语言能力发展、情感态度价值观的发展以及核心素养的形成等方方面面。

4. 学科实践课程的开发

英语并不是一门纯理论的学科，其实践性较强。因此，新课改以实践课程的开发为突破口，逐渐打破常规的英语“满堂灌”的教学方式，基于中学生的阶段性发展特征，因地制宜，不断深思、努力创新、积极实践，不断开发学生喜闻乐见的英语实践课程和实践活动。

随着信息技术的不断发展，英语课程标准提倡“要充分利用互联网与信息技术的优势，为英语学科实践课程开发服务”（教育部，2018）。通过互联网提供的丰富图片以及各种优质的视觉、听觉资源，教师开发出丰富多彩的学科实践课程资源，激发学生的英语学习潜能，调动学生的学习兴趣，让学生逐渐告别“哑巴式”的单纯英语理论学习，将理论学习与实践探究高度融合，学生灵活运用英语表达、交流的综合实践能力不断增强。

通过多种多样的英语实践课程，学生在特定的语言环境下，通过模仿体验、潜移默化地接受感染，逐步理解英美语言表达习惯和方式、英美语言形成的背景以及英美的语言文化，由此从根源上纠正各种中文式英语表达偏差甚至错误。此外，英语实践课程也是培养学生用英文传播中华优秀文化的能力的主要渠道之一。

（二）教学目标

1. 语言能力方面

从语言使用方面来说，英语新课程标准的语言表达能力主要是指学生对于英语知识的理解、英语语言的表达以及国际英语的交流，简而言之，即听、说、读、看、写能力。听、读、看是理解技能，说和写是表达性技能。

新课标在语言能力方面的目标为英语语言理论知识以及英语语言实践能力两个方面。

英语语言理论知识表现为读和写两个方面：在具体的英语篇章阅读中，能够根据关键要素和信息，深入感受到语篇的文化背景、作者的情感、态度、价值观，并迅速提炼语篇的主旨，解析各段落之间的逻辑关系，依据自己的认知评判性地审视语篇所传达的情感或表明的态度。对于较长的语句，能够迅速划分句子成分，准确定位句子句型，在英语写作中能够灵活运用各种高级句型。

英语语言实践能力方面表现为听和说两个方面：在特定的英语语境

中，能够迅速调动以往的英语知识储备，加以提取、整合并且灵活运用；在各种英语竞赛和戏剧表演中，不断增强英语国际交流能力和解决日常生活中的实际问题的能力。

2. 文化意识方面

语言作为反映文化的重要方面及重要载体，与文化紧密相连。在现实的语言交流中，使用者不能脱离具体的语境进行纯词汇、语法的理论预演，交流者需要深入理解各种词汇产生的文化背景、文化内涵、文化底蕴及运用的特定语境。

文化意识指对中外文化的理解和对优秀文化的认同，是学生在全球化背景下表现出的文化认知、态度和行为取向。从教学上讲，主要是指在英语教学中将文化背景、文化内涵、文化知识渗透于教学的方方面面，加深学生对祖国文化的认同，增强文化自信，同时拓宽学生视野，加强对其他国家文化的理解，培养学生的世界意识和国际视野，使其跨文化交际能力不断增强。

在新课改背景下，中学英语教学教师不仅仅关注学生语言知识的传授，更注重在语言知识的传授中，引导学生学习英美国家的风俗习惯、传统文化、风土人情等，让学生在学习英语的同时更加深刻地理解所学知识，并通过中西方文化的对比以及各种丰富多彩的英语实践活动，增强对中国文化的自信，逐渐形成跨文化意识和国际英语交际能力以及用英语传播中华文化的能力，真正达到学习语言的最终目的。

3. 思维品质方面

英语课程承担着培养学生基本英语核心素养和发展学生思维能力的双重任务。语言既是交流的工具，也是思维的产物。思维的发展对认知系统功能与结构的形成发展起决定性作用。从逻辑角度出发，思维品质往往是由品格决定的。学习能力与思维能力密不可分，具有较好思维品质的人，在遇到困难时，能够多层次、多角度、多方面地寻求解决方法，解决问题的方法趋向多元而不是单一不变的。良好的思维品质对英语学习具有推动和促进作用。因此，中学英语教学任务的实现在很大程度上取决于学生具备的思维品质。

思维品质指思维的逻辑性、批判性、创新性等方面所表现的能力和水平，实质是人的思维的个性特征。思维品质主要包括逻辑性、深刻性、创新性、敏捷性、批判性、系统性、灵活性七个方面。新课改下中学英语教学对这七个方面分别设置了目标。新课改提倡培养学生思辨能力的 6 种策略：knowing yourself；being observant；selecting an issue；conducting inquiry；forming a judgement；persuading others。

4. 学习能力方面

学习能力是指学生积极运用和主动调适英语学习策略、拓宽英语学习渠道、努力提高英语学习效率的意识和能力。

中学英语应试教育过分突出学生对英语理论知识的传授，忽略学生能力的培养。在新课改背景下，英语教学抛弃了传统“重知识、轻能力”的教学倾向，突出在当前形势下培养学生学习能力的必要性和重要性。在教学过程中采取新型教学方式，注重学生课堂学习的主动参与度，调动学生语言学习潜能，让学生在特定的语言文化氛围中合作、实践、交流、探索，由此学生的自学能力、合作学习能力、实践探究能力、语言交际能力等多方面的能力不断增强。

《普通高中英语课程标准（2017 年版）》的基本理念中提到“合理利用和积极开发课程资源，给学生提供贴近学生实际、贴近生活、贴近时代的内容和丰富的课程资源”。教师在教学中，要引导学生利用互联网提供的诸多便利搜集优质英语学习资源，拓展学习和运用英语的渠道，增强听、说、读、看、写等多方面的英语学习能力，在此过程中，英语核心素养逐渐养成。

（三）教学方法

1. 生本课堂

生本课堂区别于传统的课堂，其以“学生学”为课堂立足点，在教学观念、教学方式、教学评价方面均实现了重大突破，主要是：教学设计围绕“学生怎么学”这一新型教学理念展开；教学活动以学生自主学习、合作学习、探究式学习为主要学习方式展开；教学评价遵循“以学评教”有声有色地展开。

生本课堂具有以下特征：

第一，主体性。“学生为主，教师为辅”，学生是课堂的核心、学习的主体，学生学习、质疑、探究是课堂获取知识的主要环节。

第二，合作性。“三人行必有我师”，分组学习、合作学习是生本课堂的主要特征，学生在合作小组中互助交流，学会发言，促进共同成长。

第三，探究性。学生是探究的主体，在小组合作探究中，每个学生均有展现自我的机会，为获取新知识贡献自己的力量。在不断交流学习中，学生的自主探究、学习能力不断增强。

第四，平等性。生本课堂注重平等看待并对待每一位学生，通过小组角色轮换的方式，使每个学生的学习潜能都得到激发，学习自信心逐渐增强。

中、小学英语阅读课尤其是泛读课堂上经常见到的“阅读圈”教学方式，是生本课堂的探索和实践。

2. 合作探究

在新课改背景下，中学英语教学逐渐摆脱应试教育的影响，成为超越语言运用与文化沟通的英语教育。这种转变体现在以下几个方面：从语言知识与能力到全面发展；从英语交际能力到品格力量关键能力；从跨文化交际到人类命运共同体意识；从个人人际交流到跨学科发展与需求；从低阶思维到高阶思维能力的全覆盖。新课程倡导的体验、实践、参与、合作与交流的学习方式离不开小组合作学习活动，由此，英语小组合作探究学习被广泛运用于新型中学英语课堂教学中。

小组合作学习有力冲击了传统“满堂灌”“一言堂”的英语教学模式，将学生作为学习的主体，给予学生更多自主学习、合作探究的机会。在小组合作探究学习中，学生通过同学间、师生间思想的碰撞、言语的交流、方法的研究等能够相互取长补短，实现教学相长的良好局面。

小组合作探究能培养学生的团体合作和竞争意识，促使学生主动学习和自主发展。但要充分体现小组合作学习活动在英语课堂教学中的价值，必须优质、高效地实施小组合作学习活动。

3. 游戏教学

中、小学生天性好动，思维活跃，枯燥乏味的英语知识教学难以调动学生的英语学习激情。经过多年的实践探索，英语游戏教学法不断脱颖而出，成为英语教学界的宠儿。游戏教学的出现，为中、小学英语课堂注入了活力。

学生通过各种不同类型的活动，增强了学习动力，激发了学习热情，增长了英语知识，拓宽了英语视野。丰富多彩的英语游戏活动，使学生逐步摒弃了厌学情绪。他们亲自参与其中，在享受游戏带来快乐体验的同时，收获了英语知识，提升了英语核心素养。由此，学习动力十足，学习热情高度饱和。

在英语游戏教学过程中，学生经过教师的专业指导，学会用英语思维观察问题、分析问题、解决问题，学生的参与度不断提升。经过长期的系统锻炼，学生思维的创造性、批判性、广阔性得到拓展与延伸。游戏的趣味性高度契合学生的身心实际，能够激活学生思维，提升学生英语核心素养。

中、小学生良好学习习惯的养成也需要在学生游戏中加以正确的指引。将游戏经过提炼、加工等各个环节的层层筛选，去粗取精，最终融入英语课堂教学中，能够在潜移默化中影响学生的英语学习思维以及行为习惯。

4. 戏剧教学

英语戏剧教学法主要是指老师将戏剧这一教学手段融入整个英语课堂教学，通过戏剧这一外在形式引导学生体验社会、认识人生、感悟成长、选择生活的一种以经过体验为主的教学方法。

教育戏剧最终是为教学服务的，因此，其既有戏剧的共同性，又有特殊性。教育戏剧产生、发展、演变的最终价值在于实现育人。

英语戏剧教学具有以下几个方面特征：

第一，主体性。学生是课堂的小“导演”，具有主体性地位。

第二，创造性。在戏剧编排、创作、角色扮演中，需要学生具有较强的创造性。

第三，互动性。戏剧的完美呈现，需要小组成员及师生间的互相交流、合作，“取长补短”。

戏剧走进基础教育各个学段的英语课堂为英语教学吹来一股新风，助力育人形式的活化、教学效果的提高、教育质量的提升，极大释放了新课程改革的红利。在戏剧教学课堂中，教师依据学生爱听故事、爱讲故事、爱演故事的心理特点，把英语的字、词、句糅合在故事中，让学生在听故事中听英语、在讲故事中说英语、在演故事中用英语，大大调动了学生学习英语的积极性，激发了学生学好语言、用好语言的兴趣。

三、新课程改革背景下基础教育英语课堂教学依然存在的问题

（一）新旧教学理念并存，生成性课堂流于形式

随着新课程改革进程的不断加速，传统英语课程教育理念受到巨大冲击，教师纷纷开始接受新课程教学理念的洗礼。但是由于时间、地区的限制，旧课程教学理念并未完全退出历史舞台，而是借助新的形式存在于新型英语教学课堂中。当前，基础教育阶段英语课堂整体呈现出新旧教学理念并存的教学局面。部分教师在新教学理念的熏陶下，日益感受到将新教学理念贯穿整个英语课堂教学的重要性。他们为了完成新课程目标，开始逐步转变落后的教学观念，接受新教学观念，并将这一新型教学观念带入课堂教学中，变“满堂灌”的教学方式为多种以“学生为学习主体”的自主探究、小组合作的个性化学习方式。但是根深蒂固的传统教学思想或多或少地影响到教师的教学质量，如教师在教学方式的选择、教学活动的组织、课程资源的开发等多个方面。此外，教师由

于缺乏先进理论的指导、匮乏教学实践经验，对于如何上好新型英语课程会感到无章可循、无所适从。先进地区的优质教学资源和教学方式没有形成示范效应，经济发展较弱的地区英语教学方法更新不畅。造成这种现象的主要原因是欠发达地区的英语教师没有完全走出“形式教育论”的误区，课堂教学方法设计依然以“教”为主体，忽视学生在英语学习中的参与和长远发展，改革成果收效甚微。

为了追求新课改所要求的生成性课堂，涌现出了大批千篇一律的教学设计，教师没有花费足够的时间和精力去研究中学英语教材，没有领会教材编排的意图，而是将大量的时间都浪费在教学设计的东拼西凑上。这种教学设计往往注重在形式上迎合新课改的相关要求，在内容上却是空洞乏味，以抽象理论知识作为基础，缺乏生活化教材的挖掘。在这种课堂教学设计的引导下，英语课堂完全成为教师预设理论的重演，学生只需要配合教师演好“戏”而已。因此，课堂氛围显得机械、生硬，生成性课堂也日益流于形式，停留于口号层面。

（二）先进教学理论匮乏，学生核心素养难形成

在新课程改革背景下，教师对优质的教学成果，往往直接采取“拿来主义”的方式，没有静下心来深入研究优质教学成果背后的先进的教学理论，导致课堂教学存在理论与实践相脱节的现象。主要表现在以下几个方面：

首先，在课程资源的选择上，单纯以缺乏内在联系的教材文段以及零碎的语言知识作为教学素材，学生在碎片化的语段中，难以形成语言思维和语言意识。

其次，在教学设计方面，没有依据本学段不同学生的身心特点以及培育学生英语核心素养的相关要求，有计划、有策略、有针对性地设计个性化的学习和教学方案，学生在课堂中难以施展自己的学习潜能，语言学习自信心难免受挫，形成语言学习的畏难心理。

再次，在语法教学方面，过分注重语法知识的传输，将语法练习集中于句子层面，学生篇章感知能力较弱，无法从整体上感知语法，也不能将所学语法知识灵活运用。

最后，在学习能力培养上，英语教学将听、说、读、看、写五个方面学生能力的培养孤立开来，分为独立的专题进行知识传授。由此，学生听、说、读、看、写这五个方面的能力发展不充分、不平衡的现象普遍存在，大多数阅读理解能力较强的学生往往难以向写作能力转化。

可以看出，由于先进教学理念并未完全普及，部分地区依然存在落后的教学理念，在新旧教学理念的冲突下，教师难以按照核心素养的目标和要求，精心设计教学方案、选取优质的教学方式。由此，学生依然无法彻底摆脱应试教育的不良影响，将语言知识的积累、考试分数的高低作为衡量自身英语学习能力的唯一指标。在这一学习情境下，学生只会沦为学习的机器、知识的填充器，核心素养的培养也只能停留于理论层面，难以真正贯彻落实到英语教学中。

（三）教师综合素养欠缺，学科核心素养难提升

英语新课程改革对教师专业素养的要求也越来越高。一般来说，专业教师综合素养的形成需要经历角色适应期、职业技能发展期、专业素养发展期、综合能力成熟期、资深专家期五个阶段。不同的发展阶段，教师都会遇到不同的发展问题。教师在成长的各个阶段所需学习的知识、掌握的技能、提升的素养都不尽相同。面对新课程改革的新挑战，大部分英语教师的确在不断追问并探索本学科的学科核心素养，明确学科功能定位及培养目标，在认真分析学情、教情的基础上，精心设计培养学生核心素养的教学方案。但是面对繁重的教学任务，教师难以静下心来研究新课程教材，不断开发优质教学资源，丰富英语实践课程。由此，教师自身的综合能力也难以提升。

从当前基础教育阶段英语教学现状来看，部分英语教师的综合素养在某些方面还存在局限性。基础教育英语教师队伍经过三十多年尤其是近十年的发展，英语教师在专业能力方面占优势，但是与现代化教育所需的综合素质相比还存在一定差距。主要表现为，绝大多数英语教师难以摆脱应试教育模式的影响，为了让学生获得理想的学习成绩，会通过增加课程教学量以及作业量的方式给学生施加压力。部分教师将大量时

间花在教学上，难免身心疲惫，产生懈怠情绪，心理素质有待加强。从全方位能力来看，部分教师的人文素养、教学亲和力、教学技能、教学活动组织能力、教学协调能力、教学创新能力还未真正形成，大部分教师的课程领导力欠缺。

学生英语核心素养的培养，与教师的教学质量息息相关，教师“测、讲、摩、练、评”的“五环节”功底不是一朝一夕就能获得的，它源自于教师长期的一线教学实践，并结合先进的教学理念，不断反思、不断调正、不断完善，由此形成自身独具特色的教学形式。因此，由于教师综合素养的欠缺，学生英语学科核心素养的真正形成面临着不小的挑战。

（四）信息技术使用失当，课堂教学效果尚欠缺

随着科学技术的迅猛发展，英语信息化教育进程不断加速。借助信息化的教学平台，学生成为学习的主体，能够自主进行知识的搜集、重构、创造，由此，学生的创新能力、实践能力有可能不断增强。

但是在信息技术与英语学科课程相融合的过程中也存在诸多问题，如信息技术使用不充分、使用失当、与学科知识融合不佳等问题。部分教师没有将信息技术、信息资源、信息方法、人力资源和英语课程实现有机融合，而是仅仅将信息技术作为教学演示的手段或者工具，这样便不能将信息技术的优势充分释放出来。

英语信息化教学主要是将先进的信息技术作为新型学习关系的有机组成部分，利用现代信息技术提供的集视、听、说、读、看、写为一体的技术便利，为学生营造一个良好的语言环境氛围，通过广泛优质英语教学资源的共享，组成探究式学习的“学习共同体”。学生的思维能力、语言交际能力在真实的语言环境中得到加强与锻炼，学生的英语核心素养也由此逐步形成。

但是，部分英语教师自身由于信息技术意识和水平不够，仅仅将现代化的信息技术作为“满堂灌”课堂的教学工具，或者过度使用信息技术，并没有将学生从被动的学习中解放出来，强化学生能力的培养和锻

炼。由此，学生的英语学科素养难以真正形成，课堂教学效果也难以有质的提升。

四、新课程改革背景下基础教育英语课堂教学的有效性探究

（一）更新教学观念，注重课前“炼”

1. 学情分析

“学情”是指来自于学习者自身的影响其学习效果的一切因素的总和。它包括学生的知识经验、心理特点、成长规律、行为方式、思维方法、兴趣爱好等诸多方面。把握学情对教学具有重要的意义。我们的教育对象是学生，是一个个充满了生机与活力的人。教师必须善于了解学情，只有准确地了解学情，才能使我们的教学方向更正确、方法更灵活、效果更理想，才会使学生获得最大程度的发展。因此，在课堂上，教师要时时刻刻做到“眼观六路、耳听八方”，密切关注学生的表现。

基础教育阶段的学生具有好学、理性思维逐渐发展、可塑性强等多重特点。由此，学生不再是被动的接受者和服从者，而是力求成为知识的主动探索者和发现者。针对这些特征，教师需要因材施教，这样才能培养学生良好的思维品质，取得良好的教学效果。良好的思维品质能把学生置于新角度、新思路与新问题中，符合青少年好奇求新的心理。

学情分析要具体到本班学生的鲜明特点、其课前的知识储备和能力水平等，忌笼统地“放之各班而皆准”。例如下面的学情分析案例，选自中国人民大学附中西山分校初中英语教师蒲佳音老师 2017 年的一次听说课（完整教学案例见 P.89），介绍的内容源自人教版《英语》七年级第九单元（Unit 9 My Favorite Subject Is Science），话题为学校科目（School Subjects），算得上是一份较好的学情分析：

学生情况分析

1. 知识准备：学生通过本册第五单元（Do You Have a Soccer Ball？）

和第六单元（Do You Like Bananas?）的学习，掌握了部分表达喜好和原因的表述，如 I like…because it's …，I don't like…because it's …

2. 学生的兴趣和习惯：本单元话题与学生的学习生活密切相关，对于学科和教师的讨论也是学生比较感兴趣的话题，有利于激发学生思考和分享；本班学生对英语很感兴趣，语言表达愿望强烈，课堂积极活跃。

3. 存在问题：学生在校学习的科目很多，但是关于学科的英语表达学生不是很清楚；另外，如何用恰当的词汇阐述自己喜欢某学科的原因也是一个需要关注的问题；此外，班级中也有部分同学基础薄弱，需要被关注。

4. 可能的解决方案：（1）通过具有学科典型特征的图片配合词汇输入，帮助学生掌握学科的英文表达。（2）通过拓展听力和增加句型的输入，帮助学生掌握表达喜好原因的句型。（3）通过设置不同梯度的任务和两人合作的形式帮助基础薄弱的学生掌握基础知识和基本技能。

认真分析学情是制订恰当教学目标的关键。下面案例选自北京师范大学第三附属中学李晓立老师的一节阅读课（完整教学案例见 P.107）：

我所教授的班级是我校高一普通班，班级人数是 36 人，学生入学时中考英语成绩总体较弱，对英语学习信心不足。经过高一上学期的英语学习习惯培养，大部分学生能够按部就班在老师的推动下往前走，但是对英语语言的学习不求甚解，思维有很大惰性。因此，我希望设计一些任务来推动学生的课堂学习，并且这些任务的完成有赖于学生投入一定的思维含量。在思维得到锻炼的基础上，学生才有可能真正地理解知识、获得技能，形成自己的观点，进而促进其情感、态度和价值观的提高。

第一，就阅读技能来说，学生知道如何预测，比如看看题目，看每一段话的首句和关键词等，但是操作的过程总是不理想，是因为他们不能将看到的多条信息综合到一起进行分析和归纳，因此得出的信息量很少。这就需要教师在预测之前给出预测的一个甚至多个问题供他们思考，然后随着练习的增多，逐渐放开，培养他们的预测能力。就某些阅读任务来说，需要学生深挖文本，分析、归纳才能获得所有可能性的答案，但是学生往往只能给出某一个显而易见的答案，所以综合阅读能力还需要在更多的练习中不断地提高。

第二，学生课外阅读量很小，原汁原味的英语读得更是少之又少，故对语言的感悟能力较弱。而本课课文中引用的那些 Scott 日记中的表达，虽然经过作者些许改编，但是理解起来仍有难度，需要学生仔细研读，慢慢体悟。

第三，在课堂上给定的时间内，总是有一小部分学生完成不了指定的任务。在照顾全体又不耽误课堂效率的情况下，我会留给学生一些空白时间让他们组内交流互助，这样完成任务的学生之间可以碰撞观点，而没有完成任务的学生可以积极寻求帮助，跟上课堂节奏。

第四，因为基础弱，学生不够自信，导致课堂上教师提问时，学生的回答总是显得很拖拉，而教师却不能因为节奏慢，而将课堂变成教师的"一言堂"。故我会时时以问题为驱动，引导他们不断地思考，尽可能地让学生自己说出他们的理解。

第五，现在的学生思想越来越开放，对生活的态度也越来越随意，当我们特别有感触地讲到对某一个话题的情感态度的时候，他们却很随意地感慨一下。他们不喜欢说教，更喜欢以一个"judge（裁判）"的角度去评价一些事情，前提是用汉语表达。作为教师，我希望学生通过阅读本课文本，让学生抛开语言表达的束缚，批判性地评价 Scott 等老一辈探险家的成败以及深挖可以值得借鉴的精神，提高他们的批判性思维和情感态度价值观。

如何更好地做好学情分析，是每一位中、小学英语教师不可忽视的问题。李老师的上述学情分析已然属于上乘之作，但依然有可以改进的空间。在我的指导下，其分析有了 2.0 版（见 P.113）。

2. 教材分析

教材分析是教师工作的重要内容，也是教师进行教材解读的阵地。它关系到教师的课程设计、课程组织与实施，更关系到教学目标的实现、教育目的的达成。

教材分析的含义——教材分析不再是就事论事的狭义的对教材内容的分析，而是置于学生发展和学校社会背景下的整体分析，这样才可以把握教学设计的逻辑与方向。新课程理念提倡的教材分析应该从以下几个方面展开：单元教材分析、课时教材分析、课文文本解读、教学重点难点的预设、难点突破手段等。

教材分析的步骤

（1）仔细研读课程标准：课标是学科教学的指导性文件，是编写教材和进行教学的依据。它详细规定了课程的性质、任务、教学目的等。因此，在分析教材时应在课标里寻找理论依据，以落实学科核心素养为目的。

（2）通读教材整合内容：通读教材，对教材的体系结构、地位作用、文字内容、语言表达等方面进行整体了解。只有全面熟悉教材、吃透教材，才能掌握教材的技能体系和知识体系，才能弄清教材要实现的目标，才有利于分析、处理教材。教师熟悉了教材的体系结构和目标定位，在进行教学设计时，就可以前后照应、整合内容、反复渗透，就可以容易地串起教材的线索。

新课改在新教学理念的指导下重新审视教材，从人的全面发展角度出发，认为教材不应为了能谈论某些话题如科技、农业、旅游等或者为了掌握多种语法知识而功利性设立，真正的教材应该超越话题、超越传统、超越应试教育，以培养学生英语核心素养为重要发展指标。我们在日常教学中，应该以课本为载体，深入文本解读，开拓教学思路，多样化、多角度地引导学生乐思、善思、敢思，不断拓展思维空间，提升思维品质。

例如，首都师范大学高中英语教师赵梦琪老师在 2017 年北京市海淀区青年教师基本功展示活动中的一次教材分析，分析的是北师大版普通高中课程标准实验教科书必修模块 Module 2 Unit 5 Rhythm Lesson 2 Beijing Opera，从单元教材分析入手，到难点的突破手段的预设，很好地服务了教学活动的设计：

单元学习内容分析：本单元以“Rhythm”为中心话题，第一课为音乐会评论阅读课，第二课为京剧听说课，第三课为阅读课，介绍中国著名钢琴家孔祥东的音乐创新，第四课为阅读课，介绍三种各具特色的舞种。旨在通过本单元的学习，让学生对音乐、舞蹈等节奏、韵律形式形成整体的认识，学会辨别不同类型的音乐和舞蹈，学会用英语表达京剧、民乐、民舞等中国传统艺术形式，并在此基础上，形成对中国传统文化的认同。

课时学习内容分析：本节课是该单元的听说课，计划一课时完成，在听力任务中介绍京剧的基本常识及象征手法。要求学生在听前对京剧有粗略的了解，在听中根据所听语段抓住关键词、提取有效信息，完成对京剧历史、角色、乐器、艺术手段、象征手法等重要信息的捕捉；在听后进行相应的口语输出活动，并形成对国粹京剧的认同。

教学重点：学生能够在完成听力任务的过程中了解京剧的七大基本常识及象征手法的运用。

教学难点：学生能够进行知识的迁移，整合两段听力材料中的京剧常识及象征手法进行口语输出，赏析《杨门女将》片段。

如何达成：教学重点通过合理运用学生视频和教材听力、图文讲评、学生探究、巩固练习的方式达成；教学难点通过设计有梯度的语境输出活动得以实现。

北京师范大学第三附属中学的李晓立老师的一次教材分析，可以作为教材分析的示范：

单元分析：

本案例是北师大版《普通高中课程标准实验教科书英语（必修）3》第8单元第4课的Reading部分。本单元的中心话题是Adventure，分别通过第一课Adventure Holidays，第二课Extreme Sports，第三课Marco Polo，第四课Journey to the Antarctic和Culture Corner的话题The Silk Road展开。其中第一课和Culture Corner是说明文，第二课是听说课，第三课、第四课是记叙文，分别记叙不同时代的历史人物take an adventure（探险、历险）的经历历程。这一单元的教学素材在知识上向学生呈现了各种各样的历险活动，包括极限运动，并刺激学生自己去挖掘更多的活动和素材；在内容上，学生得以了解不同冒险活动的要求和操作过程，为他们平凡的生活增添了新的内容；在情感态度价值观方面，学生对“冒险/探险”以及“冒险/探险的人”会形成自己的看法，面对将来的未知时，学生会采取什么样的态度以及如何选择将成为一个非常值得询问自己的问题。

值得提出的是，本单元的第三课和第四课的历险故事都是历史上比较有争议的话题，比如人们对“马可波罗到底来没来过中国”，以及Scott这个人的评价都是比较多面的。因此我希望通过教材的学习带动学生更多的思考和拓展阅读。

本单元的听、读策略：Preparation，根据已给信息刺激头脑中的相关知识，进行听前和读前预测，形成信息差，更加有目的地完成学习任务。这也是本节课用到的一个阅读策略。

本单元说的技能：以表达Preference（喜恶）和Opinion的句式发表自己对某件事或某个人的看法，这对本节课学生表达观点做了语言上的铺垫。

本课分析：

第一，本课是skill focus，教材旨在使学生通过本课学习能够练习预测的技能，而我在读完本课文本之后觉得无论是从语言还是故事的可读性以及情感态度价值观的提升方面都有很多可以挖掘的地方，所以我把这节课定位为精读课，希望学生在深度理解文本的基础上，通过体会和思考，就文章故事情节以及主人公的成败和精神发表看法，锻炼思维品质，促进情感态度和人文素养的提升。

第二，本课课文配有两幅插图，每幅图片下面都有图片说明，加上本课题目“Journey to the Antarctic”以及文章小标题“The Race to the Pole”等都是学生预测本课信息的线索，如“谁参加比赛、谁赢了、到哪里的比赛、什么时候”等等。然而根据学情，我们的学生难以预测出这么多信息，所以教师需要给出几个预测问题帮助他们建立思考的方向。为了检验他们预测的情况，我让学生进行整体阅读，整体阅读本身也是阅读课上必不可少的。通过这一遍阅读，学生核对预测，了解文章最基本的信息、理清文章结构，为后面部分细读做好铺垫。

第三，本课文本相对本单元其他阅读材料，篇幅相对较长，根据以上学情，学生每做几个任务都要读完一遍显然是非常困难的。为了降低学生的阅读负担，我认真剖析了文本并将它按照时间和事件分成两个部分：即 about the race（关于比赛）和 about the return journey（关于返程），就每一部分，我分别设计一个阅读任务，尽可能地将透彻理解这一部分内容所需要的信息涵盖在一个任务当中，提高学习效率和课堂节奏。另外，在设计任务的过程中，我将本课的生词渗透在其中，之所以没有单独设计一个词汇学习的任务，是因为本课的有些生词在本单元的其他阅读中已经遇到过，而且通过语境学生也能猜出其词义。

第四，本课是关于百年以前历史上著名的两位南极探险家 Scott 和 Amundsen 的南极比赛，其中 Scott 团队失败的故事。文章在记叙的过程中，大量引用了 Scott 的日记，尽管这些引用经过本文作者的改编，但是理解起来还是有难度的，因此为了让学生充分体会和感受 Scott 等人物当时的遭遇和心理状态以及英国的绅士精神，并批判性地评价和继承，我设计了 6 个子任务（见学案 P3-V.），让学生通过"read between the lines"深入理解文本。与此同时，为了让学生的思路更加宽阔、敢于批判性评价，我让学生查阅了 *The Race to the Pole* 这本书的相关记载，作为这篇课文的拓展阅读材料。

教学重点：深度理解文本，并对主人公的成败及精神批判性地评价。

教学难点：（1）学生在阅读以及评价输出时可能会存在生词障碍；（2）在信息整合和分析时可能会存在思维整理上的困难。（3）对话题信息和主人公进行分析和评价时，个人在有限的课堂时间内难以独立完成。

预采取措施：（1）学生在学习本课之前通过相关话题阅读做好词汇铺垫；（2）教师按照故事主线用思维工具概念图帮学生理出框架，降低思维难度；（3）分组讨论，激发想法，共享观点。

3. 确定恰当的教学目标

在进行了精准的学情分析和科学的教材分析之后，教师需要确定恰当的教学目标。教学目标的确定，要充分考虑学生的最近发展区，考虑到学科核心素养在本节课中的落实。目标要具体到用英语做一件事情，而且要能够使用本节课的目标语言来做这一件事情。例如，在某一节基于课文的语法课（学习定语从句）上，北京市海淀区某位年轻英语教师设定的教学目标是：Create a logical story with relative clauses。这个目标非常简练而恰当，就是学生要做 create a logical story 这一件事，要使用目标语言 relative clauses。

（二）把好教学环节，完善课中“演”

1. 演绎动态生成性课堂，提高学生参与度

华东师范大学博士生导师叶澜教授在其撰写的《让课堂焕发生命的活力》文章中指出：“从更高的层次——生命的层次，用动态生成的观念，重新全面地认识课堂教学，构建新的课堂教学观，让课堂焕发出生命的活力。新的课堂需要我们不断捕捉、判断、重组课堂教学中从学生那里涌现出来的各种信息，推动教学过程在具体情境中动态生成。”我对叶教授的观点是这样理解的：老师进行课堂教学，不能完全依据预设的教学目标和教案机械进行，教师应当从关注生命的高度，研究学生在课堂上生机勃勃、活力无限的学习活动，要善于从学生的质疑问难和独特体验中发现学生在知识、情感和心理上不断生成的需要，并对自己预设的教学作出富有创意的调整。“课堂应是向求知方向挺进的旅程，随时都有可能发现意外的通道和美丽的风景，而不是一切都必须遵循固定的路线而没有激情的行程。”虽然此文并没有对“课堂生成性资源”做出一个明确的定义，但是在叶教授的“动态生成观念”理论指导下，我们可以把“课堂生成性资源”理解为：在实际课堂教学中，通过积极的师生互动和生生互动，产生的超出教师教案设计的新情况，比如学生在言语、行为、情绪、问题等方面的“节外生枝”。课堂生成性资源如昙花般芳香却短暂消逝，如流星般璀璨却迅速陨落。教师若能及时地捕捉到它，将使课堂熠熠生辉；但教师若缺乏敏感度，未能合理利用，它便顷刻即逝。因此，在教学中，教师必须准确捕捉和有效利用课堂生成性资源。

高效的英语课堂教学特点之一是师生互动和生生互动。在互动中往往会产生一些超出教师预设教案的新情况，这里不乏学生精彩的见解、独到的论断和思维创新的火花。但许多教师往往不够重视，甚至认为是影响课堂教学的不利因素，这导致大量课堂生成性资源的流失，长此以往，学生的积极性和创造性锐减，不利于学生的个性发展和思维拓展。准确捕捉和有效利用应遵循以下三个原则，以下以三个案例来就此三个原则分别阐述。

原则 1：培养学生积极情感

案例 1

学生：重点中学外语实验班

教材：北师大版《英语》八年级上 Unit 3 Countries and Cities

教学目标：使用形容词比较级从 location、weather、landscape、famous sights 等角度来描述不同的国家。

输出性活动：

• Suppose you and your family have a chance to travel to a foreign country in the winter vacation. Where are you going and why? (America, England, New Zealand, Australia, Japan, Egypt)

• Work in groups of four. You and your family are discussing where you are going and try to make a dialogue.

• Try to use as many adjectives as possible to compare two countries.

学生活动和教师评价：

S1: Daddy，can we go to Japan on vacation? Because I really want to see Cherry Blossoms and Mount Fuji…

S2: No! We shouldn't go to Japan because we are Chinese and we hate Japan!

S3: Yeah，I totally agree with you. Japanese people are really bad and they are worse than us!

S4: That's true! We hate Japan and the Japanese.

……

此时，很多同学咯咯地笑，教师也微笑。此小组的展示继续进行，教师没有做任何的评价。

思考：

表面上来看，这几名学生的幽默话活跃了课堂气氛。但是我们站在更高的层次——生命的层次来思考：孩子的这种仇恨情绪有利于其积极人格的形成吗？新课程下的课堂教学是老师和学生两个生命之间的相互撞击。老师应该用爱心来触摸学生幼小的灵魂，用善心来感动学生稚嫩的心灵。孩子们正处于价值观初具雏形的年龄，其性格的可塑性非常大。教师应该多引导学生关注积极的方面，学生才能形成阳光心态和积极人格。对于课堂上出现的仇恨和消极的情绪，教师应该给予及时的关注和适当的疏导，因为仇恨的种子一旦播种在孩子的心田，若遇到合适的土壤和温度，很容易生根发芽、开花结果。

准确捕捉和有效利用：

当学生出现仇恨的情绪时，教师若给予以下几句引导，会帮助学生形成积极的心态。

“It’s a fact that the Japanese military invaded China more than seventy years ago and killed many Chinese people. The Japanese government committed a crime in human history，and what’s more it still denies its crime nowadays. In this way the government has made a lot of mistakes. But I believe that the people are different from the government. The Japanese government is one thing, while the Japanese people is another. Lots of Japanese people are very nice, polite and friendly to the Chinese. We should love them with our heart in return, and only love can make us happier, heal the wound and make the world a better place. I hope the relationship between China and Japan will get better and better on your generation. Please go to Japan and enjoy the amazing Cherry Blossoms, Mount Fuji and many other fantastic sights.”

原则 2：尽量输入本堂课的目标语言

案例 2

学生：某区重点中学重点班

教材：人教版 *Go for it* 九年级 Unit 4 What Would You Do?

教学目标：谈论焦虑，并用虚拟语气 If I were you, I would... 来提建议。

半控制性练习：

情景是一张图片。其中，一个女孩子指着一只青蛙说“I'm afraid of the frog”，一个男孩子用 If I were you，I would ________ 句型来给女孩建议。

学生活动和教师评价：

S1：I'm afraid of the frog. What should I do?

S2：If I were you，I would kiss the frog and it would become a prince.

此时，班里许多同学笑了。老师似乎没有听清楚和听懂，说道：“Pardon?” 学生又重复了一遍。老师评价道：OK，good. Thank you. Sit down please.

思考：

该男生的回答源自著名的格林童话故事——《青蛙王子》：小公主亲吻被施魔的青蛙，青蛙就恢复成了英俊潇洒的王子。该学生的思想活跃，在虚拟语气的半控制性中，联想到《青蛙王子》的童话故事。童话故事是与现实世界相对的情景，老师可利用这个课堂生成性资源，以《青蛙王子》童话为情景，幽默巧妙地再说几个虚拟语气，来加深学生对虚拟语气的理解。

准确捕捉和有效利用：

You're very humorous and creative!

If you kissed the frog, would you become a princess?

If you became a princess, would you marry the prince?

If you married prince, would you live happily ever after?

……

原则 3：呵护学生的自尊心

案例 3

学生：某区重点中学普通班

教材：人教版 *Go for it* 七年级上 Unit 3 This Is My Sister

功能目标：运用实际交际中"介绍"基本表达形式

This is my…These are my …

Is this … Yes，it is./No, it isn't.

Is that…?Yes，it is./No, it isn't.

半控制练习：Let's meet Sissi's family!

这位老师是一位 30 岁左右、时尚漂亮的女老师，她的英文名字是 Sissi。老师给出几张自己家庭成员的照片，学生用 Is this…? Is that…? 句型来猜测和提问，老师来回答。

学生活动和教师评价：

当照片播放到一位十七八岁、阳光帅气的男孩的时候，一位很可爱的小女孩用稚嫩的童声提问道："Is this your husband?" 老师回答道："No, it isn't. He is my little brother." 此时，全班同学哄堂大笑。很显然，班里同学都清楚，这位十七八岁的男孩肯定不是女教师的 husband，这名女孩犯了一个比较幼稚的错误。她很尴尬地埋下了头，接下来的活动中，她一直闭口不语。

思考：

苏霍姆林斯基说："要像对待荷叶上的露珠一样，小心翼翼地保护学生幼小的心灵。" 自尊心是孩子健康成长的精神支柱和心灵向善的基石，也是自我发展的内在动力。新课程倡导平等、民主、和谐的师生关系，倡导教师创设宽松、融洽的学习氛围，鼓励积极思维、踊跃发言。教师对学生在课堂上生成的资源，要采取表扬、反问质疑、平等协商等措施，来进行教与学的互动。这样，学生的新的思想、新的观点、新的问题，会喷涌而出，课堂生成能力也会在潜移默化中得到加强。学生所犯的错误，也可以被老师巧妙地转化为课堂生成性资源，老师都要本着呵护孩子自尊心的原则，予以适当的指出，巧妙的更正。这样学生才有开口说英语的勇气，和保持学英语的兴趣。相反，学生若发言错误，即引来同学们的阵阵嘲笑，肯定不敢开口说英语了。这种紧张的学习气氛，会伤害学生的自尊心，学生羞于积极参与课堂活动，就很难生成课堂资源。

准确捕捉和有效利用：

表扬：Thank you for your answer. You have an interesting guess.

引导：Er, well, he is just 5 years older than you, 18 years old.

幽默：Do I look so young? Thank you! I wish I were so young!
But I'm 15 years older than you.

反问：Is this my husband?

学生齐声回答：No，it isn't.

老师重复：No，it isn't. He is my little brother.

积极开发和利用课程资源是英语课程实施的重要组成部分。师生互动和生生互动中生成的课程资源就是课堂生成性的教学资源，教师应本着以上三点原则，敏锐捕捉学生的精彩资源并巧妙利用。

英语课堂教学应是预设与生成的统一体，教师应在精心预设的基础上，追求课堂教学的动态生成与主动建构。教师应为教学过程创造性的发挥提供空间和余地，既要有课前的巧于预设，又要有课堂的妙于生成。因此，如何站在生命的层次上，演绎动态生成性课堂，这是值得每位教师终身研究的课题。

2. 创设语言情境，激发学习兴趣

为了避免直接展示课本理论知识的教学形式，教师可以采取将抽象的课本理论知识转化为剧本形式进行教学。在导入环节，可以以歌曲或者游戏创设情境，活跃气氛。为了增强语言氛围，可以采用情景教学法，以学校图片为铺垫，教师可以尝试把图片、动画结合起来，激发学生学习兴趣，增强学习的趣味性。同时，可以融入戏剧表演，让学生在体验、实践中增加学习兴趣，感受学习英语的快乐。通过预设场景——情境体验——情境实践等三部曲，让学生在理解特定情节、人物情感、故事寓意的基础上，更加出色地完成人物诠释。在表演前，可以布置舞台场景，增加背景音乐，利用现代信息技术增强视觉效果，创设丰富的语言实践环境。在表演中，可以让小组长依据本组成员的性格特征、擅长领域进行协调，争取让小组的每个成员都有表演的机会，让学生在实践操作中渐入佳境，收获真知。

3. 以学生为主体，丰富语言活动

在新型课堂教学中，中、小学英语教师要逐步改变传统应试教育以来形成的以教师为中心的教学模式，尊重学生在课堂中学习的主体地位，建立平等、和谐的师生关系，让一切有利于学生核心素养能力提升的因素充分涌流。如在人教版高一上册 Unit 1 Friendship 这一课的教学中，教师在 Warming Up 环节可以让学生围绕“友谊”这一话题以小组为单位畅所欲言，自由讨论。教师在掌握学生基本情况的基础上，以 PPT 的形式展示一组日常生活中关于友谊这一话题的真实话题，并运用丰富的语言引导学生积极思索，寻求解决友谊问题的有效方法。Pre-reading 环节，教师运用启发式教学，启发学生对“友谊”和“朋友”进行深思，让学生感悟朋友不仅仅局限于人，也可以是物，如日记等，进而自然切换到 Reading 部分“Anne's Best Friend”，以日记形式讲述了犹太女孩安妮的故事。Comprehending 环节以多种新颖的形式引导学生自主梳理课文内容、细节，方便学生在理解的基础上，对重点字词进行记忆。

4. 创新探究学习，挖掘多方潜能

新课程理念下，师生是共同的学习主体，“自主”是学生主体的第一特征。为了打造高效英语课堂，教师需要用创造性教法设计各项语言交际活动，激发学生的好奇心和求知欲，引导学生独立思考、大胆质疑、勇于创新。创新的过程既是一个实践的过程，也是一个发现、质疑、类比、分析、综合、联想、求异、创造的过程。学生英语核心素养的提升不是完全靠教师讲出来的，而是依托学生自己在积极参与整个教学活动的过程中培养和锻炼出来的。在这一过程中，学生真正成为学习的主

人，教师以具体问题为引导，环环相扣，以生活化、形象化、具体化的情境，引发学生产生思想共鸣，激发学生努力进行自主学习、主动求知、不断创新，由此学生的思维得到开拓，多方面潜能得到开发。

自主学习可以很好地应用于越来越受到基础教育阶段英语教学重视的英语泛读教学实践当中。随着新课程改革的不断深化，英语泛读教学在基础英语教育教学领域开展得越来越普遍，尤其是在中学阶段，因为课程标准对于学生的课外阅读量有着较高的要求，很多学校甚至将泛读教学开进了日常课堂中。例如北京市第二十中学在泛读课上使用“阅读圈”的方式，取得了极好的教学效果。

英语泛读教学强调自主阅读，强调探究学习和学生之间的互动与合作。阅读圈模式的步骤是“自主阅读→独立思考→联系自身→提问分享”。泛读强调自主阅读，阅读圈模式的第一个活动就是自主阅读；泛读教学强调合作与互动，阅读圈模式小组讨论、班级提问分享，就是互动与合作。这种教学模式完全契合泛读教学，因此可以将阅读圈模式应用于泛读教学中。

阅读圈活动分三个阶段。第一阶段自主阅读：教师可以将全班分成若干小组，每组 6—7 人，每个人都有一个角色，负责一项任务，有提问者、总结者、人物分析者、连接者、调研者、语言“家”等。学生自主阅读并独立思考，针对文本提出自己不理解的问题，这一阶段强调独立思考。

第二阶段小组讨论：负责小组提前一周和教师交流，师生讨论与分享；小组合作设置问题，理清文本脉络；找出文中佳句及长、难句。阅读圈模式特色：

(1) 设置问题。学生自主阅读，理解文本；小组合作设置高质量的问题，内化文本，以此训练学生缜密的思维，形成有逻辑性的思维，促进学生思维能力的发展。

(2) 小组讨论。小组合作，探究文本；学生在表达与倾听中学会表现自己与尊重他人，在争论与思想的碰撞中发展批判、质疑的精神，在合作与竞争中完成自主学习与合作探究的有机结合。

第三阶段班级分享：全班合作概括故事情节，分析人物，探究主题，思维碰撞，分享观点。这一阶段是课堂的生成。

阅读圈班级教学可以由情节概述、人物分析、主旨探究、观点分享四步组成。情节概述，在摸索的过程中，更新了方法，上课检测学生课外阅读，六人合作，一人一句概述故事情节（培养学生归纳概括能力）；人物分析，学生分析评价人物，表明观点，在文本中找事实支撑观点，训练学生客观评价事物的能力；主旨探究，学生挖掘对文本主旨的理解，联系实际，训练学生的深刻思维；学生提问、观点分享。学生根据自己的理解，从各个角度提出问题，全班共享；这有助于学生拓展思路，养成独立思考的习惯，形成创造性的思维。

英语写作课上也可以充分调动学生的探究与合作而产生更好的学习效果。（见本书 P.163）

5. 丰富激励语言，增强学习自信

《普通高中英语课程标准（2017 年版）》的基本理念中提到“英语教学中提倡过程性评价方式，把对学生的评价贯穿到平常的学习过程之中。注重培养和激发学生学习的积极性和自信心”。

因为每个学生，都渴望得到老师的重视和肯定，渴望得到激励和赞许。让每个学生都能享受到鼓励、温暖的阳光，这样无论哪种知识水平、能力、层次的学生都能获得心理上的满足，从而使学生有一种积极向上的原动力。所以教师的评价语应丰富多彩，真诚激励。下面的句子应该多说：Good! Great! Wonderful! You are clever! Don’t worry!

评价活动一要注意层次性，实行因材施教，让所有学生在自己的能力层面内展开竞赛；二要注意多样性，通过形式多样的竞赛，激发学生的求知欲，训练学生的反应能力，提高学生思维的敏捷性；三要注意客观、公正、科学地评价学生。同时也要注意促进学生形成横向思维的习惯，培养学生思维的灵活性。

6. 完善评价机制，促进学生发展

由于时间、知识、能力等多方面的限制，中、小学英语教师在课堂形成性评价方面存在诸多不足，主要表现在以下几个方面：

第一，评价整体性不佳。第二，评价不及时。第三，评价未区分层次性。第四，评价模式单一。在这一评价模式下，学生的学习兴趣得不到激发，学习自信心得不到增强，评价形同虚设。

为了让教师养成一种善于评价的习惯，形成一种课堂教学的美德，需要完善评价机制，以增强形成性评价意识、优化形成性教学策略为契机，在评价方式、评价方法、评价主体等方面下功夫。首先，教师要动态掌握学生对知识的掌握情况，及时查找问题，督促整改。其次，在设计环节要备学生，针对不同基础的学生，采取灵活的评价方式，以便最大限度地调动学生的学习兴趣，增强学生的学习自信心。再次，教师在评价中，要完善各个阶段性评价，注重前后衔接，最后将其串成“一条线”。最后，促使教学评价的主体日益多元化，教师不再是评价学生学习效果的唯一评判者，家长、学生、教育理论研究者都可以成为评价的主体。

7. 丰富课堂总结，便于理解记忆

课堂总结是中学英语课堂教学的重要一环，中学英语教师需要在学生自主探究知识的基础上，及时进行总结，便于学生即知即改、立行立改，全面理解记忆重要知识点。课堂总结分为各个知识点的小结以及课程结束前对教学知识与技能、过程与方法、情感态度价值观等方面进行的全面总结。在传统英语教学中，教师往往由于教学内容过多、时间不够、主观忽视等方面原因简化小结，三言两语就一笔带过，有的甚至直接放弃总结，以布置家庭作业的方式取而代之。还有部分教师虽然进行了课堂总结，但是总结的方式、方法“千篇一律”，这种缺乏新颖形式的总结逐渐让学生失去兴趣，也让课堂总结提升能力、自主生成、拓展知识面等教学功能得不到充分发挥。教师需要在实践中丰富课堂总结，采取归纳概括法、悬念思索法、拓展延伸法、品读感悟法等新型总结方法，使课堂零碎的知识，在总结中得到概括、深化，助推学生思维高潮，启迪智慧，陶冶情操，升华情感，让学生真正体验到“课已止而意未了趣未停”。

（三）培养核心素养，坚持课后“拓”

1. 搭建智能学习平台，促进知识融会贯通

目前，教育部正在实施信息化建设，不同层次的网络学习平台也或快或慢地建立起来。对于中、小学英语教师而言，需要不断完善信息化技术与英语学科相融合的能力，不断更新整合优质教学资源，丰富本年级的网络资源库，并积极筹建适合本年级学生学习的智能学习平台。借助这一信息平台，学生学习不再仅仅局限于课堂，课后线上学习也成为自主学习的重要组成部分。教师可以通过网络的便捷性，建立超链接式的教学设计，让学生在课后从网络上获取全方位、开放性的学习资源，提升自主学习能力。对于教师课堂的教学过程，可以通过全程录制的方式，传输到这一智能学习平台，学生针对课堂没有听懂的环节，可以无限次进行回放，以便及时查漏补缺，促进知识的融会贯通。同时，教师需要将课堂中的重点知识进行梳理，并将相关知识点的真题链接到这一智能平台，可以以“智能大冲关”“课后小练笔”的新颖形式呈现，便于激发学生学习动力，增强学生学习自信心。

2. 丰富课后语言实践，提升语言表达能力

课堂学习是中、小学英语学习的核心，课后语言实践是中、小学英语学习的有效延伸。教师将自己所录制的或者选取他人的优质的口语素材上传至班级学习资源共享平台，让学生自主观赏、学习并模仿实践。这样，学生会摆脱机械学习英语知识的局限性，在潜移默化中接受英语口语的感染和熏陶。课堂教学语言中要不吝惜激励性的话语，让学生逐渐摆脱自卑、消极心理，增强实践锻炼的欲望，对英语语言表达产生浓厚的兴趣。在欣赏完优质口语素材后，教师需要提前设计一些为学生所喜闻乐见的游戏化场景，让学生在熟悉的场景中，运用所学英语知识，进行人机实时自由对话与交流，这样，学生所接触到的不再是冰冷的书本知识，而是活灵活现的知识，这些英语知识更立体，更直观，更生动。在长期的课外实践体验后，学生既能收获丰富的语言知识，又能增强语言表达能力。

3. 提供多种学习方案，满足个性发展需求

英语是一门语言，听、说、读、看、写各个部分都是融会贯通的。每个学生的学习状况不同，有的学生听力比较好，有的学生阅读能力比较强，有的学生写作方面比较占优势，有的学生口语交际能力较强，因此，针对班级学生在英语学习中所擅长的领域不同，教师需要针对不同学生在英语学习方面的兴趣点、增长点，为学生提供多种学习方案，满足学生个性化的发展需求。教师在学生课后学习平台上，可以划分出不同的学习模块，如听力专区、阅读专区、口语交流专区、写作专区等，学生在全面分析自身所擅长领域和不足领域的基础上，有目的、有计划、有策略地强化薄弱环节的学习，补齐短板。对于自己所感兴趣或者擅长的领域，学生可以选择一些难度指数较高的专项练习，进行专题训练，由此，学生在实践中逐渐形成自己的个性化能力。

当前，为了应付新课改的要求，英语教学盲目追求创新、新颖、花哨的现象令人担忧，这种过度“包装”、徒有其表而内容陈旧的英语教学，使师生身心疲惫，收效甚微。英语核心素养是基础教育阶段英语教育教学的轴心，整个英语教学需要为学生学科核心素养的提升服务。英语教育教学质量的提升，离不开丰富优质的英语教学资源，教师需要充分挖掘生活化的英语教学内容，引导学生掌握科学的阅读方法和技巧，在英语学习过程中，学生收获的不仅仅是知识，更是一种技能，一种未来必需的生存力、竞争力。在核心素养理论的指引下，英语教育教学应该能够更具针对性，直击靶心式地高效展开。

第三章
基础教育英语课堂如何培植学科核心素养

一、对指向英语学科核心素养的教学设计的认识

核心素养观统领下的英语教育教学的要求，就是教师不仅要教书，更要育人。学生不仅学知识，更要全面发展；不仅读书，更要成人。因此，任何课型的教学设计，都要围绕英语学科核心素养进行——从导入环节，到主要学习活动中的任务链，再到学习过程和效果的评价，都应该围绕学科核心素养进行设计。通过指向核心素养的学习活动，学生不仅提升了语言能力，而且对相关主题的社会意义有更深入的理解。教学要走向服务学生学科核心素养的发展，要从意义出发，推动学生的深度学习、内化提升和迁移创新。

以各个版本的教材中都有的“英雄”这一主题单元的最后一个教学设计为例，单元最后输出任务：写一篇记述英雄行为的记叙文。不同版本的教材都会提供若干篇关于英雄的文本，对于这些文本的学习都为单元输出任务——写作奠定基础。教师在进行教学设计时，要认真研读和分析文本，梳理各个语篇的主题意义，确保教学设计情境化、活动化，体现综合性、实践性和关联性的学习过程；要关注各个文本的内在逻辑和关联，注意提炼和整合内在的知识结构，引导学生在解决问题的过程中，不仅学习语言知识，发展语言技能，获得文化体验，而且汲取其中的文化精华，体现文化感知和品格塑造，提升思维品质，让学生运用学

习策略，实现创新迁移。

教师要在研读课程标准和教材文本方面下足功夫，明晰教材内容与课程标准之间的内在逻辑，站在学生的角度“自下而上”地进行教学设计。

英语学科核心素养在教学实践中落地的根本和关键，是教师的专业素养。要在英语教育教学中帮助学生发展核心素养，教师需要比以前看得更远、做得更细。英语学科的首要任务是育人，教师需要思考学科价值是什么，如何通过教授这门学科实现育人的目标。在每一堂课中，教师不仅要关注学科知识和技能，更要关注培养学生的学科核心素养，也就是要在发展学生语言能力的同时，培养学生的积极情感态度和价值观以及有效的学习策略。再以“英雄”这一主题单元为例：要使学生通过学习各个英雄人物后，学会如何去评价这些英雄，并思考向这些英雄人物学习什么。

在“以学生为主体”的理念指导下，大单元主题教学引领的英语学习，要求教师具有提纲挈领、高瞻远瞩的能力，选择语篇、设定目标、设计活动，都需要教师从学生的角度出发，使学生最大限度地参与到主题探究活动中去，教师采用的教学策略和实施的教学行为都应以学生的需求和表现为依据。

（一）教学设计的意义

教学设计是根据教学对象和教学目标，确定合适的教学起点与终点，将教学诸要素有序、优化地安排，形成教学方案的过程。它是一门运用系统方法科学解决教学问题的学问，它以教学效果最优化为目的，以解决教学问题为宗旨。简单地说，就是指教育实践工作者（主要指教师）为达成一定的教学目标，对教学活动进行的系统规划、安排与决策。

教学设计的过程实际上就是为教学活动制订蓝图的过程。通过教学设计，教师可以对教学活动的基本过程有个整体的把握，可以根据教学情境的需要和教育对象的特点确定合理的教学目标，选择适当的教学方法、教学策略，采用有效的教学手段，创设良好的教学环境，实施可行的评价方案，从而保证教学活动的顺利进行。另外，通过教学设计，教师还可以有效地掌握学生学习的初始状态和学习后的状态，从而及时调整教学策略、方法，采取必要的教学措施，为下一阶段的教学奠定良好基础。从这个意义上说，教学设计是教学活动得以顺利进行的基本保证。好的教学设计可以为教学活动提供科学的行动纲领，使教师在教学工作中事半功倍，取得良好的教学效果。忽视教学设计，则不仅难以取得好的教学效果，而且容易使教学走弯路，影响教学任务的完成。

一堂好课就像一个情节曲折动人的故事，让人有锋回路转的感觉，让人有豁然开朗的心境，让人有雨后天晴的清爽。而一堂好课是需要一个好的教学设计支撑的，教学设计之于课堂就如同建筑设计之于建筑，所以教学设计非常重要。

1. 有利于教学工作的科学化

传统教学中也有教学设计活动，主要是指教师的备课。这种教学设计活动的局限是，教学上许多决策都是凭教师个人的经验和意向做出的。例如：在制订教学计划时，教师往往根据本人认为某内容是否重要、对有关内容是否熟悉和现成的教学大纲等决定教学内容。教学设计克服了这种局限，它是从教学规律出发，将教学活动建立在系统方法的科学基础之上，应用系统的观点和分析的方法，客观地分析教学工作的规律和特点，从教学工作的问题和需要入手来确定目标，建立解决问题的步骤，选择相应的策略和方法等。因此，学习和运用教学设计的原理与技术，是促使教学工作科学化的有效途径。

2. 有利于教学理论与教学实践的结合

长期以来，教学研究偏重于理论上的描述和完善，脱离教学实际，使教学理论成为纸上谈兵，对改进教学工作帮助不大。在这种情况下教学设计为沟通教学理论与教学实践起到了桥梁作用。一方面，通过教学设计，可以把已有的教学理论和研究成果运用于实际教学中，指导教学工作的进行；另一方面，也可以把教师的教学经验升华为教学科学，充实和完善教学理论，这样就把教学理论与教学实践紧密地结合起来。

3. 有利于教师的专业成长

新课程、新教材和新教法对教师的专业知识提出了较高要求。新基础教育课程改革中提出由过去“教师对教材的忠实取向”向“教师与教材的互适”转变，即在过去的教学中，教师只关注教法，不关心为什么教、教什么的问题，教师对教材的运用只有全部地接受、执行，不存在教师对教材的取舍增添的权利。因此，仅仅是教材就极大地束缚着教师的主动性、创造性。而新基础教育课程改革给予了教师一定的教材运用灵活性，强调教材只是材料或范例、只是师生展开活动的中介与话题，教师可以根据实际情况删减、增补教材，从而达到教师与教材的互相适应。这种教师与教材的关系转变自然涉及教师专业知识的延伸问题，即教师再也不能像过去那样局限于教材的知识视野、满足于教学参考材料的知识范围来完成教学，相应地必须根据教育对象的文化背景和认知水平、教育环境的许可与限制等因素，恰当地选用教材、灵活地增删教材。这就要求教师不断地拓展知识视野。因此，在此要求下教师会不断充实自我，丰富知识，教师专业得到成长。

4. 有利于提高教师处理各种教学信息的能力

教学设计就是教师根据正确的教学思想和教育原理，按照一定的教学目的和要求，针对具体的教学对象和教材，对教学的整个程序及具体环节、总体结构及有关层面所作出的预期的行之有效的策划。它是教师教育思想、思维流程和教学艺术的体现。教学设计有着科学性，一是要求正确运用教育思想和教育原理，既切合教育教学的内在联系及规律性，又反映教学知识的内在联系及规律性，两者相辅相成；二是要求这种思维流程顺畅、清晰，富于条理性和严密性。这种思想准确性和思维逻辑性的有机结合，便是教学设计科学性的基本内涵。教学是一个系统工程，是由相互联系、相互作用和相互影响的多种要素构成的。教师在备课过程中，用系统的方法对这些要素进行合理的安排和计划，这就要求教师有很高的处理各种教学信息的能力，在此要求下，教师不断努力提高自身处理各种教学信息的能力。

（二）教学设计的分类

教学设计是综合多种学科理论和技术研究成果的学科，其主要理论基础有学习理论、教学理论、系统理论和传播理论等，每一种理论都从不同的视野对教学设计的形成与发展产生了重要的影响，其中学习理论是四种理论中最重要的理论基础。尽管教学设计过程模式种类繁多，但通过对其理论基础（尤其是学习理论）进行认真分析，可以认为，教学设计主要包括面向教师教的传统教学设计、建构主义环境下的教学设计和“学教并重”的教学设计三类。

1. 传统教学设计主要面向教师的教，通常包括以下几个环节：

（1）教学目标分析——确定教学内容及知识点顺序；

（2）学习者特征分析——确定教学起点，以便因材施教；

（3）在以上分析的基础上，确定教学方法、策略；

（4）在上述分析的基础上，选择教学媒体；

（5）进行施教，并在教学过程中作形成性评价；

（6）根据形成性评价得到的反馈对教学内容与教学方法、策略加以调整。

2. 建构主义环境下的教学设计目的是促进学生自主地学，可以称之为以学生为中心的教学设计，其设计过程一般包括：

（1）情境创设——创设有利于学生自主建构知识意义的情境；

（2）信息资源提供——提供与当前学习主题相关的信息资源（教学资源），以促进学生的自主建构；

（3）自主学习策略设计——自主学习策略是引导学生自主学习、自主建构的内在因素，其作用是为了调动学生学习的主动性、积极性，以达到自主建构的目标；

（4）组织协作学习——通过协作交流、思想碰撞、取长补短，深化学生的意义建构；

（5）组织与指导自主发现、自主探究——在建构知识意义的基础上，通过解决实际问题的发现式学习与研究性学习，进一步培养学生的创新精神与实践能力。

3.“学教并重”的教学设计则在理论、方法上对过程建构主义环境下的教学设计取其之长并弃其之短，既突出学生的主体地位，又重视教师的主导作用，其设计过程主要包括：

（1）教学目标分析——确定教学内容及知识点顺序；

（2）学习者特征分析——确定教学起点，以便因材施教；

（3）教学策略的选择与活动设计；

（4）学习情境设计；

（5）教学媒体选择与教学资源的设计；

（6）在教学过程中作形成性评价并根据评价反馈对内容与策略进行调整。

综上不难看出，在环节（3）中已涵盖建构主义的自主学习、协作学习与自主探究等策略的设计；在环节（4）和在环节（5）中则包括了情境创设和资源提供的要求。

“学教并重”的教学设计既强调充分体现学生的主体地位，又强调充分发挥教师的主导作用，不仅对学生的知识技能与创新能力的训练有利，对于学生健康情感与价值观的培养也是大有好处的。

（三）课时教学设计要基于单元教学设计

英语单篇课文（或者单个 lesson）教学讲究单篇课文的完整性，要求教师对各单篇课文进行全面深入的研究。它的教学目的与要求，教学设计、教学过程与训练都以单篇为立足点，教师引导学生在整体理解课文、提取课文主要信息的基础上去处理或者内化信息，并对于承载信息的话题语言知识，包括生词、难句、复杂的句型逐个讲解，然后追求语言的迁移、运用。而单元教学设计则致力于各单篇课文的有机联系，在同一个话题下，追求学生话题语言的掌握和对于本话题的口头和书面表达能力的提高。单元教学设计之优势在于：

1. 使听、说、读、看、写五项活动互促互补、由易到难、循序渐进，有利于训练学生的多种技能。英语教学的重要目的就是培养英语学科核心素养，只有这样，才能发挥语言的功能。为了实现教学目的，在进一步提高听说能力的同时，要侧重培养读写能力。听、读、看分别是理解和吸收口头、书面信息和视频、图表等非文本信息的手段，是输入，只有达到足够的输入量，才能保证学生具有较好的说和写的输出能力。

2. 以话题为中心，可加强纵向联系，有利于加强教学内容的系统性。新教材内容的编写采用了循环式，由浅入深，不断扩展所学语言项目。

3. 以单元为一整体进行教学，必然将单元中各课的内容统一安排，进行梳理、概括、牵连，每一课时的教学目标，都要指向单元目标。以北师大版教材模块 2 Unit 6 Design 为例，单元教学目标为：

（1）听：Listen to descriptions of buildings and paintings and a song.

（2）读：Read a museum guide, a magazine article and an extract from a short story.

（3）说：Talk about paintings, paper art and buildings.

（4）写：Write notes and descriptions of a house.

无论是描述建筑还是说明一门艺术形式，往往离不开表示方位的介词和定语从句，因此，本单元语法教学目标是 Use prepositions and relative clauses to describe...

再以本单元 Lesson 3 教学设计为例说明问题。本着上述单元教学目标，Lesson 3 第 2 课时语法教学设计的教学目标为学会使用恰当的定语从句去 create a story，描述一种艺术形式或者一栋建筑。这一课时教学目标的确立，可以看出，是指向单元教学目标之（3）、（4）的。

又如北师大版高中英语教材模块一第二单元 Heros & Heroines 之单元目标设计。

Unit 2 单元目标

Unit 2	Heroes
读	1. 在整合阅读中继续巩固获取主要信息的能力。 2. 根据上下文和 definition 的提示进行猜词的能力。

<table>
<tr><td>说</td><td colspan="2">Discussion（打分，进入过评）
评价标准：
1. Be a good listener. Catch what the other people are talking about, their points and try to understand them.
2. Break in in a polite way. Know where a comparatively complete point is finished and break in in a natural way.
3. Contribute creative ideas.</td></tr>
<tr><td>写</td><td>Option A: A Rescue（打分，进入过评）
1. Follow the layout of a story;
2. Linking words & useful vocabulary;
3. Accurate & logical.</td><td>Option B: Create your own superhero.（打分，进入过评）
1. 写全要求的项目 (supernatural abilities, human qualities, weaknesses, the double identity);
2. Express your idea clearly;
3. Creative ideas.</td></tr>
<tr><td>活动或情境</td><td colspan="2">➢ 任务一　尝试整合性阅读
篇章：7 篇关于英雄人物的文章
流程目标：
调动讨论激情——指导文章选择——进一步优化选择指导——指导精读（明确精读任务）——精读分享
具体流程：
1. 与英雄相关的短片。
2. 引导讨论，指导文章选择。
3. 同学们浏览所指定的七篇文章，根据自己对英雄人物的期待选择三篇进行精读。
4. 分享选择文章的原因。
5. 精读任务 1（后附详细任务）
精读任务 2：最想跟同学聊聊谁？按人物分组。分好的组分别准备一个presentation，与没有读过这篇文章的同学用一种别开生面的方式分享最想分享的内容。
针对每篇文章的活动：
● Christopher Reeve
Do the matching in the textbook on P.29.
● Superheroes</td></tr>
</table>

Create your superhero, which has all the qualities that superheroes are supposed to have (supernatural abilities, human qualities, weaknesses, the double identity, and other things you want to add).

- **Father-daughter relationship**

After reading the article, underline all the things that your parents have done or will do for you.

- **Stephen Marbury Wins MVP in China**

Suppose you were going to write a biography for Stephen Marbury. Make your own memo（备忘）based on what you read from the passage.

- **Salute to "Fukushima 50," the Unsung Heroes**

Who made up the "50"?

Please find out four of their heroic deeds and underline them.

- **Bill Gates: Unleashing Your Creativity**

Suppose you were listening to this speech by Bill Gates, please note down 6 things that inspire you most.

注：标红的几篇文章每个学生必须选择至少一篇。

➢ 任务二

A discussion:

Topic: Wukong seems the only supernatural hero we have and but there are much more in western countries, like Superman, Spiderman. What do you think of this?

➢ 任务三

Please fill in the chart.

Name	Who is he/she?	Why is he/she unusual?	What qualities does he/she have?	How would you describe him/her?
Yang Liwei				
Williams Sisters				
Christopher Reeve				
Bill Gates				
Stephen Marbury				
Unsung Heroes				
Your hero				
What can you learn from these heroes?				

Sample:

How would you describe Jane Goodall?

Considered to be the world's expert on chimpanzees, Jane Goodall is best known for her 55-year study of social and family interactions of wild chimpanzees in Tanzania. She is calm and cooperative with the chimps and participates in their rules of life. For many years, she has worked to protect animals and to change people's opinions on the environment. She has also been an important person in fighting for animal rights. She is the founder of the Jane Goodall Institute and the Roots & Shoots program. Goodall has received many honours for her environmental and humanitarian work, as well as others, including United Nations Messenger of Peace. Her intelligence, selflessness, diligence and devotion contribute to her success.

二、基础教育英语课堂落实学科核心素养示例

教育部自 2014 年启动新课程标准的修订工作，此后不久，著者所在单位北京市海淀区教师进修学校就开始学习英语学科核心素养的理论架构，研究如何在日常英语教育和课堂教学中落实英语学科核心素养。到 2018 年新课标正式颁布之前，此项研究和实践已经历时接近三年，带动了广大一线教师的专业发展，开发了一批优秀的教学案例。著者作为学科教研部门的负责人，同时也担任中学英语教研员，与一线教师共同研究和探讨，指导出了一批获得北京市乃至全国教学设计比赛一等奖的教学设计案例。这些案例，覆盖了英语教学中常见的所有课型，尤其值得一提的是，其中不乏优秀的中学英语泛读教学案例，填补了基础教育阶段英语泛读教学研究的空白。

限于本书篇幅，这里只展示著者设计或指导设计的几个典型案例，供教师们研究和参考之用。这几个示例，均进行了课堂实施，而且由上课教师针对教学设计的实施情况进行了深刻的反思。更多优秀案例，将会结集出版，敬请读者朋友们期待。

案例 1：初一听说课

Unit 9 My Favorite Subject is Science (Period 1)

教材：人民教育出版社 *Go for it*

实施：中国人民大学附属中学西山学校 蒲佳音

一、指导思想与理论依据

《义务教育英语课程标准（2011 版）》强调语言的工具性，即用英语与他人交流的能力，进而促进思维能力的发展。同时课标要求注重语言学习的实践性和应用性，主张学生在语境中接触、体验和理解真实语言，并在此基础上学习和运用语言。

英语学科核心素养是英语学科育人价值的集中体现，是通过英语课程学习而逐渐形成的关键能力、必备品格与价值观念。它包括语言能力、文化意识、思维品质和学习能力四个方面。所谓语言能力是指在社会情境中，以听说读写看等方式理解和表达意义的能力；思维品质的提升有助于学生提高发现问题、分析问题和解决问题的能力，进行深度学习和强化学习。

本节课所学内容与校园生活有关，课型为听说课，因此教师一方面要把握该话题，让学生在真实情境当中锻炼和提升其语言能力；同时还要通过语言学习和运用，提升其对事件的逻辑关联能力和创造力，提升其思维品质。

课标三级（七年级）"说"的标准提到，"学生能在课堂活动中用简短的英语进行交际；能就熟悉的话题进行简单的交流。能利用所给提示简单叙述一件事情。能在上述口语活动中做到语音、语调基本正确。"这也是本节听说课教学目标的指导和理论依据。

二、教学背景分析

教学内容分析：

本节课的内容源自人教版《英语》七年级第九单元。话题为学校科目（School Subjects），就学生喜欢的事物进行简单问答并陈述喜欢某事物的原因。关于喜好话题本册第五单元（Do You Have a Soccer Ball？）

和第六单元（Do You Like Bananas?）都已经有所涉猎。本节课为第九单元第一课时，为听说课型，主要通过听和说的练习用 What、Why 和 Who 引导的句型，谈论喜欢的科目、原因以及任课教师，为后续读写课介绍一天的课程安排做积累和铺垫。

学生情况分析：

1. 知识准备

学生通过本册第五单元（Do You Have a Soccer Ball？）和第六单元（Do You Like Bananas?）的学习，掌握了部分表达喜好和原因的表述，如 I like…because it's …, I don't like…because it's …

2. 学生兴趣和习惯

本单元话题与学生学习生活密切相关，对于学科和教师的讨论也是学生比较感兴趣的话题，有利于激发学生思考和分享；本班学生对英语很感兴趣，语言表达愿望强烈，课堂积极活跃。

3. 存在的问题

学生在校学习的科目很多，但是关于学科的英语表达学生不是很清楚；另外如何用恰当的词汇阐述自己喜欢某学科的原因也是一个需要关注的问题；此外，班级中也有部分同学基础薄弱，需要被关注。

4. 可能的解决方案

（1）通过具有学科典型特征的图片配合词汇输入，帮助学生掌握学科的英文表达。

（2）通过拓展听力和增加句型的输入，帮助学生掌握表达喜好原因的句型。

（3）通过设置不同梯度的任务和两人合作的形式，帮助基础薄弱的学生掌握基础知识和基本技能。

三、教学目标（含重、难点）

教学目标：

1. 学生能够说出学科词汇、表达喜好及陈述原因句型。

2. 学生能够运用所学词汇和句型结构进行情景对话，表达个人喜好和原因。

3. 学生能够了解学校学科相关知识，爱上学校学习生活。

教学重点：运用所学词汇和句型表达个人喜好和原因。

教学难点：运用恰当的语言在情境中表达个人喜好和原因。

突破手段：通过拓展听力及语汇输入，帮助学生获取更多的情景语言，为输出做好充分准备。通过输出，检测学生的掌握程度，固化课堂学习成果。

四、教学过程与教学资源设计（可附教学流程图）

Before Class	A survey with 3 questions
In Class	Lead-in Learning Objectives of the Unit
	Stage 1 Q1 What is your favorite subject? Input-Words (Subjects) Input-Listening 1b Output-Making up conversations
	Stage 2 Q2 Why do you like this subject? Input-Descriptive words & expressions Input-Listening 2a 2b Output-Practicing in pairs
	Stage 3 Q3 Who is your (subject) teacher? Why do you like him/her? Input-Descriptive words Input-Extended listening Output-Making up~Recording~Sharing
After Class	Complete the conversation made up in class and change it into a short passage.

Before Class

The teacher did a survey through UMU, asking each student to list at least 3 school events they had at school this semester, and add the dates if they know them.

设计意图：通过调查，教师能够知晓学生能用英文表述学校活动情况，同时了解学生对日期的掌握程度。教师从中选出近期学校活动用于本节课教学设计中。与英语学科核心素养中所述，“在社会情境中，以听说读写看等方式理解和表达意义”，以及课标中“主张学生在真实语境中接触、体验和理解语言，并在此基础上学习和运用语言”的要求相一致。

In Class			
教学环节	教师活动	学生活动	设计意图
Step 1 Lead-in （3’）	1. Share with Ss the learning objectives of Unit 9. 2. Ask Ss to look at the timetable of the day and tell the English names of the subjects.	Interact with the teacher and share his/her ideas with the classmates.	让学生了解本单元的学习目标，以始为终。用当日课表激发学生兴趣，引入本节课讨论的主题。
Step 2 *What-* Question (10’)	1. Share with Ss the result of Question 1 in the survey. ***What*** *is your favorite subject?*	1. Look at the survey result teacher shares.	聚焦本环节的核心句型“What-”。
	2. Show scenes of different classes and ask students to speak out the names of the subjects if they know, and the teacher may tell the answer if the Ss don’t know. Then lead Ss to read the new words.	2. Tell the English names of the subjects according to the pictures. Read the new words after the teacher. Take notes of the subject names they don’t know.	已有词汇的复习巩固和拓展词汇的输入，帮助学生积累词汇。

	3. Ask students to fill in the blanks with proper subjects one by one. 1a. Match the subjects with the pictures.	3. Finish the task according to the requirements.	帮助学生巩固核心词汇。
	4. 1b. Ask Ss to listen and circle the subjects they hear in 1a.	4. Finish the listening tasks.	听力练习，进一步强化本环节核心句型及词汇输入。
	5. Ask Ss to practice conversations in pairs using the subjects they learned. ***What's your favorite subject?*** ***My favorite subject is…***	5. Practice the conversation in pairs.	阶段性输出，巩固本环节重点词汇和句型。
Step 3 *Why-* Question (8')	1. Share with Ss the result of Question 2 in the survey. ***Why*** *do you like this subject?*	1. Look at the survey result the teacher shares.	聚焦本环节的核心句型 "Why-"。
	2. Discuss with Ss the ways to give reasons. Show the possible sentence structures to the Ss. e.g.: *1) Because it's fun/ interesting/relaxing/ useful/ important/ cool/easy* *2) Because it can make me…*	2. Think of the questions and share ideas with classmates. Take notes and memorize the sentence structures the teacher shows.	通过讨论和引导，帮助学生学习和记忆表达喜好原因的词汇和句型。

	3) Because I can get a lot of information… *4) Because I'm good at it.* *5) Because…*		
	3. Ask Ss to do the listening exercise. 2a. Listen and put the conversation in order. 2b. Listen and match the subjects you hear in the description.	3. Listen to the conversation and finish the tasks.	听力练习，进一步强化本环节核心句型及词汇输入。
	4. Ask Ss to practice the conversation on P.74 in pairs.	4. Practice the conversation in pairs.	阶段性输出，巩固本环节重点词汇和句型。
Step 4 *Who-* Question (10')	1. Share with Ss the result of Question 3 in the survey. ***Who** is your (subject) teacher?*	1. Look at the survey result the teacher shares.	聚焦本环节的核心句型 "Who-"。
	2. Show the photos of some teachers and ask Ss another question, *"why do you like this teacher?"* Lead Ss to think of words or expressions to answer the question.	2. Think of the question and share ideas with the classmates.	通过讨论和引导，帮助学生进一步巩固表达喜好原因的词汇和句型。
	3. Extended listening. Ask Ss to listen to the conversation and answer the questions.	3. Listen carefully and find out the answers to the questions.	拓展听力材料，帮助学生梳理本节课所学句型。

	4. Ask Ss to practice the conversation in pairs.	4. Practice the conversation in pairs.	口语练习，为学生在情景中运用句型做准备。
Step 5 Output (8’)	Show Ss the task as follows: 1. *Make up a conversation using what you’ve learned in this lesson in pairs.* 2. *Record the conversation with the help of Quicktime Player.* 3. *Upload it to Cloud.* Share some of the works if time permits.	Follow the requirements and finish the task on time.	两人合作，运用课堂所学词汇和句型自设情景编写对话并录制音频，巩固学生课堂所学，激发学生创造力，同时保障每个学生都能练习和展示。
After Class			
Step 6 Homework (1’)	Complete the conversation made up in class, and change it into a passage.		课下笔头练习，巩固课堂所学内容。

五、板书设计

Unit 9 My Favorite Subject Is Science

What is your favorite subject?
Why do you like it?
Who is your teacher?
Why do you like him/her?

geography
biology
science

Because it’s
Because I can get...
Because it can make me...
Because I’m good at it.

六、学习效果评价设计

本节课听为输入，说为输出，学生“说”的情况是本节课的评价关键点。

根据课标对于“说”的三级（七年级）标准，“学生能在课堂活动中用简短的英语进行交际；能就熟悉的话题进行简单的交流；能在上述口语活动中做到语音、语调基本正确”。因此，教师在评价本节课学习效果（目标达成情况）时需关注：

1. 是否所有学生参与对话练习。

2. 学生是否用到本节课所学基本词汇和句型。

3. 学生语言的准确性和语音、语调。

4. 基础较好学生是否用到补充词汇和句型。

七、教学设计特色说明与教学反思

（一）教学设计特色

1. 活动设计紧紧围绕英语学科核心素养展开，其中特别关注学生的语言能力和思维品质的提升。课前、课中、课后的环节设计呈紧密连贯关系。课前的调查问卷环节设计，一方面能够了解学生的学情，提供前测数据，为本节课教学设计有的放矢做准备；另一方面，帮助学生提前对课程内容进行思考，引发学生对课题的好奇，起到激活思维的作用。课中的教学过程设计围绕前测中学生提到的学校活动，为学生创设真实情境，通过任务由易到难、由简单到复杂，让学生在听说练习中提升其语言能力，同时书本知识迁移到生活情境的过程，对学生思维品质也是很好的提升。

2. 教师围绕本节课的主题编写并录制拓展听力，增加听力梯度和难度，满足大部分学生需求，同时增加听力输入，有助于为输出环节做充分的语言积累。

3. 四人小组运用课堂所学内容完成输出任务，并利用电子学习配备录音／录像，解决了课堂时间不充分，无法使学生都能够进行口语练习的问题。同时四人小组合作的形式，让基础较好的学生带着基础薄弱的学生，也调动了学生的积极性。

4. 四人小组录音上传到云盘，教师能够下载并倾听小组录音，了解本节课教学目标的达成情况，同时找到问题，为后续的课时安排和教学设计提供证据支撑。

（二）教学反思

1. 第二部分听力输入中，对话内容较多，导致部分学生无法跟上，教师需要在录音播放之前将问题进行更多的解读，提示学生记录关键词，即加强对学生学习策略的培养，以提升其学习能力。

2. 第三部分输出环节中，学生小组全部完成任务，但是从展示情况看，录像的规范有所欠缺，如不要将纸遮盖住脸，要露出面容，声音洪亮，四人聚到一起，衔接更顺畅等等。

对于以上出现的问题，教师以后授课还应充分考虑学情，对任务说明和方法做更明确的解读，平时的课堂注重细节和示范到位；此外，教师应加强对英语学科核心素养研究，重视学习策略在教学当中的渗透，从而真正提高学生的英语学习能力。

案例 2：高一听说课

Module 1 Unit 1 Lifestyles Lesson 2 Relaxing（2nd Period）

教材：北京师范大学出版社高中《英语》

实施：著者

本案例的实施时间较早，是在上一轮课程改革之初，当时我还在一线教书育人。虽然时过多年，但现在反思之，依然符合当下学科核心素养观的要求。为了便于读者更好地理解，本案例以说课稿形式呈现。本案例获北京市优秀教学设计一等奖。

指导思想与理论依据

高中阶段要着重提高学生用英语获取信息、处理信息、分析问题和解决问题的能力，特别要提高学生用英语进行思维和表达的能力，形成跨文化交际的意识和基本的跨文化交际能力，进一步拓展国际视野、增强中国情怀，为未来发展和终身学习奠定良好的基础。

高中英语教学要鼓励学生通过积极尝试、自我探究、自我发现和主动实践等学习方式，形成具有高中生特点的英语学习过程和方法。

教师作为教学组织者，应创设一定的情境、时间和空间，让学生亲身经历知识的产生及形成过程，努力探寻能最大限度调动学生积极性的因素，让学生逐渐成为自己发展的主人。这就要求教师在教学中要关注学生的学习过程，促进其动态生成。

本节课最后的语言输出是学生用话题语言表述自己的 Preferences，为此而进行的词汇学习、功能句的学习等等都体现了学生的学习过程。

教学背景分析

教学内容：

本节课所使用的教材是北师大版普通高中课程标准实验教科书，内容为 Module 1 Unit 1 Lifestyles Lesson 2 Relaxing 的第二课时，是一节听说课，目的是通过听说活动了解他人的 preferences、思考自己的 preferences，并且最后学会得体地表达出自己的 preferences，完成一个比较完整的自我学习和修养过程。

学生情况：

1. 根据前面几节课学生的课堂表现和学生对前 3 个课时内容的掌握情况，本课时的教学内容可以经过本课时的学习达到消化，但是略有挑战性。

2. 本节课是学生进入高中之后的第 4 节英语课。学生经过开学初期 10 天的军训和前几节课，相互之间初步了解但还不够熟悉，尤其是对周围同学的英语程度还不够了解。这个年龄段的学生处在这样的背景下，自信心强的同学，会积极争取机会在小组范围内或者全班范围内表现自己；自信心不足的同学，往往会尽量避免“露怯”。

3. 由于是新高一入学的第 4 节课，教师对学生还不熟悉，有些学生的名字还叫不上来。

教学方式：以学生为中心，为学生设计用英语做事情的语言实践活动，学生个人活动与小组活动相结合。

<table>
<tr><td>

教学手段：现代教学手段和传统教学手段相结合，既有传统的黑板、粉笔，又有现代化的多媒体设备。

技术准备：听力设备、投影仪、笔记本电脑等。

</td></tr>
<tr><th>教学目标</th></tr>
<tr><td>

语言能力：

1. 学习有关 Expressing Preferences 的 function file:

I really hate doing exams.

I can't stand talking in front of the class.

I don't like going to parties very much.

I prefer meeting people in small groups.

I enjoy listening to music.

I like reading.

I quite like sitting and doing nothing.

I love talking to my friends.

2. 学生能够使用上述 function file 的句型得体地表达自己的 preferences。

思维品质与学习能力：

1. 通过倾听别人的 preferences，思考自己的 preferences 并且最后得体地表达出自己的 preferences；

2. 个人观察、体验和思考，小组活动。

文化意识：

通过这一节英语课的快乐体验，学生愿意相互用英语交流自己的 preferences, 促进相互了解和健康的同学关系的形成，并能够从别人的 preferences 受到启发，完成一个比较完整的自我修养过程。

说明：从学科核心素养的四个维度设计学习目标，但实际上，四个维度并非割裂开来绝对独立的，它们是你中有我、我中有你的关系。

</td></tr>
</table>

教学过程（文字描述）
1. 热身（2分钟） 鉴于这是高一起始课之第4节课，学生相互之间不是很熟悉，加之这节课是在演播室录像，学生很紧张，我使用了本节课的前一天学校有关部门抓拍的几幅照片（照片中的人物是我和本班的几位同学），让学生说出照片中几个学生的名字，其目的是活跃一下课堂气氛，以使学生轻松进入学习状态。从当时学生的反应来看，这个设计起到了很好的效果：学生看到照片后，一眼就认出了照片中的同学并叫得出其名字，心情顿时放松了，紧张情绪消除了。 消除了紧张情绪的学生此时进入了极佳的学习状态，因此，下面的设计是为了充分利用这种状态，复习、巩固上节课中所学习的重点词汇和句型。我曾经多次观摩各种规模的示范课、研究课，印象中似乎大多数课都是一个相对完整的课型展示，很少有对上一节课的交代。我认为，任何一节课都不是孤立的，它一定是整个教学环节中的一环，而这一环必定是与前面那一节课扣在一起的。因此，巧妙的设计，应该是给学生创设语境复习巩固前面那节课的重点。 2. 复习（上一课时的重点词汇）并导入（新课）（8分钟） 学生的课堂表现说明学生之间已经有了一些了解，我很自然地提出了第2个问题，"Do you know me well?" 目前，学生对我的了解仅仅局限于学校的《选课指导手册》上的书面介绍和前面三节课上我的课堂表现。但是关于我自己很personal的情况，学生肯定是不了解的，自然也是很渴望知道的。因此，学生对下面我说的六个关于我自己情况的statements表现出了浓厚的兴趣。而我给出这六个statements的方式是一种game：六个statements中有一个是不真实的信息，给学生设计的任务是认真听、看并猜出其中那个不真实的statement。Game这种形式本身就适合学生的年龄特点，这种形式结合学生非常感兴趣的任务，自然而然地会引导学生投入学习。因为我设计的这六个statements里面都含有上一节课的重点词汇（画线部分），学生在"猜"的过程中，就复习了这些重点词汇的用法。

(1) I think going to parties is stressful.

(2) I find listening to music relaxing.

(3) Sometimes I have a problem with my wife.

(4) Last week, I suffered from a headache.

(5) I usually reduce my pressure by surfing the Internet.

(6) I become stressed when I have a lot of work to do.

根据课堂表现来看，学生怀着浓厚兴趣，积极参与活动，达到了设计目的。本节课到此 7~8 分钟处，学生的学习状态已经得到了充分调动。但是，到此止步，学生还仅仅是停留在复习上，没有达到“运用语言”的层次。因此，抓住这最佳时机，我及时给出了另一个任务：Write 6 sentences about you, one of them NOT TRUE. Then see if your classmates can guess it. 这个任务看似简单，其实是给学生创设了很好的运用语言的语境，换句话说，学生是用英语来做事情。

此时，对于班级内大部分同学而言，这个任务已经不是很难了，但是，考虑到本班内少数基础薄弱的学生，为了降低难度，我提供了如下帮助：

(1) I find ________ relaxing.

(2) I think ________ is stressful.

(3) Sometimes I have a problem with _____.

(4) Last week/month/year, I suffered from ___________.

(5) I become stressed when I ____________.

(6) I usually reduce stress by ____________.

通过这个设计，学生基本上没有障碍地对上一课时的重点词汇、句型达到了能够运用的程度。（参看学生的“作品”）

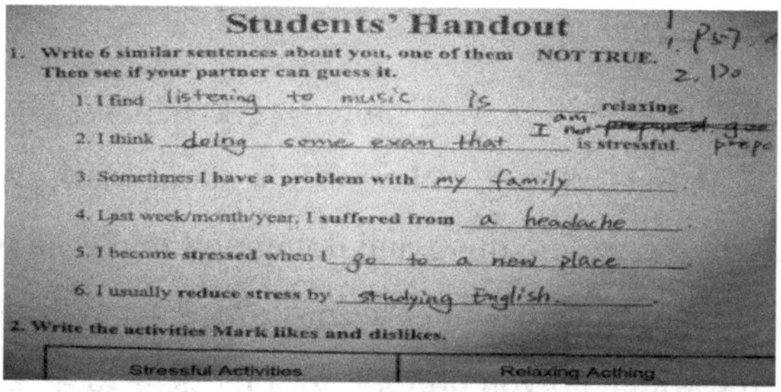

Students' Handout

1. Write 6 similar sentences about you, one of them NOT TRUE. Then see if your partner can guess it.

1. I find listening to music is relaxing.
2. I think doing some exam that I am not prepared is stressful.
3. Sometimes I have a problem with my family.
4. Last week/month/year, I suffered from a headache.
5. I become stressed when I go to a new place.
6. I usually reduce stress by studying English.

2. Write the activities Mark likes and dislikes.

Stressful Activities	Relaxing Acthing

这个“写”的活动是为“说”做准备的，因此，随后学生的活动是相互说、猜，然后由两个学生轮流说、全班猜。至此，学生通过用英语做 game，完全达到了复习、巩固上节课重点词汇并过渡到新内容的目的。

3. 听（Listen to Mark）(输入)(5 分钟)

到此，课堂进行了 10 分钟左右，学生刚刚通过前面的教学设计对老师有了进一步的了解，相互之间也有了进一步的了解，知道了老师对什么感到 stressed, 也了解到周围的同学为什么感到 relaxed, 极为自然地，我展示教材中的图片，提出了一个新任务“Let's predict what makes Mark stressed or relaxed.”，丝毫没有拖泥带水，进入了新授内容。

预测是一种有效的听力策略。因此，在听录音之前，我引导学生根据对课本插图的观察去 predict what makes Mark stressed or relaxed, 然后通过听去验证。课堂上很明显可以看出，由于是带着自己的预测去听，学生听得格外认真，预测正确的同学，在听的时候面露喜色，其预测正确带来的喜悦溢于言表。

4. 学习（话题词汇中的生词）(输入并内化)(19 分钟)

如果说本节课的教学设计突出了学生学习的过程的话，那么，学生学习本话题生词并归纳整理、内化话题新旧词汇从而学会得体地运用话题词汇的过程，是本节课的亮点，也是本节课的看点之一。

此时，学生已经完成了“倾听别人的 preferences、思考自己的 preferences”的过程，而要完成最终的“得体地表达出自己的 preferences”这一任务，就需要学习本话题生词并归纳整理、内化话题新旧词汇。

话题生词里面的主要生词是 prefer, 我没有直接把这个生词讲解给学生，而是使用过渡语言“Now this is about Mark. Which do you like better? Doing exams or sitting and doing nothing? And which do you prefer? Going to parties or listening to music?” 并把“Which do you like better?”和“And which do you prefer?”以 PPT 展示给学生，利用 PPT

的直观的优越性，把“like better”和“ prefer”以彩色字体突出。学生通过观察老师的语调的变化和PPT上面老师以彩色突出的单词，体验生词“prefer ”并进而理解其意思就相当于“like better”。

学生理解和掌握了prefer这个生词以后，为了激活学生原来学过的话题词汇，进而归纳整理话题新旧词汇，我启发学生做brainstorming，并把学生零星说出的话题词汇进行了板书，随后让学生把板书的所有话题词汇朗读一遍。

然后，再听一遍录音材料，看看Mark是如何使用这些词汇的。

至此，这些话题词汇，学生学习了新的、归纳了旧的，老师也板书了，学生又朗读了，但是这远远不够，学生还不会恰当地运用。要想使学生恰当地或者得体地使用这些词汇，还需要一个内化的过程。为此，我使用了PPT，引导学生根据话题词汇所承载的情感程度的轻重，把词汇一个一个放在了台阶上。见下图：

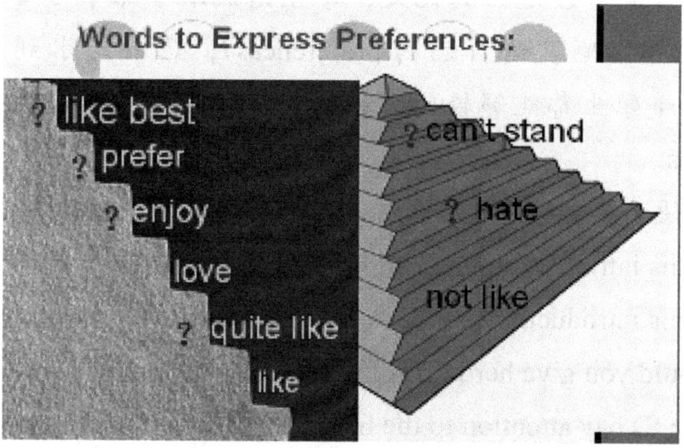

这还不够，随后给学生的两个顺序任务分别是：

A. 完成教材“Language Power”部分之56页的Ex.1（编者为使学生得体使用本话题词汇而设计的练习）；

B. 完成课本第11页之Ex.8，目的是结合学生自己的preferences操练功能句，为下一步“得体地表达自己的preferences”，做好功能句和内容的准备。

5. 表达（输出并评价）（10 分钟）

这一环节在教学中分为两个步骤：

首先是 Have the Ss take turns to practice introducing their preferences to the group members，教师给出 Teacher's sample（出示 PPT）。

Example:

I really love playing the piano, but I can't stand singing in front of the class.

设计这一步骤，既有情感态度目标方面的考虑，也有技能目标方面的考虑。前面学生情况分析中提到过，学生之间还不够熟悉。这个活动能够使学生相互之间充分交流、沟通，更好地相互了解，有利于健康的同学关系的形成。同时，这也为下面的步骤——向全班同学表述自己的 preferences 做好准备，有利于提高学生的自信心。

课行云流水般进行到此处，学生达成本节课学习目标之技能目标即“得体地表达自己的 preferences”，已经是水到渠成。请出来的三个学生都能够较为流畅地、得体地口头表述他们自己的 preferences。

为了便于学生对学生的表达进行评价，设计了如下评价细目：

- Is his introduction interesting?
- Is his introduction smooth?
- Could you give her/him some advice to be less stressed?

(Have Ss pay attention to the hesitation words if necessary)

6. 作业（ 1 分钟）

(1) Finish off Ex. 4 on P.57 (Language Power) .

(2) 做调查，找出大家普遍感到有压力的方面，并有针对性地提出减轻压力的建议，向学校建言。

评价方式
对于学习效果的评价，本节课采用了多元评价方式，即教师口头对学生的学习行为（包括学习过程和学习效果）进行评价、学生的自我评价和学生对学生的评价相结合。 教师对学生的口头评价是看似风过无痕，但其实是经过深思熟虑的。学生的自我评价，本节课突出表现于学生验证自己对听力内容的预测这一环节，正如前面教学过程描述部分所说“预测正确的同学，在听的时候面露喜色，其预测正确带来的喜悦溢于言表”，这其实就是学生对自己学习行为的自我评价。学生对学生的评价，集中表现于最后的输出环节，教师还为此专门设计了评价应该关注的方面。（见下面评价量规）
评价量规 ● Is his introduction interesting? ● Is his introduction smooth? ● Could you give her/him some advice to be less stressed? (pay attention to the hesitation words if necessary)
本教学设计与以往或其他教学设计相比的特点： 1. 用教材而不是教教材。在充分理解编者意图的基础上，根据学生的实际，结合自己的教学风格，对教材进行了整合，起到了较好的教学效果。例如，没有按部就班地在处理完本节课教材内容之后把 Language Power 里面的内容作为作业留给学生，而是把 Language Power 里面的 Ex.1 作为帮助学生内化话题词汇的辅助材料，产生了很好的效果。 2. 关注学生的学习过程。纵观本节课的教学设计，可以看出，特别关注了学生的学习过程。学生通过观察、体验、实践合作等方式，掌握了本节课所涉及的话题词汇、话题功能句，并得体地表达出自己的 preferences。

3. 关注学生学习策略的养成。根据教材内容，本节课至少在两个环节关注了学生学习策略的养成。一是“听”的 prediction 策略，二是“说”的 hesitation 策略。例如，预测是一种有效的听力策略，因此，在听录音之前，我引导学生根据对课本插图的观察去 predict what makes Mark stressed or relaxed，然后通过听去验证。

教学反思：

1. 合理整合教材

教材为我们的教学提供了一个平台和背景。通过对课本的学习，学生们可以掌握一些基本的语言要素和词汇表达。这是课堂教学必不可少的。怎样充分利用这个背景使学生的学科核心素养得到提高，需要教师对课本进行深入挖掘，也就是说，是用教材而不是教教材。在充分理解编者意图的基础上，根据学生的实际，结合自己的教学风格，对教材进行合理的整合，会起到较好的教学效果。

2. 把课堂作为动态的教材

尽管在备课过程中教师进行了精心准备，对学生的每一个活动都成竹在胸，但是，在实际课堂上，毕竟是面对四十多个思维活跃的个体，在教师与学生互动、学生与学生互动的过程中，往往会激发出出乎预料的所谓“动态的、鲜活的生成物”。敏锐地捕捉住这样的生成物，并借机“做文章”，是一个成熟教师的必备能力。本节课在老师启发学生通过 brainstorming 活动的时候，就出现了这样的动态教材。当时是学生在激活旧知识即提取能够用来表达 preferences 的话题动词，第一排的一个男生（当时因为这是开学第 4 节课，老师还叫不上来他的名字）突然说了一个词 philia，并且说该词意为“爱、喜欢”，这大大出乎我的预料，因为我不认识这个词，而且我也不会写，所以不敢给予肯定或否定。于是，我采取的方式是，让这个孩子在副板书处板书了这个词，然后告诉学生，这是一个生词，这位同学认为它相当于 love，但是我看这个词不像是一个动词，所以我们暂时不归类于今天的话题动词。到课堂最后布置作业的时候，我又在原来设计的作业的基础上，加上了查这个单词的词义的作业。

3. 两点遗憾

导入环节，当时使用了4幅照片，觉得课堂效果不错。后来观看录像，感觉到有些拖沓，使用2幅照片后，其效果已经达到，如果此时打住，相信会使得课堂节奏更为理想。思考一下，造成这样的遗憾的主要原因有两个：一是因为事先设计了4幅照片，而这4幅照片是集中在了一张PPT上逐一呈现的——这也暴露了PPT的缺点：限制了教师的灵活性；二是在上课时，2分钟时间很快就过去了，教师作为“当局者”，意识不到，或者说体会不到节奏的拖沓，而后期观看录像，我就成为了“旁观者”，于是就有了此处最好再简短一些的认识。在教学设计中的时间分配是合理的，但是具体实施的时候，复习这一环节多用了2分半钟。

由于是在演播室录像，加之有很多老师观摩本节课，学生显得有些紧张，尽管我已经在教学设计中充分考虑到了这一点，并且有针对性地进行了某些设计，还是有个别学生带有一些紧张情绪。也是由于上面的原因，我本人也没有完全放得开，看来，尽管已经是老教师了，还是需要加强这方面的锻炼。

案例3：高一阅读课

U5 L3 Race to the Pole (reading)

教材：北师大版高中英语教材必修模块2

实施：北京师范大学第三附属中学 李晓立

说明：本案例在北师大旧版教材中是模块三第8单元第4课，现为新版教材模块二第5课。本书第二章第四节之“教材分析”中引用单元分析部分为旧版教材之单元分析。

本案例是著者指导的一节海淀区高一英语研究课，其研究点是如何通过教材内的文本阅读落实学科核心素养，特别是思维品质的培养。本案例获得北京市教学设计比赛一等奖。

一、教学设计依据

（一）理论依据

1. 英语核心素养

2014年启动的新一轮高中课程标准修订，把核心素养作为学科教学的基本依据，以学科核心素养为目标的基础教育课程改革即将全面推进（王蔷，2015）。

（1）什么是英语学科核心素养？

关于英语学科核心素养，围绕“关键能力和必备品格”，英语学科规定高中英语核心素养的内涵是语言能力、思维品质、文化意识和学习能力。无论是语言能力发展还是文化意识塑造，**在中国英语语言环境下，阅读是实现这些目标最生态、最便捷、最有效的途径。因此，培养学生阅读素养是实现英语学科核心素养的关键（聂成军，2016）。**

（2）什么是阅读素养？

PISA解释阅读素养是读者、文本与应用三要素之间的互动，即阅读过程、阅读内容和阅读情境之间的交互，即读者、文本和应用情境之间的交互作用。以培养阅读素养的教学强调对文字信息的理解、使用和反思，强调通过积极主动的思考和与文本的互动来获取信息，从而使阅读成为公民发展和终身学习者的内在组成部分（陈则航，2016）。

（3）什么是批判性思维？

批判性思维是一种高层次思维，包括批判性技能和批判性倾向两个纬度（陈则航，2016）。批评性思维技能包括分析、推理、解释、评价、自我调节等多项重要认知能力。批判性思维倾向包括开发、好奇、灵活、好学等情感态度。

（4）什么是批判性阅读？

批评性阅读不是粗略接受、被动接受和记忆文本内容，而是对文本的高层次理解，是对观点、倾向、假设进行分析、整合和评析的阅读策略（陈则航，2016）。体现在如下三个方面：

✓ **Within the text**（信息加工与处理、理解大意、处理语言等）

✓ **Beyond the text**（与已有知识、自己的生活经验建立联系、思主人公所想、推断隐含的意义等）

✓ **About the text**（欣赏语言、分析结构、评价所读内容、思考作者意图、提出质疑等）

（5）如何培养批判性阅读能力

对于在日常教学中如何展开批评性阅读，陈则航（2016）给出了四条具体的教学建议，即“意”“绎”“议”“疑”。

✓ **意**：Make meaning（即理解文本大意，主要在 within the text 阶段）

✓ **绎**：Make inferences（即推断言外之意，主要在 beyond the text 阶段）

✓ **议**：Make contribution（即提出问题，主要在 about the text 阶段）

✓ **疑**：Make questions（即展开讨论，在 within /beyond/about the text 阶段）

本教学设计在文本解读时从“within the text, beyond the text, about the text”这三方面着手进行研究分析，抓住主题意义，梳理主线和文本结构，剖析语言的引申含义及其传递出来的文化内涵、情感态度和价值观，并通过查找话题相关文学读物丰富对文本内容的解读。在深入分析文本的基础上，以情境为依据梳理出文章主线，整合语言知识学习和语言技能发展，本着“意、绎、议、疑”的阅读素养要求设计教学任务。

2. 思维工具——概念图

概念图是一种最典型也最受欢迎的可视化认知工具之一。作为一种外显的知识制品，解决了大脑工作记忆加工不足的问题，以“外存”补充“内存”，提高了思维加工的质量和效率。另一方面，概念图以其非线性结构，更加清晰地表征了概念（思维导图中成为“关键词”)的相互关系，促进了新旧知识的融合。连接主义学习理论认为，学习就是不断优化脑中的知识网络。而概念图帮助学生对大脑知识和想法进行“碎片整理”并“不断优化”（赵国庆，2012）。

本教学设计在第二个阅读情境（during the return journey）中设计阅读任务时，利用概念图的优势整合文本内容，帮助学生梳理阅读思维的同时学习语言知识（词汇），在这个过程中，学生需要与文本、阅读技能、分析推理等认知能力等进行互动，培养学生的语言能力、学习能力和思维品质。

参考文献

1. McNeil, J. D.. *Reading Comprehension: New Directions for Classroom Practice*, third ed. HarperCollins Publishers, 1992.

2. 陈则航 . 北师大版英语教材教学交流研讨会上报告整理 , 2016.

3. 程晓堂，赵思奇 . 英语学科核心素养的实质内涵 [J]. 课程▪教材▪教法，2016（5）: 79-86.

4. 王蔷 . 从综合语言运用能力到英语学科核心素养——高中英语课程改革的新挑战 [J]. 英语教师，2015（16）: 6-7.

5. 赵国庆 . 概念图、思维导图教学应用若干重要问题的探讨 . [J] 电化教育研究，2012（5）: 79.

（二）教材分析

1. 单元分析

本案例是北师大新版《普通高中课程标准实验教科书 英语（必修）2》第 5 单元第 3 课阅读。

（1）单元中心话题

Human and nature，通过 Lesson 1 Sea Story、Lesson 2 Professional Rescue Team、Lesson 3 Race to the Pole、Reading Club 1 New Zealand、Reading Club 2 Nature Films 五个输入子话题和一个输出子话题相继展开。

（2）单元知识和内容

这一单元的教学素材以输入文本的形式向学生呈现了各种各样的历险活动和探险事迹，多模态的输入和输出活动帮助学生积累丰富的与话题相关的词汇和表达、语法知识和语言技能，从而提高学生的语言感悟和综合运用能力。

（3）单元阅读技能

运用 predicting 预测文章大意；运用 skimming 在速读中把握段落大意；运用 working out the meaning 在语境中克服生词障碍。

（4）情感态度价值观

“探险”这个话题丰富了学生常规的学校生活，使学生在单元学习中体验另一种生活或人生方式，了解探险家不畏艰险勇于探索的精神，以他们为榜样培养开拓进取的意识。

（5）文化意识

了解祖国的丝绸之路，了解西方探险家的事迹及贡献，了解极限运动，比较中西方不同的体育运动项目，培养跨文化交际能力。

（6）文本特点

“Race to the Pole”这篇文本是关于西方探险家的事迹，但是主人公在社会历史上是颇受争议的人物，这为学生提供了多角度认知和批判性表达自我的机会。

2. 本课分析

(1) **Within the text**

文体：记叙文

内容：南极探险家 Captain Scott 与 Roald Amundsen 南极探险比赛，Scott 团队因为出现了某些状况而失败；在返程中遭遇重大挫折，Scott 团队成员面对困难展现出大无畏的精神。

主题：Scott及其成员虽败犹荣，他们身上所表现出来的不畏艰难的大无畏牺牲精神使他们堪称英雄。

语言：作者用第三人称记叙Captain Scott与Roald Amundsen的南极探险比赛。但是在描述返程过程中人物的心理感受和行为时，作者大量引用了Scott的日记原文，语言原汁原味、内涵深刻。

(2) Beyond the text

客观分析，拓展思维：一方面通过文章内容对比分析Scott团队失败的客观原因，另一方面，联系实际思考其失败的主观原因，由此联想到领导力（leadership）、准备工作（preparation）、经验（experience）等等。

感悟语言，推理含义：语篇中的词句表达情感丰富、内涵深刻，还原人物真实情境，如anxiously, shocked, sadly, goodbye to most our dreams, hopeless, cheerful but，slower and slower, walk to his death，we all hope to meet the end with a similar spirit, ...what a price to pay等等，它们不仅仅表达人物的身心状态，还隐含着特定的文化价值和情感态度，如崇尚高贵的绅士尊严、体面的死亡，对待家人和同伴的责任感和遗憾等等。

(3) About the text

文本情境：虽然文章题目是"Race to the Pole"，但是大量笔墨着力于Scott团队南极比赛失败之后在返程过程中的遭遇、行为和心理感受。为了帮助学生有效地梳理文本内容，教师引导学生依据情境将文章分为两部分来解读：about the race and about the return journey。

作者态度：作者颂扬了探险者虽败犹荣、不畏艰险的大无畏牺牲精神。然而正如分析失败原因时提到的主观因素，Scott失败有没有主观原因呢？这些原因造成的后果是什么样的呢？Scott与Amundsen相比，你更倾向于谁是英雄？教师鼓励学生从多角度看问题，积极进行批判性思维。

(三)学情分析

授课班级学生语言能力参差不齐，英语学习能力和阅读素养有待于进一步提高。

我在课前、课中和课后重视分析学生情况。课前就话题知识、已有基础和欠缺（包括阅读技能、话题词汇、语法和句法基础）、思维发展、本节课学习需求四个方面进行了问卷调查。

第一，话题背景：所有学生都能列举出四个历史上的探险家，但是95%的学生对于这两位南极探险家Scott和Amundsen南极比赛的故事并不了解。原因：对西方探险文化涉猎不够。措施：充分利用预测带入情境；让学生查找相关文献资料。

第二，已有语言基础和欠缺：（1）学生对读前预测如何使用并不陌生，但是实践效果总是不理想，比如预测意识弱，预测信息量少，预测与实际有差距。原因：信息加工和处理能力弱。措施：集思广益，教师提示、引导。（2）学生具备一定的猜词能力，在语境中几乎没有其他生词的情况下能够根据语境猜出目标词汇意思。但是学生解读语言的速度比较慢，且话题输出词汇储备贫乏。原因：阅读体验和语言积累少，阅读素养有待于提高。措施：整合语言知识与猜词技能在同一个阅读任务中，给学生留白时间合作探究，拓展阅读材料注释生词词义，提供语言支持。（3）对学生而言，本课有10个生词。

第三，思维发展：阅读时分析、评价、创新等思维意识有待提高。当文本叙事以第三人称和第一人称自由切换时，学生很难理清故事情节和人物关系。原因：过度关注语言知识（障碍）而不能顾及或忽略与文本的互动。措施：教师启发，精简阅读任务，以概念图帮助学生整理和优化思维。

第四，发展需求：学生希望读懂南极比赛的故事，学习一些词汇和语言表达，了解人物关系和特点。

课中，教师持续观察学生课堂表现，并据此适当做出教学调整。

本节课中，第一，83.3%的学生在既定时间内相继完成任务。措施：给学生留白，进行组内交流，碰撞观点或寻求帮助，保证学生跟上课堂节奏。第二，学生对作者所颂扬的观点深信不疑，甚至都没有任何思考，只有一个学生敢于提出质疑，指出 Scott 不能算作英雄并解释原因。在核对答案环节，教师尽可能地鼓励学生有创新的理解，而不是直接给出一个所谓的答案。

课后我找几个学生代表就课前调查内容进行了访谈，了解到学生本节课的学习收获和难点。

收获：他们称自己提高了读前预测的意识，巩固了预测方法，了解了一个故事，认识了一些词句表达，通过概念图理清了第二部分的情节脉络，了解到人物的情感态度和价值观，学到了一些不同的观点和看法。难点：第二部分语言表达隐晦，理解语言隐含义和批判性评价时有困难。

措施：以小组为单位共同理解、赏析语言的隐含义和背后的文化价值、情感态度价值观；以补充阅读拓展学生的思维，提高学生批判性阅读的意识。

作为教师，我希望学生通过阅读本课文本，让学生抛开语言表达的束缚，批判性地评价 Scott 等老一辈探险家的成败以及深挖可以值得借鉴的精神，提高他们的批判性思维和情感态度价值观。

二、教学设计

（一）教学目标

在任务驱动下，学生能够：

（1）语言能力：深度理解文本，在任务创设的语境中习得词汇、强化阅读技能的运用。

（2）文化意识：挖掘主人公身心感受和情感态度，体悟其文化价值观。

（3）思维品质：对比、分析、推理、评价主要事件、作者态度和人物特点等。

<table>
<tr><th colspan="5">（二）教学重难点及采取措施</th></tr>
<tr><td colspan="5">教学重点：深度理解文本，在任务创设的语境中习得词汇、强化阅读技能的运用。
教学难点：
1. 文化意识：挖掘人物的身心感受和情感态度，体悟特定文化价值观。
原因：日记原文中的语言原汁原味，理解难度加大，且蕴含深刻，需要一定的文化背景知识储备。
措施：教师启发、指导，小组合作探究，提供语言支持。
2. 思维品质：对比、分析、推理、评价主要事件、作者态度和人物特点等。
原因：话题背景陌生，需要在理解文本字面义的基础上进行，要求高阶思维品质。
措施：分两课时进行；任务设计重视启发性和思维过程；小组合作探究；教师启发、指导，提供语言支持。</td></tr>
<tr><th colspan="5">三、教学过程</th></tr>
<tr><th colspan="5">Read within the text</th></tr>
<tr><th>程序</th><th>教师活动</th><th>学生活动</th><th>活动目的</th><th>时间</th></tr>
<tr><td rowspan="2">Step 1</td><td>T asks Ss to predict the answers to four questions and write down their predictions.</td><td>Ss make guesses to the questions and some of them share their predictions in class.</td><td>Activate Ss' existing knowledge, forming an information gap to arouse Ss' reading interest.</td><td>3'</td></tr>
<tr><td colspan="4">说明：因为学生有思维惰性，所以给出 4 个预测的问题，让他们有思考的方向，同时，这 4 个问题也涉及文章的大体信息。学生在预测过程中，教师把相关预测内容呈现在黑板上，因为它们是学生第一遍粗读的驱动性任务，同时便于读完核对。</td></tr>
</table>

Step 2	T asks Ss to read the the text and check their guesses. Then the T invites them to check their guesses. While doing so, T guides Ss to clarify the clues of the text.	Ss read the passage for the first time to check their guesses. While doing so, they are supposed to find out 2 contexts of the text.	Fast reading helps Ss get the basic information and grasp the main clues, preparing them for the extensive reading.	5’
	说明：粗读完之后，教师带着学生一起核对他们的预测。在核对过程中，启发学生思考文章的结构，帮助学生理出以race为主线的两个情境：about the race (line 1–line 24) and about the return journey (line 25–the end)，为接下来的细读做好铺垫。			
Step 3	The teacher asks students to focus on detailed reading about the race and monitor their class performance. After that, the teacher checks students’ findings.	Ss find detailed information about the race. During the process, they have to think, compare, analyze and make a summary. Then Ss present their findings in the class.	Help students to understand the detailed information about the race while developing students’ critical thinking.	9’

	说明：学生在完成任务“Why did Amundsen succeed and Scott fail?”时，需要在文本内容的基础上进行思考、分析和归纳，所以教师在核对答案之前让大家充分讨论，以集体的力量找出所有可能性的答案，在核对的过程中教师不断启发学生思考，希望答案最终是通过学生的思考而由他们自己说出来的。这部分完成之后，教师抛出问题“What happened to their return journey?”过渡到第二部分的阅读。			
Step 4	The teacher asks Ss to complete the concept map and monitor their class performance. After that, the teacher checks their findings and notes some of the words.	Ss complete the concept map through reading. While doing so, students have to think, understand and analyze the information.	Help Ss understand the detailed information about the return journey while developing students' critical thinking.	13'
	说明：这部分的阅读任务是以一个概念图的形式出现的，学生要去补充概念图框架里缺失的信息，而信息的补充需要学生积极思考，理清故事情节和各部分内容之间的逻辑关系，所以教师给出学生充分的阅读时间和讨论时间。同时，教师让学生把答案呈现到黑板上，这样在核对的过程中，教师就能发现学生的问题，更有针对性地引导和解释。			

Read beyond the text				
Step 5	The teacher asks Ss to read between the lines in groups and make inferences of the hiding meanings (See handout V. Task 1-5) while the teacher monitors Ss' learning. After that the teacher and students share their ideas.	Ss work in groups to read between the lines, thinking about what the author wants to convey and give their own opinions. Ss share their thoughts in class.	The teacher help Ss further understand the text and develop their critical thinking ability.	10'
	说明：本节课该部分只完成了两个任务，其余的任务是第二课时进行的。但是在课堂结束之前，教师抛出其中一个问题："At the end of this article, the author said that the extraordinary courage shown by Scott and his men made them into heroes. Do you agree? Do you think they are heroes?" 在大家非常一致地给出肯定性答案的时候，其中一个学生给出否定答案，教师让他分享，他说"Scott is not responsible enough, because he is leading his team to death"。就着这位学生的批判性思考，教师让学生课下回读课文，对课文再理解，识记词汇与表达，为下节课批判性理解和表达做好铺垫。			

Period 2				
Read about the text				
Step 5	The teacher asks Ss to continue their reading beyond the text in groups and make inferences of the hiding meanings (See handout V. Task 1-5). Then The teacher monitors Ss' learning. After that the teacher and students share their ideas.	Ss continue to work in groups to read between the lines, thinking about what the author wants to convey and give their own opinions. Ss share their thoughts in class with the help of the teacher.	Help Ss to further understand the text and develop their critical thinking ability.	13'
	说明：由于这部分是在第一课时完成的基础上开展的，因此教师问了学生几个问题进行简要的内容回顾后，继续挖掘语言的隐含义。由于这是教学难点，所以学生分组进行，每组负责 2 个任务，先以小组为单位进行讨论，然后再在班级分享，任何同学都可以对发言者的观点提出疑问，发表自己的看法。教师同时引导，提供参考想法。			

Step 6	The teacher asks students to think critically about 4 statements and tell whether they agree with them or not by giving supporting reasons. Then the teacher monitors students' learning activity and learn their thoughts.	The students read 4 statements and think about whether they agree with the article or not by giving supporting reasons. They share their thoughts within a group of four and then in the whole class.	Help students to expand their range of thinking, developing their creative thoughts, emotional feelings and cultural values.	12'
	说明：由于本部分是难点，教师给予学生足够的讨论时间，让学生充分讨论，组织语言，表达想法。在这个过程中，教师指导，提供支持。			

Step 7	The teacher guides students to read the comments in the additional material for more perspectives.	The students get more perspectives for the events and characters' characteristics by reading the comments with the help of the teacher.	The teacher help students to approach things from more perspectives and learn more top-icrelated words.	10'
	说明：因为文学阅读节选的语言无论在词汇还是句式表达上都有难度，所以教师带领学生一起阅读、理解、解读其中观点。			
Step 8	The teacher asks students to write a summary of the story, including their own feelings and thoughts for Scott. The teacher shares her thoughts with the students.	The students write a summary of the story, including their own feelings and thoughts for Scott. The students learn the teacher's thoughts.	The teacher guides students to have a more positive attitude towards their cognition of the topic.	5'

Ending words	师生共读如下这两句话结束本节课的学习，希望引发学生思考，提升话题认识。 Adventure is the champagne of life. —G. K. Chesterton, English writer The main thing is just to go!— Marek Kaminski, Polish explorer
Home-work	Finish the extra reading for more perspectives and polish your summary of the story, including your feelings as well.
Black-board design	U5 L3　Race to the Pole (reading) Guesses　Heroes?　Structure of the text About the race (line 1–line 24) About the return journey (line 25–the end) 1. The text is about the race. 2. The South Pole. 3. Amundsen and Scott 4. Amundsen won the race. Task IV 学生和教师课堂生成 目的：回顾课堂所学，提高批判性阅读意识。

学习效果评价设计说明
说明：本节课从三个方面来评价学生对文本的深度理解，其中 within the text 层面的评价是以任务完成的情况来呈现的，即 Task I、Task II 和 Task IV 的完成情况呈现在黑板上，便于师生直观了解问题所在并更有针对性地解释和完善。Task III 的完成情况是通过学生口头回答来呈现的，教师在学生回答的基础上进行引导和启发，帮助学生更好地达成学习目标。在 beyond the text 和 about the text 阶段，学生均是以口头表达来呈现自己的理解的，教师进行引导并提供支持。最后，以书面形式的 summary 来检测学生的学习效果，根据学生的书面表达可以看出学生比较适宜地完成了这三个目标。

教学设计特色说明与教学反思
综合学生课堂表现、课后访谈和作业完成情况，本教学设计的特色与教学反思主要包括： （1）本教学设计依据充分，从 within the text、beyond the text and about the text 三个方面入手进行文本分析和阅读任务设计，比较适宜地落实了教学目标。 （2）课堂上给学生留白，小组合作探究时重视组内分工和讨论效率。 （3）英语核心素养的几个维度是教学的指挥棒和最终目的，但除了固定的语言知识外，其他目标不易量化检测，需要深度学习才能达成。 （4）深挖文本、积极与文本发生思维互动，敢于表达自我是今后阅读课堂要坚持做的。

案例 4：高二英语泛读课

Lesson 14　And They Shall Walk

教材：中国人民大学出版社普通高中课程标准英语泛读教材
《常春藤英语 七级 · 二》
实施：北京市第二十中学 王丽俐

说明：本教学案例为中国教育学会外语教学专业委员会“十三五”规划课题“指向核心素养的中学英语泛读教学实践研究”（NAFLE0316041）研究成果。

1. 整体设计思路（教学设计的思路与学习价值分析）
《普通高中英语课程标准（实验）》要求高二年级的学生除教材外，英语课外阅读量应累计达到 23 万词以上（课程标准 2017 年版规定选择性必修阶段即高二年级课外阅读量平均每周不少于 2 500 词——著者注），因此泛读教学势在必行。同时，在“新课改”背景下，“英语学科核心素养”对英语教学也提出了新的要求，在英语教学中培养

学生的语言能力、学习能力、思维品质与文化意识。

本课围绕如何在英语泛读教学中提升学生英语核心素养展开课堂活动设计。基于对文章背景、主题、和人物的分析，本节课采用英语阅读圈（reading circle）的教学方式，组织和引导学生在小组中承担不同角色，在完成各自不同阅读任务的基础上，开展分享阅读。要求学生，课前阅读文章并概括大意，课上进行小组讨论与班级分享。全班36名学生分成6组，每名小组成员分别承担不同的任务角色。这些任务角色包括：

（1）Background Collector，负责课前利用网络等资源搜索文章背景信息；

（2）Summarizer负责概括文章故事情节，说明summary写作思路；

（3）Character Analyzer负责组织组内成员在文中寻找evidence、分析人物性格，他/她同时也是本次小组活动的组长，在小组讨论过程中督促组内成员积极参与讨论；

（4）Language Master负责组织组内成员赏析文中的好词好句；

（5）Feeling Sharer负责组织组内成员探究文章主旨，思考如何面对困难与挑战，如何肩负责任与使命；

（6）Connector负责组织组内成员发现文章人物故事与其他类似人物故事的关联，学习他们的精神。6个任务角色的分配由小组成员自行商定。

在后期的学习中，针对不同文章，小组成员需轮流交换任务角色，小组内英语成绩略薄弱的学生可先从较容易的任务角色做起，每名同学都有机会尝试不同的任务角色，并成为group leader。这样，不同任务角色的自主轮流分配，不仅可以激发学生对英语学习的浓厚兴趣，还可以培养学生的信心。在整个小组讨论过程中，学生不仅是参与者，更是分享者与组织者。最后的全体成果分享，则可使思维得到更多的碰撞与提升。教师在学生小组讨论时给予指导，并在全班分享时以板书的形式展示文章人物性格、生动语言、关联人物与主旨信息。

在阅读圈活动中，学生通过搜索信息、总结概括、理性分析、评价迁移、纵横联想，懂得了如何肩负责任，追求真理，心存大爱，进而提升了语言能力、学习能力、思维品质和文化品格，达到学科育人的目的。
2. 目标设计（指向学生素养发展的目标设计）
At the end of this lesson, students will be able to • analyze the character;（语言能力、学习能力、**思维品质**） • grasp the theme of the passage;（学习能力、**思维品质**） • connect the stories and characters in the passage with those they're familiar with.（思维品质、**文化意识**）
3. 学习内容分析（教学内容及内容结构分析，重点难点分析）
教学内容：本文选自《常春藤英语七级•二》一篇名为“And They Shall Walk”的文章，文章改编自 Sister Elizabeth Kenny 的自传 *And They Shall Walk*，文章长度为 631 词，是一篇记叙文。 **从主题上看**，文章讲述了在小儿麻痹症仍然被视为不治之症的时代，为让更多患者能够重新站起来，Sister Kenny 作为一名澳大利亚偏远地区的护士，在治疗小儿麻痹症时，展现了一名医护人员的职责以及对生命的尊重与爱；在发现小儿麻痹症治疗方法的过程中，Kenny 排除万难，不畏权威，勇于追求真理，为人类医疗事业做出了突出贡献。 **从情节上看**，文章主要讲述了 Kenny 治疗两个小儿麻痹症患者的曲折过程。Kenny 的第一个患者是她接触的第一例小儿麻痹症患者，面对“此病为不治之症”的回复与患者不断的疼痛声，Kenny 运用自己的医学常识，决定尝试用不同的方法尽力治疗，最后取得了成功。文章中的第二个患者同时伴有胃痛与小儿麻痹症两种症状，在无从判断病因的时候，她谨慎处理，发电报虚心请教导师，最终在确定为小儿麻痹症后，实施了正确的治疗。由于她治疗小儿麻痹症的方法与原理与当时的主流想法与权威相悖，她的治疗遭到了质疑与批评，但正是她的坚持，使更多的人站了起来。

从人物上看，文章塑造了性格鲜明的人物形象。Kenny 热爱生命，善良勇敢，担当有为，乐于助人，不畏权威，坚持不懈，善于创新，勇于突破。本篇文章以 Kenny 的美好形象感染读者，引发学生对爱、真理与责任的思考。 **教学重点**：人物性格分析与主旨挖掘。 **教学难点**：关联已知，剖析社会现实。
4. 学情分析（学生现状与需求分析）
学生基本情况：高二年级文科 1 班（共 36 人），学生普遍重视英语学习，喜爱阅读，善于思考与表达。 **学生上课特点**：思维活跃，勇于表达，课堂活跃。 **学生现状与需求分析**：在知识层面上，学生已于课前掌握了 infantile paralysis 及 appendicitis 等生词的含义；同时，了解文章故事发生的基本背景信息；但在核心语句的赏析方面仍有所欠缺；在能力层面，学生能够独立概括文章大意，但在如何进行人物分析上仍有待提高；在思维层面上，学生很容易将所学与自身实际相联系，但在主题的深度挖掘与理性表达上仍需教师引导，在迁移提升与剖析社会现实上仍有待加强。
5. 教与学的过程设计（课堂教与学的每个步骤的情境任务及其意图分析）

Stage 3 Reading Circle (Group)				
Step 4	T walks around to supervise Ss' discussion and gives help when needed.	Ss form into groups of six, and take turns to share their ideas. The speaking order is background collector, summarizer, character analyzer, language master, feeling sharer, and connector.	To enable Ss to analyze the passage from different perspectives	17'

Stage 4 Reading Circle (Class)				
Step 5	T asks one Background Collector to share his or her group's background information and asks questions based on Ss' presentation.	Background Collectors volunteer to share their groups' background information with the class. Ss answer T's questions.	To emphasize some important background information and help Ss better understand the story	2'
Step 6	T asks 2 questions related to the passage and then asks one Summarizer to share his or her group's summary about the passage. T then provides a possible version to make Ss pay attention to the key elements in the summary.	Summarizers volunteer to share their group's summary with the class. Ss read the summary given by T together.	To make sure that every student has a general idea about the passage and knows how to write a summary	2'
Step 7	T invites 3–5 Character Analyzers to share their groups' opinions about Kenny's characteristics and writes down some key words on the BB.	Character Analyzers volunteer to voice their group's opinions about Kenny's character. Other Ss add their opinions.	To make Ss know how to analyze a character objectively	5'
Step 8	T asks 2–3 language masters to share their groups' key words or phrases found in the passage and writes down some key words on the BB.	Language Masters volunteer to share their group's key words, phrases and sentences.	To lead Ss to focus on the key words in an extensive reading and know how to appreciate a passage from "words" perspective	3'

Step 9	T invites 2–3 Feeling Sharers to share what he or she learns from the passage and then T shares her own feelings on the PPT.	Feeling Sharers volunteer to share what they've learned. Other Ss also contribute their ideas.	To help Ss understand the theme of the passage better	5'
Step 10	T invites 1–2 Connectors to share their group's opinions and writes down some key words on the BB. T then asks Ss to think about the relationship between doctors and patients nowadays and what they should do in face of difficulties, risks, and doubts.	Connectors volunteer to share their group's opinions. Ss think about the relationship between doctors and patients today and what they should do in face of difficulties, risks, and doubts.	To know more people who have similar experiences with Kenny and learn their spirits	6'
Step 11	T gives Ss homework.	Ss need to polish their handout after the class.	To help Ss internalize what they've learnt	1'

6. 教学设计特色分析（教学设计的特色或个人风格分析）

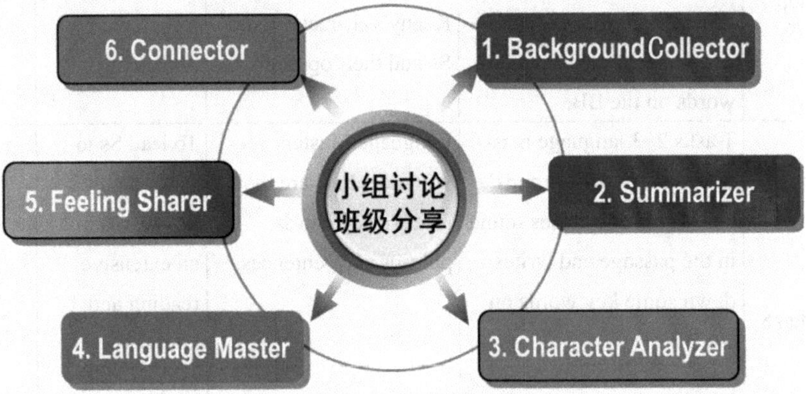

本节课的设计特色在于采用阅读圈的教学方式，进行成果分享与思维碰撞，进而从不同层面提升学生的英语核心素养。具体而言，通过 Language Appreciation 环节，学生懂得了如何在语境中积累词句，

提高了语言能力；在 Background & Summary 环节，学生通过利用资源，搜索信息，总结概括，提高了学习能力；在 Character Analysis 和 Feeling Sharing 环节，学生通过理性分析与评价迁移，懂得了医护人员应有的职责，以及自己应肩负的责任，同时领悟到在追求真理的道路上虽充满坎坷，但我们应不畏权威，勇于探索，进而提升了思维品质，这也是本节课的核心所在。最后，通过 connection 环节，学生进行了古今中外的纵横联想，学习了屠呦呦、白求恩等人的优秀品质；同时，通过剖析社会现实，学生可以正确看待当前医患关系，明晰社会前进的动力在于每一个人都能肩负责任、追求真理、心怀大爱，进而在文化意识方面增加了积累。

7. 实践反思（生成性成果与具体问题及改进措施）

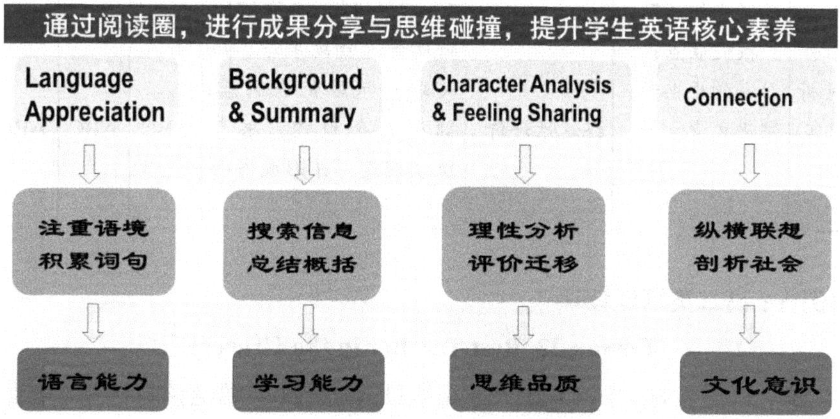

优点：关注以学生为中心（自主学习与合作学习相结合）
注重培养能力与思维（概括、总结、评价、反思）
关注学科育人（爱、责任、真理）

改进：阅读圈角色设定

8. 学生学习效果评价

教学目标	教师教学活动	学生学习评价方式	评价维度	学习效果评价		
				自我评价	小组评价	教师评价

分析人物性格	观察小组活动；指导人物性格分析；评价学生回答；展示教师观点	过程性评价	1）参与讨论，梳理笔记；2）寻找事实，分析人物；3）回答问题，自信表达。	A B C	A B C	A B C
		终结性评价	依据事实，客观分析人物性格形成书面文字。	A B C	A B C	A B C
挖掘文章主旨	观察小组活动；引导主旨挖掘；展示教师观点；明确文章主旨。	过程性评价	1）参与讨论，梳理笔记；2）挖掘文章主旨内涵；3）回答问题，自信表达。	A B C	A B C	A B C
		终结性评价	挖掘文章主旨（courage、faith、love、knowledge，pity等）并形成书面文字。	A B C	A B C	A B C
关联已知剖析现实	观察小组活动；点拨关联点；引发学生思考；深化文章主题。	过程性评价	1）参与讨论，梳理笔记；2）挖掘共性，剖析现实；3）回答问题，自信表达。	ABC	ABC	ABC
		终结性评价	将所学人物故事与已知关联，学习优秀品质；剖析社会现实，思考现实问题，并形成书面文字。	ABC	ABC	ABC

案例 5：高二英语泛读课

Lesson 22 Best Teacher in the Grocery

教材：中国人民大学出版社普通高中英语泛读教材《常春藤英语 七级·三》

实施：北京石油大学附属中学 龚维思

说明：本教学案例为北京市海淀区教育科学“十三五”规划重点关注课题“指向核心素养的中学英语泛读教学实践研究”（HDGH20160282）研究成果。

一、整体设计思路（教学设计的思路与学习价值分析）

1. 指导思想与理论依据

（1）《普通高中英语课程标准（实验稿）》（以下简称《课程标准》）在阅读技能教学中明确指出阅读技能包括“获取和处理主要信息”、“根据上下文预测情节发展”、“理解作者意图”、“推理判断”、“识别不同文体的特征”以及“评价阅读内容”。因此，让学生在阅读过程中迅速获取并分析判断信息内容，根据文章文体特征分析信息间的内在关系，洞察作者的写作目的，并根据文章内容进行合理的推断与预测，是高中阅读教学的重要任务之一。

《课程标准》在学习策略教学中也指出“借助联想建立相关知识之间的联系”“利用推理和归纳等逻辑手段分析和解决问题”是学生通过完成具体学习任务而采取的步骤和方法，在这一过程中，学生可以充分调动课上所学内容与阅读到的信息进行更深一层的文本解读。

（2）高中英语核心素养的四个维度中，思维品质的养成和锻炼需要在激发学生阅读兴趣的同时，在理解和认识上加以训练和总结。学生通过泛读课实践，在获取大量信息后，能够有效地概括出主要信息的内容，并根据信息进行逻辑关系的分析与推断。在有了对文本的深入理解后，学生可以理性表达自己的观点。

（3）维果斯基“最近发展区理论”指出，教学时应着眼于学生的最近发展区，为学生提供带有难度的内容，调动学生的积极性，发挥其潜能，超越其现有水平而达到可能的发展水平。

综上，本节课学生通过对文本的阅读学习，实践泛读课阅读策略，在完成阅读任务的同时开展合理的分析与推断，达成核心素养中思维品质维度中概括信息这一要素；另，因文本情节设置有趣，人物性格的概括分析既有好的一面，也有反转的一面，学生在综合分析人物性格时需要考虑到情节前后的差异以及作者整体的写作态度，通过教师的引导，学生进行相应的深度思考，达成核心素养中思维品质这一维度中概括信息与分析推断信息的逻辑关系的能力训练。最后，学生可以通过体验阅读文本，沉浸于情境之中，将文中的态度和经历与自己的实际生活产生关联，体会自身独特个体与文本所构建起的联系，领悟人生道理，从而达成形成正确的价值观念，并理性表达自己的观点。

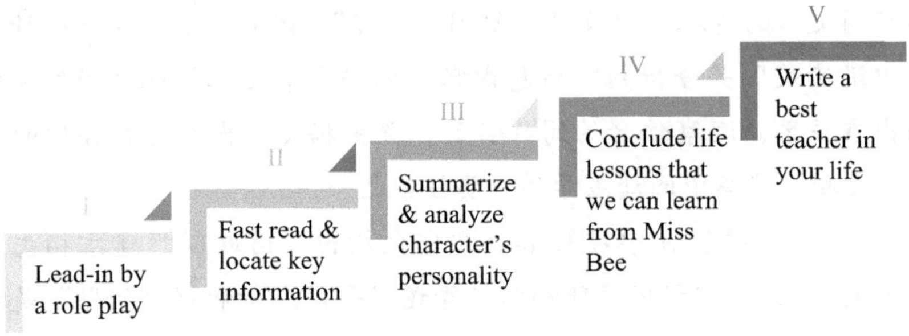

Best teacher in the Grocery
Teaching Diagram

二、目标设计（指向学生素养发展的目标设计）

Teaching Objectives:

In this class, students will be able to:

1) find out the descriptions of Miss Potential and Miss Bee;

2) analyze Miss Bee's personality based on the description;

3) understand the author's purpose of writing the passage;

4) write the life lesson from the story based on understanding.

三、学习内容分析（教学内容及内容结构分析，教学重点与难点分析）

教学内容及内容结构分析：

本课的教学内容取材于中国人民大学出版社的中学英语泛读教材《常春藤英语》（*Go with Ivy English*）中的一篇文章，题目为“Best Teacher in the Grocery”，是一篇记叙文。本文记叙了作者 Miss Potential 小时候与杂货店的一位老太太 Miss Bee 女士相遇的若干个小故事，以及 Miss Potential 长大后回想起童年经历时收获的人生感悟。

本文通过生动的人物细节描写以及丰富有趣的人物间矛盾冲突，

形象地塑造了 Miss Bee 的人物形象与性格特点，文章虽然由一个个简单的小故事组成，但作者在叙事时突出了 Miss Bee 直率的语言表达和行为方式，如 “I'm not your servant.” “Sometimes she shortchanged or overcharged me.” 等内容，表现了作者在买东西时不仅得不到 Miss Bee 的帮助，还屡遭挑战和讽刺，以及当 Miss Bee 问她这个暑假学习到了什么时，作者的评价是 “That you are a mean lady”。然而文章的最后，当 Miss Potential 长大成人，在与自己女儿的一次经历中，她突然意识到 Miss Bee 对自己的帮助和锻炼是人生路上难得的课程。

本文作为泛读课的材料，其语言表达精道，故事生动有趣，初读时读者会因作者遭受的不公平礼遇而感觉 Miss Bee 是一个不友好的女士，但读到最后会感受到故事本身贯穿始终的一种温情和人生反思。这种温情与 Miss Bee 的性格并不矛盾，反而让学生去思考生活中是不是也有像 Miss Bee 这样的人，即表面严厉却能教会我们许多道理，最后推理出人生中最好的老师可以是生活中的任何人，那些平凡的经历也能够带给我们深刻的影响。学生也可以通过概括文中具体事例细节，结合自身的经历和感受进行联想，思考出更多 Miss Bee 教会我们的人生道理，从而续写文章最后的 “some life lessons…”。

本节课作为泛读课的第二课时，进行为时四十分钟的泛读阅读实践活动，采取学生自主发现阅读讨论展示为主、教师引导总结为辅的教学模式。教师作为引导者，而学生作为真正的课堂主体，深入阅读文本本身的内容，从而在阅读活动中进行总结、分享和讨论。授课时使用黑板、幻灯片投影 (PPT)、文本录音等教学资源。

教学重点与难点分析：

教学重点：(1) 快速阅读文本，概括主要情节内容；

(2) 概括分析 Miss Bee 的人物性格；

(3) 理解作者的写作意图；

(4) 结合文本与实际续写人生道理。

教学难点：学生能够结合文本与实际续写人生道理。

教学资源设计：

（1）"The Best Teacher in the Grocery" 阅读材料（全文+配套学生学案）；

（2）课堂教学 PowerPoint 文件；

（3）课文文本音频文件；

（4）投影仪、电脑、黑板、粉笔。

四、学情分析（学生现状与需求分析）

本课授课对象是本校高中二年级学生。学生正在进行模块五的单元学习，对关于"老师"的话题具备一定的知识储备。课前了解到，学生对于"最好的老师"(Best Teacher) 有着不同的理解和认识；此外，在本模块中已学习了职业与性格的相关词汇，学生能够通过常识和上下文阅读初步判断人物的性格，具备简单概括文本信息的阅读策略；了解记叙文的文章结构和主要内容。

但学生对于情节较为丰富、细节较多的记叙文往往难以把握关键信息，在推断人物性格特点时会不自信或推断不准确；缺乏对泛读文本情节内容上的深入解读，欠缺对文学性较强的记叙文的鉴赏能力。

学生喜欢阅读有矛盾冲突、情节反转的故事材料，善于联系实际解决问题。在授课环节中，教师应简化任务步骤，把更多的时间留给学生进行探究性阅读，并在重难点的内容部分给予"搭台阶"式的引导，环环相扣，从而让学生在深度理解文本的环节中，得到充分的锻炼。

由此，在本课教学中，通过教师阅读方法的指导，学生自主阅读文本，理解文章大意，定位关键信息；在教师的示范下，找到段落、文本信息与人物性格之间的关系，总结人物性格特点，并用适当的形容词进行描述。通过学生的自主阅读，学生间的分享与讨论，提升学生对于篇章的整体理解和感知能力，加深对文本想要传达的人生道理的理解，从而联想到自身需求，用相同的道理审视自我。

五、教与学的过程设计（课堂教与学的每个步骤的情境任务及其意图分析）				
教学环节 Procedure	教师活动 Teacher's Activity	学生活动 Students' Activity	教学方法与设计意图 Teaching Purposes	时间 Time
第一部分 导入	引导学生观看表演；引导学生回顾阅读文本主要内容。	观看根据阅读材料内容排演的短剧，回顾主要人物和情节。	激发学生的兴趣，回顾阅读材料主要内容，使学生进入本课题情境。	3
第二部分 阅读与找关键信息	引导学生根据记叙文特点阅读文本，找到关键信息。	阅读、定位信息。	熟悉文本，通过快速阅读文本定位信息，完成练习扫读技能的任务。	5
Step 1 知识回顾	引导学生回顾记叙文的六要素及主要内容，展示记叙文循环图表。	口述记叙文六要素，主动说出文本的六要素。	复习记叙文的特点和结构，使学生再次熟悉文本。	1
Step 2 找到信息	引导学生进行文章快速阅读，示范定位关键信息。 【指令】向学生明确任务 1 和时间限制。	阅读，画线文章 2—15 段间主要人物的描述性语句（外貌、行为、语言）。 【阅读和分享】完成划线任务 1，小组分享。	通过找到并判断关键信息，完成阅读扫读技能的练习。	4
第三部分 概括信息人物分析	指导学生根据人物描写信息概括人物性格。	阅读画线信息，通过外貌、行为、语言描写概括人物性格特点。 填表、分享、讨论。	通过阅读文本概括人物性格。	15

Step 1 举例示范如何根据信息推断人物性格	【说明】人物和描述内容之间的关系。 【过渡】刚刚我们找到了关于人物的描述性信息。下面我举例示范如何进行人物性格的概括分析。 【PPT】展示 Miss Potential 的示范表格。 【强调】人在概括信息时的客观依据和主观判断。	【思考】*How to analyze a character's personality?* *How can description help us to conclude their personality?*	通过对示范表格的分析，演示从主要信息中概括出人物性格的方法，为接下来学生从文章中自己总结 Miss Bee 的人物性格做好铺垫。	2
Step 2 阅读信息、概括人物性格并给出推断理由	【PPT】展示填写空表。 【指令】要求学生进行信息阅读并概括 Miss Bee 的性格特点，至少找到三个，之后小组内分享。 【指导】学生在阅读和讨论过程中，教师观察讨论情况并适当给予简洁的指导和评价。	【阅读】阅读 2—15 段中有关 Miss Bee 的画线内容。 【思考概括】从哪些信息可以得出人物特点。 【填表】利用形容词词汇填写表格。 【讨论】组内相互解释人物性格和理由，补充可能性观点。	让学生根据客观信息和主观感受判断人物性格，通过讨论的形式来表达自己的观点，并进行完善和补充。	6
Step 3 表述和记录	【黑板】在黑板上的空表记录下小组分享的性格特点。 【引导】引导全体同学跟随小组分享共同阅读信息分析性格特点。	【展示】展示小组讨论成果。 【聆听与记录】完善和补充表格。	通过学生的展示，分享不同侧面的人物性格特点。	3

Step 4 思考与总结	【引导】引导学生发现表格中不同的性格特点。 【提问】*According to the chart, talk about Miss Bee's personality. Give some reasons.* 【引导】引导学生使用完整的回答句式。 【展示】概括性内容解答。	【思考】*Why can Miss Bee have different personalities at the same time?* 【讨论】小组内讨论分享。 【表达】学生的观点。	通过学生的呈现和教师的总结，共同归纳 Miss Bee 的人物性格特点。	4
第四部分 文化比较 人生领悟 深度讨论	对 Miss Bee 的人物性格矛盾提出质疑；通过作者前后态度的转变，让学生进行讨论并阐述原因；通过对文章的整体理解总结补充文本结尾段未完成的段落内容。	在教师的引导下，结合文章故事和两名人物的性格特点，分析问题并表达结论。	让学生体会中西方文化的异同；让学生有意识地根据文章信息，并结合自身体验进行分析和续写文段。	17
Step 1 思考与讨论	【PPT】展示 Miss Bee 和 Miss Potential 的名字 【提问】*What do "Potential" and "Bee" mean? Why does the author use "Potential" and "Bee" as names?* 【引导】引导学生根据对文本信息的整理理解，理性表达观点。	【讨论与回答】	让学生通过教师的引导尽可能地表达观点，通过思考并回答问题，达成深度解读文本和篇章内容的任务。	2

Step 2 文本的深度挖掘	【黑板】在黑板上标出 Potential 和 Bee 的释义。 【注】Bee 既是勤劳的象征，也是蜇人的昆虫。	【理解】Potential 和 Bee 的深层意义。 【注】Bee also means someone hurt you on the surface, but indeed they mean well at some point.	学生通过对文章的整体感知，进而深入理解文本人物的特点。	3
Step 3 人生领悟	【录音】播放文章最后两段的录音。 【思考】*The author mentioned that she had learned some life lessons. What do you think of the life lessons?* 【续写】*What lessons did the author learn from Miss Bee? Write down at least three lessons.*	【观看与收听】看 PPT 上展示的动画，同时听录音内容。 【思考】思考问题。 【续写】根据文章内容和理解，续写出至少三条人生课堂的领悟。	学生通过理解文本故事，结合自身经验，总结学习到的人生道理并进行续写，达成文段的联想与续写的任务。锻炼学生对文本的深层理解。	10
Step 4 分享与教师总结	【PPT】总结：展示文章原版中提到的十条人生建议。 【总结】The best and the most important lesson is that the best teachers aren't only in school.	【观看】屏幕上展示的十条人生建议。	点明文章标题，学生通过作者自己的领悟与自己的续写进行比照，获得更为丰富的人生领悟和学习体验。	2

<table>
<tr><td>第五部分
课后作业</td><td>【PPT】展示作业内容。</td><td>【作文】Find a best teacher in your life (anywhere). Write a short story to prove his/her personality.</td><td>通过写作练习进一步练习归纳人物性格特点。</td><td>-</td></tr>
<tr><td>板书设计</td><td colspan="3">Best Teacher in the Grocery
narration: who, when, where, what, why, how
plots-characters-personalities-descriptions
<table><tr><th>Para.</th><th>Descriptions</th><th>Personality</th></tr><tr><td></td><td></td><td></td></tr><tr><td></td><td></td><td></td></tr></table>Best Teachers are not only in school.
They can be everywhere.</td><td></td></tr>
</table>

六、教学设计特色分析（教学设计的特色或个人风格分析）

1. 以记叙文结构为背景，通过将情节—人物—性格特点—具体描述的概念作为基础，学生在阅读过程中通过反向进行信息的整合。

具体描述（外貌、行为、言语）—性格特点—人物—情节的丰富性。在操作上一以贯之，通过这样的思路，学生可以顺利完成概括信息、分析人物性格的任务。

2. 以 Miss Bee 的名字作为文学鉴赏点和前后人物的过渡环节。

通过人物性格特点引导学生进行讨论：Miss Bee 这一名字的前后矛盾，从文学作品的鉴赏层面引导学生分析，回看文章故事可看出处处体现出“A person who hurts us can also be the one who helps us”的细节，从而完成下一个 life lesson 的续写任务。

3. 教学风格以激发学生兴趣为主，营造故事性阅读氛围，让学生在各个阅读环节中不断产生“原来如此”“与上一个环节反转”的阅读效果，从而不断深入文本，挖掘泛读材料的价值观念。

七、实践反思（生成性成果与具体问题及改进措施）
生成性成果： 1. 学生能够通过概括信息准确分析和归纳 Miss Bee 的人物性格，如：mean、straightforward、humorous、creative、wise、strict、helpful 等。 2. 学生能够发现并理解中西方文化在词汇的隐喻上的异同，如：Bee means busy devoting oneself for others' benefits in Chinese culture. But in Western's culture, they may find it always sting people. According to the passage, we can know that it can also represent people who hurt you on the surface but indeed they mean well and considerable. 3. 学生能够通过概括故事内容总结出阅读中学习到的人生道理，如：We should do everything by ourselves and always could get guidance from others. We could find a helpful teacher everywhere; they would help us in different ways. 具体问题与改进措施： 课后通过向部分学生了解情况、学生作业反馈、与听课老师进行研讨以及观看课堂实录等渠道，进行课堂教学反思。本节课第二个教学任务的布置中（Task 2），提前向学生展示了具有提示性作用的形容词并印制在学案上。课前的想法是希望能够帮助学生开拓思维，联想到更多描述人物性格的形容词词汇，学生也表示很有用。然而经过仔细的分析后，我认为这种提前的展示无意中起到了暗示作用，打乱了学生自主思考的过程。因此，在之后的课程改进中，我计划将此环节保留，但不在学生完成任务时展示出来，而是在学生进行小组的交流过程，再将形容词词汇展示给学生，以此作为后续的补充。这样做的好处是既不干扰学生的思维过程，也能够达到补充学生答案，开拓思维的目的。

附录：学生学案

Best Teacher in the Grocery

20161026-Extensive Reading for Class 3

Pre-Reading: Role-play.

While-Reading

Task 1. **Read** Paragraphs **2 to 15**. Underline all the **descriptions** of Miss Bee and the author. (2 colors)

Task 2. **Fill** in the chart. **Summarize** the writer and Miss Bee's personality. Then **discuss** in four.

I, Miss Potential		
Para.	Descriptions (key words)	Personality

Miss Bee		
Para.	Descriptions (key words)	Personality

Task 3. According to the chart, talk about Miss Bee's **personality**. Give some **reasons**.

(I think/ in my opinion/ from what I see… because…)

____

____

____

____

____

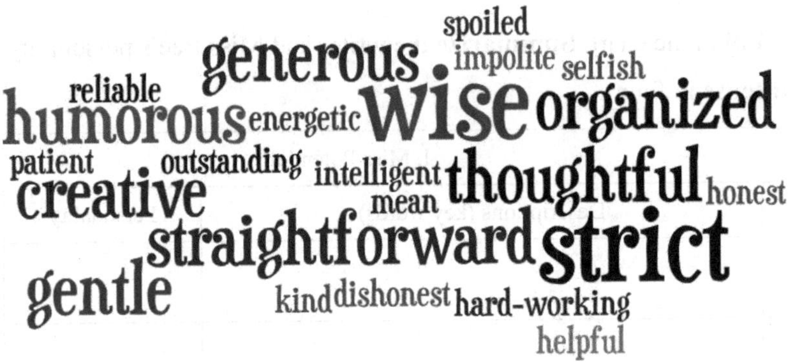

Post-Reading

Task 4. What **lessons** did the author learn from Miss Bee? Write down **at least three** lessons.

①

②

③

④

⑤

Homework:

1. **Read** the story, and try to **appreciate** the passage in a literary way.

2. **Think** about one "teacher" that you remember. What personality does he/she have?

Write one personality and the evidence that prove it.

____

____

____

____

____

The best teachers are those who show you where to look, but don't tell you what to see.

— Alexandra K. Trenfor

案例 6：高一英语泛读课

Lesson 8 Elsa Kills a Buffalo

教材：中国人民大学出版社普通高中英语泛读教材《常春藤英语 七级一册》

实施：北京师范大学第二附属中学 王健

说明：本教学案例为中国教育学会外语教学专业委员会"十三五"规划课题"指向核心素养的中学英语泛读教学实践研究"（NAFLE0316041）研究成果。

一、整体设计思路（教学设计的思路与学习价值分析）

整体思路

教学设计要准确定位学生需求和文本特征，并统筹思考二者的关系，深入挖掘文本的教学价值，促进学生英语核心素养的发展。基于上述思想，本设计认为该教学文本作为复杂结构的记叙文，其叙事结构、人物描写手法和其中蕴含的人与动物之间情感共鸣的主旨是其核心教学价值。对于高一学生来讲，借助理清文本的叙事结构培养其整体感知能力、借助分析概括人物特点培养其英文作品欣赏能力、借助讨论探究培养其领会文章主旨能力，符合其学情特点和能力发展需求。围绕上述指导思想和目标，本设计让学生课前完成课文的预习，包括词汇、故事梗概等。课上以任务驱动和交流讨论为主要形式集中进行分析和鉴赏。

学习价值

1. 课文叙事结构层次清晰、特点鲜明：采取“旁观者”叙事模式，从“我”的角度，通过描述所听、所看、所想来叙事，使整个故事情节起伏、灵活多样。通过学习这篇课文，学生能够提高观察叙事视角、理清叙事结构的能力。

2. 课文对形象的刻绘鲜明生动，表现手法丰富多样：作者结合事件情节的发展，用生动形象的语言把人物（包括 Elsa）、声音、景物，做了精细的描绘，使一个聪明、勇敢又调皮的小狮子的形象跃然纸上，并把她和 Elsa 之间的感情通过生动有趣的情节表现出来。通过学习这篇课文，学生能够提高欣赏描写手法、体味作者感情的能力。

3. 课文小中见大，主题思想深刻丰富，耐人寻味：通过主题思想的探讨，学生能够充分体会到“爱”所能产生的巨大力量，对人和动物之间情感交流、心灵沟通的现象产生思考。

二、目标设计（指向学生素养发展的目标设计）

通过本课学习，学生能够：

1. 感知整体结构，理清叙事单元；

2. 分析细节描写，赏析人物形象；

3. 交流情感体验，形成对话共鸣。

三、学习内容分析（教学内容及内容结构分析，重点与难点分析）

教学内容分析

课文是一篇记叙文，节选自乔伊·亚当森创作的一部动物纪实文学作品“Elsa the Lioness”，记述了小狮子 Elsa 杀死野牛的过程。课文有三个突出特点：

1. 叙事结构复杂。文章篇幅长，叙事要素丰富，以作者的视角，通过侧面描写，叙述整个事件的发展过程，因此，理清叙事结构应是本课的一个重要教学内容。

2. 描写手法丰富多样。文中作者运用丰富的细节描写，通过正面描写和侧面描写相结合等手法，塑造了 Elsa 的形象。分析多种描写手法并从中概括 Elsa 的性格特点是本课另一个重要的教学内容。

3. 主题意蕴深刻。作者把她和 Elsa 之间的感情通过生动有趣的情节表现出来，使读者认识到人和动物之间可以相处得如此和谐，感人至深。引导学生分析和体会作者在叙事过程中流露出来的情感态度，欣赏文章的主题，可以作为本课的教学内容之一。

教学重点与难点分析

1. 课文选自原版文学作品，篇幅较长，文章叙事结构复杂，因此理清事件发展过程、梳理情节结构是本课的教学重点、难点。

2. 记叙文中人物的性格特点和作者的情感态度往往与情节的叙述交织在一起，需要学生通过鉴赏细节描写，从中体会人物的性格特点和作者的情感态度，是本课的另一个教学重点、难点。

四、学情分析（学生现状与需求分析）

学生现状

本课的授课对象是高一平行班学生，共 36 人。在语言能力方面，经过近半年的高中学习，他们已经积累了一定的语言知识，掌握了一些基本的阅读策略，如基本把握事件的发展过程、提取细节信息等技能。但是在概括叙事结构、深入体会文章感情，并用口语进行交流和讨论等方面还有待提升。

学生需求

1. 记叙文阅读的首要任务是理清事件发展的脉络，学生需要提高从整体上把握故事情节、理清叙事结构的能力。

2. 记叙文不是单纯的叙事，在叙事过程中常伴有作者情感态度的流露，把握作者的情感态度是读懂文章、领会作者写作意图的关键，而这恰好是学生记叙文阅读的薄弱环节。

五、教学资源

电子演示文稿、电脑、投影仪、黑板、学案

六、教与学的过程设计（课堂教与学的每个步骤的情景任务及意图分析）

Steps	Teacher's activities	Students' activities	Purposes	Time
Step 1	T asks Ss a question: What animal do you think Elsa is? Why?	Ss talk about their ideas about T's question.	To enable Ss to recall what they have read in the story and prepare them for further reading.	3'
Step 2	T shows the pictures of the author and Elsa and talks about the author.	Ss look at the pictures and listen to the T's introduction to the author.	To give Ss some background information about the author and the article.	1'
Step 3	T asks Ss to read the article and rearrange some events according to time order.	Ss read the article and put the events in time order.	To practise Ss' skills to read for the narrative structure of a story.	6'
Step 4	T asks Ss to work in groups to draw a mindmap to show Elsa's charateristics.	Ss discuss in groups, trying to find out some adjectives to describe Elsa, and collect details in the article to support their opinions.	To get Ss to practice analyzing a character with the help of details.	6'

Step 5	T invites Ss to share their words to describe Elsa, and write them down on the blackboard.	Ss present their words and explain their reasons.	To provide Ss with an opportunity to learn from each other.	4’
Step 6	T asks Ss to discuss in groups to choose a word to describe the feelings or relationship between the author and Elsa.	Ss talk about the feelings or relation-ship between the author and Elsa.	To help Ss understand the theme of the story.	6’
Step 7	T asks Ss to retell the story, using Elsa as the first person. T encourages Ss to add some details to show Elsa’s feelings.	Ss work in groups of four and organize their new stories.	To lead Ss’ to appreciate the language of the article and help improve Ss’ thinking skills.	8’
Step 8	T invites Ss to share their new stories with the whole class.	Ss present their new stories in the front of the classroom.	To provide Ss with an opportunity to learn from each other.	5’
Home-work	Read the article aloud and appreciate the language in the article.			1’

七、板书设计

思维导图：在黑板上记录学生总结的人物分析（空白处为生成性板书）

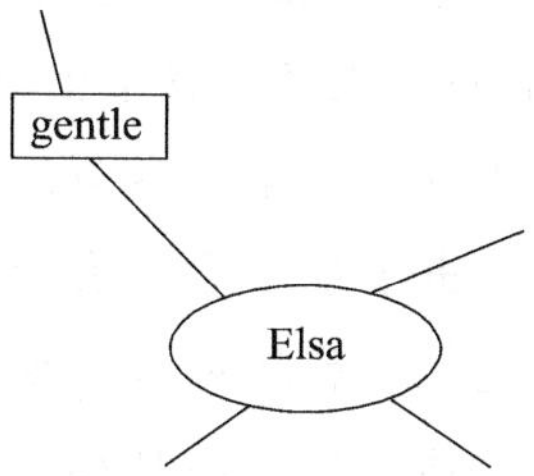

八、教学设计特色分析（教学设计的特色或个人风格分析）

文本分析具体深入，充分挖掘叙事类文本的教学价值。作为阅读课，本设计没有停留在处理细节信息、理解和概括文意等简单技能训练的层面，而是引导学生挖掘文章在结构、语言和主题思想方面的深层意义，有利于学生英文阅读水平综合全面的提升。

教学设计以问题和任务为驱动，充分体现了整体性和连贯性的教学原则。在具体的教学设计中本着循序渐进的原则，问题设计紧扣学生的最近发展区，难易合理且有梯度。例如，从叙事结构到人物形象再到主题思想，自然顺畅，过程完整，有利于教学目标的有效达成。

创设良好的课堂氛围，注重学生思维能力的培养。本设计充分调动学生参与课堂的兴趣和积极性，让学生能够畅所欲言、各抒己见，主动积极地探讨 Elsa 的性格特点，分析文章主旨，这种民主开放的教学设计方式有利于学生创造性思维的培养。另一方面，在归纳概括、分析讨论的过程中，强调学生的文本意识和证据意识，培养学生的理性思维。最后一个转述活动的设计，让学生转换人称，重新组织情节，选择和添加细节描写，培养了学生在实践中综合运用多种思维方式解决问题的能力，有利于学生核心素养的提高。

九、实践反思（生成性成果与具体问题及改进措施）

本课在教学实施中取得了良好的教学效果，问题和任务的设计新颖、连贯，学生能够迅速进入课堂情境中来，积极参与问题解决和讨论互动。在教学过程中，教师根据学生阅读理解的实际情况，通过追问、启发等方式灵活地引导学生参与问题解决。在形象鉴赏和主题分析的环节，学生提出了很多言之有理、言之有物的想法，课堂充满了活泼、生动的气氛。教师对这些生成性的内容也做了比较恰当的处理，顺利完成了预设的教学目标。由于课文篇幅较长，课时时间较短，部分环节还存在着讨论不充分的情况。

十、其他相关附件
学生演讲稿、学案、PPT

学生演讲稿

One day I walked along the river together with my owners Joy and George. I was having a wonderful time, full of energy and twitching my tail all the way. Suddenly I heard something. I stopped short and listened carefully—it was a buffalo! Next moment I was off, jumping noiselessly down the rocks along the river.

Running into the bushes, I soon found the buffalo—it was resting close to the water. When he noticed me, he tried to cross the river to escape. However, he was so scared and surprised that he fell on the slippery rocks of the rapids. I took advantage of his difficulty, ran and jumped onto him. He struggled to stand up and used his strong power to throw me away over his back. I fastened my claws into the thick skin of the poor thing. Gradually, he began to feel tired a little bit. Good chance! I immediately tried my best to hold his head under the water. He struggled even more violently, but he was too tired and weak to escape from my paws. He made a deep rumbling sound with a ear splitting screaming. When he made his last attempt to get up, George came just in time and ended his life with a bullet.

学案

Lesson 8 Elsa Kills a Buffalo

I. Rearrange the events according to time order.

A. Elsa jumped down the river and disappeared into the bushes.

B. George killed the buffalo with a gun.

C. We heard some noises from the dense bushes.

D. Elsa helped drag the dead buffalo onto the bank.

E. One morning, we walked along the river.

F. Elsa held the buffalo's head under the water, trying to drown him.

G. Elsa found a buffalo and chased him towards the river.

H. The buffalo fell on the slippery rocks of the river.

The correct order:

____

II. What do you think of Elsa? Use some adjectives to describe her and give at least one example from the passage to support your ideas.

She licked my arm, embraced me with her paw, and hugged me.

She took care to avoid scratching me with the claws.

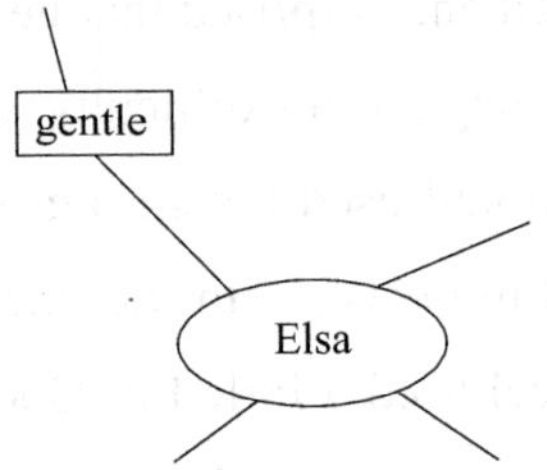

III. Retell the process in which Elsa fought with the buffalo, using Elsa as the first person. The first sentence is given.

One day I walked along the river together with my owners Joy and George. ____

____

____

____

____

____

____

____

____

案例 7 初三英语阅读课

Unit 9 Sad but Beautiful Section B 2b

教材：人民教育出版社 *Go for it* 九年级全一册

实施：清华大学附属中学 朱莹

说明：本案例获北京市海淀区 2017 年“风采杯”义务教育区级学科带头人、骨干教师教学能力展示活动一等奖。

一、指导思想与理论依据

新颁布的《普通高中英语课程标准（2017 年版）》将英语学科核心素养归纳为语言能力、学习能力、思维品质和文化意识这四个方面，规定英语课程应在这四个方面体现育人价值。这与《义务教育英语课程标准》所要求的“义务教育阶段的英语课程具有工具性和人文性双重性质，工具性和人文性统一的英语课程有利于为学生的终身发展奠定基础”一脉相承。新的高中英语课标将教育回归到“育人”本质，对英语课程提出了高于并广于能力培养的素养培植要求，《义务教育英语课程标准》则在情感态度五级标准中要求学生“能在英语交流中注意并理解他人的情感”。

基于课标要求，在设计本节课时，结合文本的内容，教师在教学中加入了音乐赏析，以帮助学生入境，从而更好地了解人物的生平并体会人物的情感；加入了语文古诗及散文赏析，从而就学生对《二泉映月》和阿炳一生的理解做出评价。这符合义务教育英语课标教学建议中所提出的：“积极利用音像、多媒体以及网络等现代教学资源，丰富教学内容和形式，提供有利于学生观察、模仿、尝试、体验真实语言的语境，使英语学习更好地体现真实性和交际性特征”。另外，在教学设计中，教师始终渗透“关注支撑细节”和“评价语篇反映的社会文化现象”，使其服务于培养语言能力和文化意识两个不同维度的素养。

同时，多元智能理论认为：每个人都至少具备语言智力、数理逻辑智力、音乐智力和人际交往智力等九大范畴的智能（基于加德纳的观点）。该理论反对传统单一智力论，关注人的智力和潜能的发展。本节课纳入了音乐赏析和语文古诗及散文的赏析，就是为了使具有不同智能特点的学生都能够借助自己的强项使自己在课堂中有所收获，并使具有多元高智能的学生能够在多个范畴得到智能的发展。

二、教学背景分析

（一）教学内容分析

本单元是人教版 *Go for it!* 九年级（全一册）的第九单元。从语言知识来看：话题为 music and movies（音乐和电影）。词汇为音乐和电影的种类、表达对不同音乐和电影的喜好时所使用的描述性词语（description words）及描述音乐内容和电影情节的词汇。功能为：express preference（表达喜好）。语法为：relative clauses with that, who and which（关系从句）。教材所设计的产出活动是 Using the information in the passage to make a conversation about Abing and his music（基于文本内容编一段有关阿炳及其音乐的对话）。纵观初中阶段的新版 *Go for it!* 教材，电影和电视节目这一话题学生已在八年级上册 “Unit 5 Do You Want to Watch a Game Show?” 进行学习和讨论。同时，学生曾在前四册书的多个单元阅读中读到过关系从句，并在作文中经常使用关系从句。

本单元分为五课时，具体安排如下：

Topic	I like music that I can dance to.	
Period 1	Section A 1a–2d	Listening & Speaking
Period 2	Section A 3a–3c	Reading
Period 3	Section A 4a–4c Section B 1a–1c	Grammar Focus & Listening

Period 4	Section B 2a–2e	Reading
Period 5	Section B 3a–Self Check	Writing

本课为本单元的第四课时，是一节阅读课。

教学材料是 Section B 的 2a 到 2e，其主要部分是一篇欣赏《二泉映月》的观后感。教材所设计的阅读策略是 noting supporting details（关注支持性细节）。主要教学内容是：学生要通过阅读，找到包括作品名、创作者和作者感受在内的文章核心信息，并用形容词对这三个方面的信息进行概括性描述。然后，学生需通过再次阅读，找到支持上述概括性描述的细节。本课时既要落实关注支持性细节这一阅读策略，又要指导学生深入理解音乐作品中所承载的人物情感并理解作者的感受，是展示学生学习能力和文化意识的良好平台。本课时所涉及的“音乐”话题，与学生的生活非常贴近，但所选的音乐《二泉映月》对学生来说相对陌生，尤其是创作者阿炳的人生经历与学生的生活很远。所以采用适当的教学资源引导学生入境非常重要。

同时，鉴于关系从句在前两年的阅读拓展课中已经讲解过，且学生在 12 月月考英语作文中已经展示出了对关系从句的准确灵活使用，所以在本课时教学中，不会过多涉及关系从句。为确认学生已经掌握了关系从句，教师又在本单元的第三课时进行了关系从句的拓展和复习，并通过改编后的听力练习进行了检测，因此在本课时的阅读教学中，不会就关系从句进行讲解和专项练习。

学生在上一轮教师所展示的校本课程中，已经完成了影评写作的学习。因此，本课时不再进行影评和音乐评论的框架分析和写作教学。

考虑到学生的认知水平、认知规律和教学内容的连贯性，且突出教学的人文性，教师将本课时的教材内容进行了适当的调整。

1. 补充两段不同版本的《二泉映月》的演奏，帮助学生入境，并加深对音乐的理解；

2. 将2c指向关注支持性细节的填表练习拆分为三个部分，与解读文章的三个关键词匹配，由浅入深，体现出教学的梯度；

3. 将2e指向让学生进行细节复述的对话练习改为衔接两个要点之间的问题分析，以完善教学环节之间的逻辑衔接。

整合后的教学内容，将以“阿炳”、“二泉映月”和“悲伤”这三个关键词为基础，进行分项的深入解析，层层递进，最终通过分析标题来解读文章的主题。

（二）学生情况分析

学生来自于重点校的实验班。入学两年多来，学生已完成了30多本原版小说阅读，并完成了读书报告或者进行了课前演讲，阅读能力和书面表达能力很强。学生在九年级上学期期中测试中平均分达到了115分以上。学生在英语作文中已经展示出了对关系从句的良好驾驭能力，且全部通过课前的关系从句检测并主动改错。学生在上一轮所展示的校本课程中，已经完成了影评写作的学习。但如何体会人物的情感，正确分析人物的个性，并深入解读文本的主题，对他们来说仍然有一定的难度。

学生有学习英语的兴趣和热情，有比较强烈的表达愿望；他们思维活跃，对于课堂中的提问能作出多维度、较有思维品质的解答；学生喜欢听音乐等感性认知途径。学生大多是独生子女，且优等生自我感觉良好，仍需多关注并理解他人的想法。

三、教学目标（含重、难点）

（一）教学目标

在本节课学习之后，学生能够：

1. 准确找到“阿炳”、“二泉映月”和“悲伤”这三个贯穿全文的关键词，并结合关键词从三个方面对文本进行概括性的描述，并找到支撑每个概括性描述的细节；

2. 结合阿炳的生平来剖析《二泉映月》中的悲伤，结合作者的感受来分析《二泉映月》流行的原因，从而解读文章的标题 Sad but Beautiful 和主旨；

3. 透过《二泉映月》的成功来体会“共情”在艺术作品和实际生活中的重要性。

（二）教学重难点及重难点的突破

★重点：学生能够准确找到“阿炳”、“二泉映月”和“悲伤”这三个贯穿全文行文主线的关键词，并结合关键词从三个方面对文本进行概括性的描述，且找到支撑每个概括性描述的细节；能结合阿炳的生平来剖析二泉映月所表达出来的悲伤。

★难点：学生能够结合作者的感受来分析二泉映月流行的原因，从而解读文章的标题“Sad but Beautiful”的含义和文章主旨；通过二泉映月的成功来体会“共情”在艺术作品和实际生活中的重要性。

★重难点突破：学生将通过思考三个问题来找到三个关键词，将通过反复阅读文本和讨论来对文本进行概括并找到支持性细节；学生将通过欣赏比较音乐来感知《二泉映月》中的悲伤，并通过回顾支持性细节来剖析悲伤背后的原因；学生将通过反复阅读和朗读文本来体会作者的感受并分析出《二泉映月》流行的原因，再通过教师所铺设的问题、两人讨论和再次朗读文本来解读文章的标题和主旨，从而归纳并体会到共情的重要性。

四、教学过程与教学资源设计（可附教学流程图）

（一）教学流程图

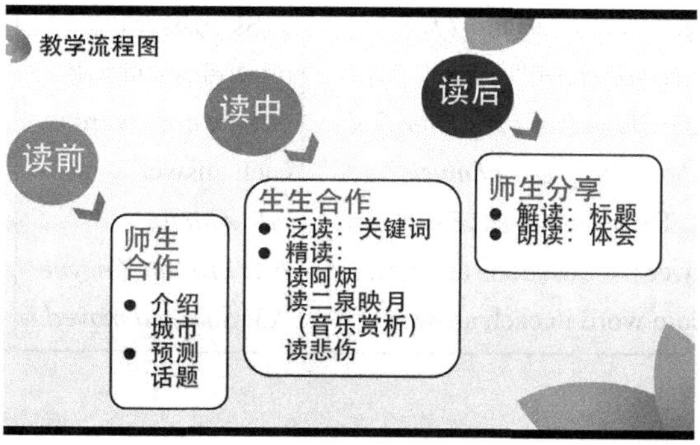

（二）教学过程			
教学过程			
教学环节与时间	教师活动	学生活动	设计意图
Stage 1 Pre-reading			
Step 1 Introduction 1'	The teacher introduces the city Wuxi.	Ss listen to the teacher's introduction.	引入本文的话题——音乐；激发学生对话题的兴趣。
Prediction 1'	The teacher shows the picture on the cover of the CD "Erquan Yingyue" and asks the question. Q: *What famous piece of music comes to your mind when you look at the picture?*	Ss discuss the question and make predictions about the subject.	学生预测文章内容，提升阅读本文的兴趣。
Stage 2 While-reading			
Step 1 Reading for the main idea 6'	1. The teacher asks Ss to read the questions. 2. The teacher asks Ss to read the passage and get the main idea. Q1: *Which musician does this passage mainly talk about?* Q2: *What is his most famous piece of music?* Q3: *How does the writer feel about this piece of music?* 3. The teacher asks Ss to answer the questions and find the core word in each answer.	1. Ss read the questions. 2. Ss read the passage and get the answers to the questions. 3. Ss answer the questions and tick out the core word in each answer. A1: *Abing.* A2: *Erquan Yingyue.* A3: *Sad and moved.*	1. 学生为阅读做好准备。 2. 学生检测预测是否准确，并了解文章大意。 3. 学生从作答中找出核心词，进一步概括文本的核心内容。

	4. The teacher asks Ss to summarize core words of the article. Then, the teacher asks the question. Q: *Which paragraph is mainly about Abing?*	4. Ss summarize the core words of the article—**"Abing," "Erquan Yingyue"** and **"Sadness"**. Then, Ss fix on the paragraph that is mainly about Abing.	4. 学生归纳出文章的三个关键词，明确每个关键词对应的段落，得到文本的整体框架，为之后的文本分析做好准备。
Step 2 Reading for details (about Abing) 4'	5. The teacher asks Ss to read the second paragraph again and complete the summary of the paragraph. 6. The teacher asks Ss to find the supporting details of their summary.	5. Ss read the second paragraph again and use adjectives to complete the summary of the paragraph. 6. Ss look for the supporting details of their summary and share in class.	5. 学生细读第一个关键词——"阿炳"的相关内容，对其人生进行概括。 6. 学生找到支持其所作概括的细节。
Step 3 Reading for details (about Erquan Yingyue) 10'	7. The teacher plays the music pieces of two versions of "Erquan Yingyue" and asks Ss to find out the one that "I" (the writer) probably listened to and explain the reason. Q: *Which of the two pieces is the one "I" listened to? Why?* Then the teacher invites Ss to share their opinions with their classmates.	7. Ss listen to the two music pieces, trying to find out the one that the writer probably listened to and explain the reason. Then, Ss share their opinions with their classmates.	7. 学生在音乐的帮助下，以感性方式体会《二泉映月》的悲伤，并基于自己的理解做出判断，再就自己的判断给出支持性细节。

	8. The teacher asks Ss to read the first paragraph again and complete the summary of the paragraph. 9. The teacher asks Ss to find the supporting details of their summary. 10. The teacher asks Ss two questions and organizes the discussion when guiding Ss to recall Abing's tragic life. Q1: *Why was the music strangely beautiful?* Q2: *Why is there sadness in the music piece?*	8. Ss read the first paragraph again and use adjectives to complete the summary of the paragraph. 9. Ss look for the supporting details of their summary and share in class. 10. Ss think about the questions and discuss in pairs. Then, Ss share their opinions in class when recalling Abing's tragic life.	8. 学生细读第二个关键词——“二泉映月”的相关内容，对作品和作者的感受概括。 9. 学生找到支持其所作概括的细节。 10. 学生分析作者对于《二泉映月》复杂的感受；回顾并结合阿炳的生平来深入剖析《二泉映月》中的悲伤。
Step 4 Reading for details (about Sadness & Popularity) 10'	11. The teacher shows Ss a short passage about the popularity of Abing's works and asks them to fill in the blanks. Then, the teacher asks Ss to finish Ex. 2d on Page 71 to check their guesses. (The teacher asks a student to explain why he chooses "that" instead of "who" to complete the first sentence.) 12. The teacher asks Ss to read the last paragraph again and find the supporting details of the summary. Then, the teacher reads the part that shows the popularity of Abing's music with Ss.	11. Ss read the short passage and try to fill in the blanks with their own words. Then, Ss finish Ex. 2d on Page 71 to check their guesses. 12. Ss read the last paragraph again and look for the supporting details of the summary and share in class. Then, Ss read the part that shows the popularity of Abing's music with the teacher.	11. 学生基于对文本的理解，描述人们对阿炳音乐的评价；并结合书上练习来评价自己对于文本的理解。 12. 学生细读第三个关键词——“悲伤”（之美）的相关内容，就人们对《二泉映月》的评价找到支持性的细节。

	13. The teacher asks Ss the question. Q: *Why is Erquan Yingyue popular?*	13. Ss discuss the question in pairs and then share in class.	13. 学生分析《二泉映月》流行的内在原因。
Stage 3 Post-reading			
Step 1 Discussion (about the title and theme) 6'	1. The teacher shows the question concerning the title. Q: Why can the sad music piece still be beautiful? Then, the teacher guides Ss to draw a conclusion on the theme.	1. Ss discuss in pairs and then share in class. Then, Ss draw a conclusion on the theme.	1. 学生分析标题的含义，并阐释对文本主题的理解。
Step 2 Appreciation 0.5'	2. The teacher read the comment on "Erquan Yingyue" aloud with Ss.	2. Ss read the comment on "Erquan Yingyue" aloud.	2. 学生带着感悟朗读文本，体会"共情"的重要性。
Stage 4 Homework			
Homework 1.5'	The teacher shows Ss the homework.	Ss read two depictions of music pieces and tick out the one similar to "Erquan Yingyue." Then give supporting details.	学生结合跨学科知识，将自己对于文本和音乐《二泉映月》的理解和思考表达出来，并找到支持自己观点的信息。
板书设计			

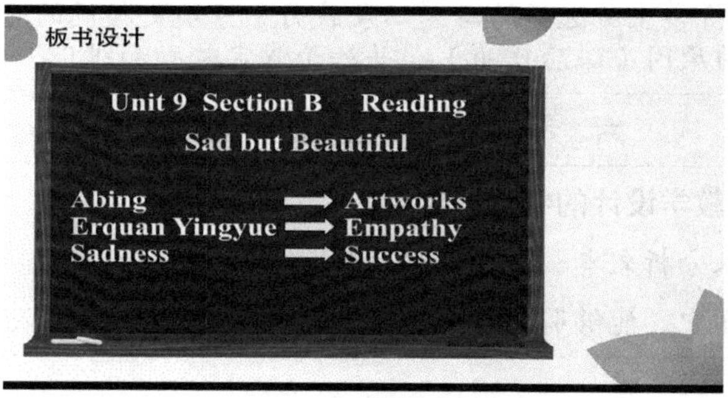

五、学习效果评价设计

1. 课前评价：学生课前完成教师根据书本听力练习所改编的关于“关系从句”的练习，教师进行评价，学生进行改错。
2. 课中评价：教师在课堂中，采用有针对性的口头评价，肯定学生的表现，鼓励学生积极参与教学活动。学生通过完成书上练习进行自我检测。
3. 课后评价：
1）学生课后使用《学习效果评价表》进行自我评价。

学习效果评价表

姓名：　　　　　　　　　　　　　　　　总分：

评价内容	5'	4'	3'	2'	1'
我能找到文本的三个关键词，并从三方面对文本进行概括，且找到支持概括的细节					
我能结合阿炳的生平和音乐来剖析《二泉映月》中的悲伤					
我能结合作者的感受来分析《二泉映月》流行的原因，体会悲伤中的美，从而解读文章的标题“Sad but Beautiful”和主旨					
我能透过《二泉映月》的成功来体会“共情”在艺术作品和实际生活中的重要性					

2）教师评价学生所选择的与《二泉映月》意境更接近的音乐及支持自己选择的原因（课后作业），并给予肯定鼓励和纠正。

六、教学设计特色说明与教学反思

（一）教学设计的特点

1. 深入分析文本

在教学中，能够引导学生先获取大意并找到“阿炳”、“二泉映月”和“悲伤”这三个关键词。然后围绕这三个关键词分别深入挖掘，层层递进。剖析三个关键词之间的逻辑关系，通过铺设由浅入深的问题台阶，帮助学生最终解读出文本的主题。2. 聚焦英语学科核心素养，凸显人文性。

在教学设计中，教师始终渗透“关注支撑细节”和“评价语篇反映的社会文化现象”，使其服务于培养语言能力和文化意识两个不同维度的素养。在阅读中所设计的问题，分别聚焦“提取概括”、“分析论证”和“批判评价”这个三个层次的能力，逐步引导学生“关注并理解他人的情感”，并理解“共情”的重要性。

2. 采用跨学科教学资源和教学方式

在教学过程中，补充两段不同版本的《二泉映月》的演奏，要求学生进行比较、赏析和判断帮助学生入境，并加深对音乐的理解。在作业设计中，引入汉语名诗和语文课文中对音乐的描写，既帮助学生进一步理解《二泉映月》（比较三段音乐的异同），又可考查学生对文本理解的有效方式。

（二）教学反思

1. 核心素养对初中英语教学的新定位

本课时的教学内容和教学辅助手段涉及了英语、语文、音乐等多学科的学科素养和学科知识。一方面是结合多能智元理论，希望通过多维度的输入来帮助学生达成学习目标。另一方面也是对学生的学科能力水平要求的提高。从实际教学的效果来看，通过补充音乐的辅助，学生能够迅速找到更切合文本主旨的音乐片段，并直接体会到《二泉映月》所表达的核心情感——悲伤。学生所完成的课后作业显示：初三年级的学生已经具备了融合语文和英语学科所掌握的知识，并借助语言的共通性来进行比较分析的能力。

中国学生发展核心素养，以科学性、时代性和民族性为基本原则，以培养“全面发展的人”为核心，要求学生具备人文底蕴和科学精神。人文底蕴包括人文积淀、人文情怀和审美情趣等基本要点。英语学科作为语言课程就需具备有利于学生实现人文积淀，有利于学生发展人文情怀和有利于学生提高审美情趣的特点。同时，新版《普通高中英语课程标准（2017 年版）》要求英语课程应在语言能力、学习能力、思维品质和文化意识这四个方面体现育人价值。重申了教育的“育人”本质，对英语课程提出了高于并广于能力培养的素养培养要求。这与《义务教育英语课程标准》所要求的“义务教育阶段的英语课程具有工具性和人文性双重性质，工具性和人文性统一的英语课程有利于为学生的终身发展奠定基础”一致。核心素养和三维目标是一个整体，是不同育人目标、学科育人价值在不同时期不同阶段的具体体现。

由此可见，英语课程要摆脱简单语言教授的旧有模式，通过科学的设计，使课堂调动起学生多学科、多维度的能力、思维和品格，在单位课时中实现学生多维素养的发展。

2.“立德树人”根本任务需要跨学科交流与合作

包含跨学科知识的英语课堂有利于发展学生的核心素养，但需要英语教师提前与相关学科任课教师进行充分沟通，了解任教学生在这两个学科的学业水平和能力特点。本节课设计之初，授课教师就分别与音乐和语文教师进行了多次交流，力求把握住《二泉映月》的音乐特点，并选择最有代表性的语文诗歌来作为学生最终学习效果的评价。从实际教学情况来看，前期的充分交流和准备为成功授课提供了良好的保障。

此外，跨学科知识的英语课堂整体的设计和长期的实践才能实现最佳效果。这就需要多学科教师进行合作，也需要任课教师的投入和坚持。

案例 8：高三英语写作课

Module 7　Unit 21 Communication Workshop: A Discursive Essay

教材：北京师范大学出版社《高中英语》

实施：中国人民大学附属中学 谭松柏

指导思想与理论依据
指导思想： 新课程标准要求基础教育阶段英语课程的任务是："普通高中英语课程具有重要的育人功能，旨在发展学生的语言能力、文化意识、思维品质和学习能力等英语学科核心素养，落实立德树人的根本任务。实施普通高中英语课程应以德育为魂、能力为重、基础为先、创新为上，注重在发展学生英语语言应用能力的过程中，帮助他们学习、理解和鉴赏中外优秀文化，培育中国情怀，坚定文化自信，拓展国际视野，增进国际理解，逐步提升跨文化沟通能力、思辨能力、学习能力和创新能力，形成正确的世界观、人生观和价值观。" 本节课是一节写作课，高中学生在英语写作方面体现出明显的不自信和兴趣不足，因此培养其对写作学习的自信是本节课关注的重点之一。另外，在写作课中，通过阅读、头脑风暴、分段写作、合作写作等方式，发展学生的自主学习英语写作的能力和合作精神，并帮助他们形成有效的写作学习策略或能力。 本节课学生需要在掌握一定词汇、语法、功能、话题等基础知识的基础上，读写结合，综合练习语言技能。在教学过程中也注重培养学生的资源策略、交际策略和调控策略等学习策略。在教学过程中，尤其在学生写作及其评价过程中，特别强调学生的自信意志、合作精神和祖国意识，从情感态度上给学生正确的引导，并注重文化意识的培养。 **理论基础：** Krashen 认为学习者所接受的语言输入必须包括以下三个方面，语言习得才有可能发生：1. 可理解性输入；2. 包含着已知的语言成分

(i)；3. 略高于已知语言水平的成分 (i+ l)。学习者根据自身的语言水平 (i) 有选择性地接受新的知识 (i+ l) 从而习得语言能力。Krashen 的语言输入理论涉及了外语学习的本质，对外语教学和学习颇有启发。本节课利用学生的已知语言成分 (i), 合理设计, 给学生可理解性输入，让学生成功实现有选择性地接受新的知识 (i+1)。学生通过阅读和讨论等形式，充分调用已有知识，教师用非常直观的形式给学生可以理解的语言和内容的输入，让学生顺利实现 (i+1)。

但 Swain 认为单纯的可理解性输入不一定能确保语言的本质提高。她于是提出了语言输出假设 (the Output Hypothesis)，她在语言输出假设中阐述了输出对语言习得的作用：1. 注意 / 触发功能 (the noticing/triggering function)；2. 假设验证功能 (the hypothesis function)；3. 元语言功能 (the metalinguistic function)。这一理论对本节课的设计和教师的教学有非常大的指导作用。本节课在给学生足够的可理解性输入后，让学生动笔写作，现场体现学生的 (i+1)。

教学背景分析

学生情况：

本节课授课对象为北京市某重点中学高三某班学生。该班学生有比较好的英语基础，体现在词汇量比较丰富，基本上能用英语表述自己的简单观点。该班学生有比较强的表现欲望，课堂活跃参与度高；而且部分学生知识面广，有思想，在课堂上往往“语出惊人”。

本课是新课，学生没有进行预习，也是第一次进行 Discursive Essay 的学习和练习。

由于本校的课程设计的特点和特殊性，学生已经到了高三，但教材教学进度依然在模块 7。学生是复习应对高考和教材新内容交替进行。但阶段性特点决定了学生更关注高考复习，对非高考题型和内容热情不高，需要教师通过教学形式和活动设计来调动。

教学方式：探究式；讨论式；个人活动、小组活动、班级活动交替进行。

教学资源：教材、学案、多媒体、黑板。

教学准备：多媒体课件、制作学案、评价量表制定。

教学目标

通过本节课学习，学生将：

1. 通过阅读教材主干课文及优秀写作范文，了解 Discursive Essay 的整体框架；

2. 通过头脑风暴集思广益，获取写作论据的同时提高其思维品质。

3. 完成核心部分写作，从而提高写作学习能力。

教材处理

考虑到学生是初次学习 Discursive Essay, 而且教材内容比较多，一节课时间有限。为了保证教学的完整性和整体感，教师对教材内容进行了处理。

对于阅读内容进行两遍阅读，让学生通过跳读了解文章的结构框架；通过详读了解文章中提到的关于本课话题的不同观点。在此基础上补充了范文阅读，让学生了解写作框架结构，对 Discursive Essay 写作有更为直观的了解。

一节课时间不能让学生完成全文写作，因此，考虑到 Discursive Essay 的首尾段写作比较容易，学生可以先通过学习范文和背诵一些句型等方式迅速掌握首尾段写作，因此对首尾段只是介绍写法，提供范文供学生学习。课堂教学重点放在文章主体部分，也就是支持或反对论文观点的写法。学生在通过学习范文和写作特点的基础上，了解了本部分的写作方法，通过讨论和阅读获取了足够的观点，课堂仅完成一段文章的写作。教师在这里设置了一个备案，如果课堂进展快，可以让学生完成两段甚至四段的写作，如果慢就只完成一段的写作和评价，以确保课堂的完整性。而剩余的写作（首尾段和反方观点，即第一段、第二段或第三段，以及第四段）课后完成。

教学流程示意

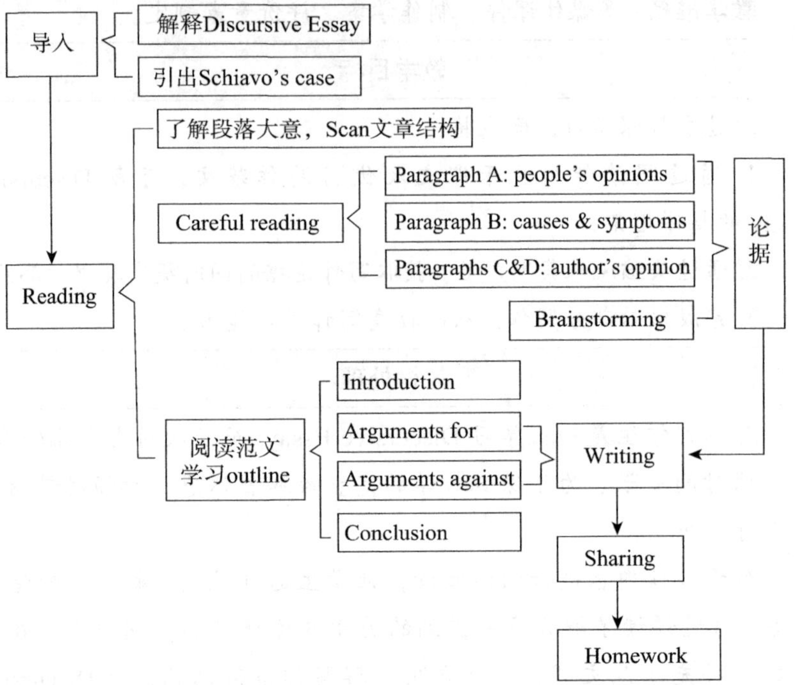

教学过程				
教学步骤		教学活动	设计目的	时间
导入	Definition	Explain what is "Discursive Essay."	让学生理解什么是Discursive Essay。培养学生对文体特征和表达方式的意识。	2 分钟
	Lead-in	Ask students to read a brief introduction about Terri Schiavo, and discuss briefly "Should people in comas be kept on life support machines?"	引入话题，启发思考。培养学生的主题意识。	3 分钟

写前	Scanning	Ask students to scan the article and match the headings with the paragraphs.	浏览，了解文章结构和大意。	3分钟
	Careful reading	Ask students to read each paragraph carefully and finish the tasks respectively.	理解文章，获取文中提到的相关观点。	5分钟
	Brainstorming	Ask students to brainstorm: Should people in comas be kept on life support machines?	启发思路，为写作储备内容和素材。培养学生的思维品质。	3分钟
	Layout	Ask students to read an example essay on "Should students wear uniforms?" and figure out the layout of Discursive Essays.	读范文，了解Discursive Essay的写作结构。培养学生的语言学习能力。	4分钟
	First paragraph	Introduce the writing of an Introduction, and give students examples.	了解introduction的写作。	3分钟
	Second and third paragraphs	Introduce the writing of "A list of arguments for/against" and stress the importance of useful linking expressions.	了解论据的写作方法和技巧。加强语言知识的学习。	4分钟
写中	Writing	Ask students to write a passage for or against the idea.	让学生利用本课所读、所学和个人的背景知识进行写作。培养学生的迁移能力和写作能力。	8分钟
	Sharing	Ask students to share their writing with classmates.	小组分享，班级分享，在评价中赏析。培养学生的合作意识及批判思维意识及能力。	5分钟
	Last paragraph	Introduce the writing of "Conclusion" part, and give students examples.	了解尾段写作。	2分钟

写后	Review	Ask students to review the layout of a Discursive Essay and the definitions of Discursive Essay.	让学生通过复习写作框架，对文章有个整体把握。培养学生的语言学习能力。	2 分钟
	Homework	Homework	完成整体写作，内化本节课所学。	1 分钟

学习效果评价设计
评价方式：同桌评价、教师评价相结合。
评价量规

Questions	Your evaluation	评价人
1. Does the essay have convincing arguments?	Yes So-so No	
2. Does the essay have a clear layout?	Yes No	
3. How is the language?	Excellent Good Acceptable	
4. What can you learn from the writing?		

针对本教学设计，值得再思考之处有以下几点：

1. 备课要以学生为中心，让教材服务课堂教学

本节课在备课过程中针对学生初次接触 Discursive Essay 的具体情况，对课程内容做了大幅度调整和整合。采用整体教学、分段写作的方式确保了本节课的完整性和整体感。从上课情况来看，取得了较好的效果。但是，回头反思，其实对教材的处理可以再多一些。本课内容在写作前有一篇较长的阅读文章，在备课过程中考虑到如果完全不处理又显得脱离教材，因此在教学过程中进行了略读和详读，让文本对后面的写作做了框架和内容上的铺垫。但是，如果索性不处理或者花更少的时间来处理阅读文本，就会为写作留下更多的时间，课堂内容会更有深度。

教材应该是为学生学习服务，为课堂教学服务。教材只是教学的一个重要资源。如果这个资源好，就要充分利用。但如果这个资源不能为某个班级的学生提供最佳的服务，那么就要对教材内容进行大胆处理，可以合理删除、修改或补充，以学生的实际学习情况作为课堂达成度的评价标准，而不应该顾虑教材内容完成情况。本节课还是受到一些教材内容完成情况的影响。

2. 抓住课堂生成内容，将德育渗透在英语教学过程中

本节课是一节非常普通朴实的写作课，但非常可喜的是，在课堂与学生互动过程中生成了很多有价值的内容，教师也充分利用这些生成的内容恰到好处地对学生进行了爱国情怀和文化自信的教学和渗透。比如在 brainstorming 过程中，有个学生的发言很精彩，但他的某一个回答内容提道:“根据美国宪法，人人都有权生存下去，其他人无权决定一个人的生死。”这个时候，老师说，其实不只是美国如此，很多国家，尤其中国的法律是非常尊重生命的。令人惊喜的是，该同学在后面第二次发言的时候就修改了自己的说法，改为“根据中国宪法，中国公民在法律面前一律平等，国家尊重和保障人权……”他的第二次发言赢得了全班的掌声，这样无形中实现了新课标中“加深对祖国文化的理解，增强爱国情怀，坚定文化自信，树立正确的世界观、人生观和价值观”的要求。

外语教学不能只是语言教学，不能仅停留在听说读写技能和词汇语法知识上。新课标对高中外语教学的目标要求是培养学生的综合语言运用能力，其中情感价值观也是非常重要的教学目标，应该渗透在外语教学的过程中，培养有中国情怀、国际视野和跨文化沟通能力的社会主义建设者和接班人。

3. 语言要为思维品质发展服务，以思维品质发展促进写作学习

中学生在学习外语，尤其是用外语进行写作的时候，往往有另外一个瓶颈，那就是思维不够活跃，写作内容幼稚。从某种程度上讲，外语学习者的外语学习水平决定了其思维水平，因此要想让学生写出有思想的文章，必须要培养学生用英语思维的习惯。在写作前要进行思路引导，让学生的写作不空洞，作文有内容。只有思维清楚、有内容的文章才是好文章。

本节课在引导学生阅读课文、阅读写作范文的基础上进行了小组头脑风暴和小组讨论，引导学生形成写作的思路和框架，能从多个维度进行思考，从多个论据中选择最为合理、最有说服力的论据进行写作，让写作有深度，有可读性，让学生在提高其英语写作能力的同时提高其思维品质。

4. 评价要具体、落在实处，促进学生信心和兴趣的发展

很多中学生，尤其是理科学生对英语学习兴趣不浓或者信心不足。英语写作更是让很多学生望而生畏，对写作任务的态度也经常是应付或者能回避就回避了。在英语教学中培养学生的自信心和兴趣是新课标对中学英语教学的一个很重要的要求。本节课有很多的师生互动，在互动过程中，教师及时给学生肯定的反馈和中肯具体的评价。从学生的表情和课堂参与积极性上来看，应该是起到了很大的作用。比如在学生对“拿走呼吸机”这一话题做评价的时候，给出自己的观点，得到老师的肯定。有的学生对这个问题的看法听起来不是特别人道，比如有的学生从资源使用角度来看，认为让昏迷的人一直使用呼吸机活着是资源浪费。老师在正确引导之前，先肯定学生的诚实和理智，让学生感受到被接受，在这个情感基础上，引导学生从更为人道的角度去思考，就更容易让学生接受。

在教学的最后环节是对学生作品进行评价。评价分三个维度，即：写作框架、论据说服力和语言质量。这个量表对一个写作经验丰富的人而言足够了，但是对学生而言，可能需要更具体，更直观，更具可操作性，让学生对同学的作文评价更加有深度。因此，在上完课后，教师对量表进行了调整，调整为四个维度，确定了打分的表。虽然，这对本节课而言已经是“于事无补”，但对后期教学有很重要的参考价值。

第四章 如何开展基础英语教育科学研究

一、基础英语教育科学研究课题方案编制技术要领

随着新课程改革不断向深层次发展，随着教师专业发展不断提高的需求出现，越来越多的教师自觉地加入或正要加入英语教科研的队伍中。但是进行严格意义上的教育科学研究活动，对许多教师来讲是第一次涉足，如何制定英语课题实验的方案，大多数教师并不十分清楚。教育科研研究方案就是进行教育科学研究的规划和蓝图。编制出一个好的方案，对课题研究的成功起着重要的作用。从某种意义上讲，制订出一个好的方案，研究工作就成功了一半。因此，我们必须十分重视教育科学研究方案的制定工作。

（一）准备阶段

1. 选题与论证

（1）选题：即要研究什么，这是非常基础性的工作。大部分教师常常找不到研究的方向和题目。一般说来，可以从以下几个方面来选择课题：a. 广泛阅读与英语教育教学有关的文献资料，从前人研究的弱点中选择课题；b. 从英语教育实践中的困难和缺点中发现课题；c. 从英语日常课堂教学实践中发现课题；d. 从实际调查或者听课调研中发现问题；e. 从同行之间的交流、讨论中发现课题；f. 从教育报刊中别人的理论、思想、做法中发现课题；g. 从英语教学工作中的薄弱环节或自己形成优势的地方确立课题；h. 从几种英语教学思想、方法的融合、嫁接中确立课题。

（2）英语课题的性质可粗略地分为两类： 一是验证性的，即如何把别人的成果经过加工移植到自己的工作中来，验证中强调有新的开拓和新的发展，如对于影响我国基础教育阶段英语教育教学的某种教学法的实验，就属于这一种；二是探索性的，是前人尚没有研究过的，或正在研究还没有取得突破的课题，例如在基础教育阶段开展的“指向核心素养的中学英语泛读教学实践研究”。当然，在探索中不能忽略继承和借鉴。

（3）作为基层的英语教育科研，在选题上总的要求是： 选题要小，立意要高，研究要深，开拓要广。问题小，并不意味着价值低，关键是问题要有前瞻性，具有创新性。问题小，也并不意味着难度小，往往是越往深处研究，所触及的问题就越多。任何一个小的问题，只要深入研究下去，就必然要碰到思想观念、价值原则、行为模式、制度机制等问题。要善于把一个小的问题放在大的背景中考察，发现它潜在的意义和价值；反过来，要善于将一个重大的问题，从一个小的角度进行突破，直到彻底解决，也就是“大题要小做，小题要做大”。

（4）课题论证： 对课题进行科学论证，是英语教育科学研究的一个重要的基础性工作。没有论证，草率从事，会半途而废，这种重大的先天性缺陷必须克服。论证要从以下几方面进行：

a. 了解同一（类）课题的现状。看人家到了什么水平，它的起点、角度在哪里？前沿在哪里？不足在哪里？比如要参加“指向核心素养的中学英语泛读教学实践研究”，就要先了解这一课题实验目前的研究成果，然后再确定自己的研究起点和前沿突破点，并对确立这一课题的依据展开说明。

b. 搞清楚选题是否有一定价值，包括理论价值和实用价值。要尽可能选取价值较大的英语课题进行研究。英语基层科研应突出实用性，尽可能与日常教学工作结合起来，这样有助于解决英语教学中的实际问题，取得实效。如果这项研究能够成功，将会带来什么效应？有没有推广和借鉴价值？要想清楚。

c. 选题是否有一定的新颖性和创造性。科学研究就是要解决前人没有解决或没有完全解决的问题，因此英语教科研必须要有创新，有独到之处。为此，要尽量避免重复，强调寻求新的思想、新的角度、新的做法等。没有创新就谈不上科研。要站在英语教育科研的前沿，勇于突破，大胆探索。

d. 选题是否具有现实可行性。要充分估计到课题自始至终所需要的各种主客观条件，特别注意选择那些跟研究者的知识结构和研究能力相吻合的课题去做，这样比较容易出成果，杜绝半途而废的现象。

2. 界定课题的内涵和外延

一般说来，无论研究哪个问题，都要科学地回答解决某一问题的内容（是什么、包含哪些要素）、要求（总目标及分阶段有层次的目标）、途径（解决问题的渠道）、方法（有效的做法）、规律（从理性上认识某方面的科学规律）。因此，在做英语教育科研前要先想清楚，论证好后再开始行动。为此：

（1）要有恰切清晰的问题陈述：研究内容确定下来之后，就应当有一个恰切清晰的问题表述，这样可以为以后的研究提供总的方向。一个好的课题如何来表述呢？ 要清晰，就是简洁明了地指出课题中的关键因素，确定研究中的自变量和因变量。比如，有的教师选择这样的题目“英语学习模式的研究”。这样的表述非常宽泛，什么都包含，事实上往往什么都没说清楚，是难以操作的。 应当对此进行限制式改造，可以表述为“运用探究式英语学习模式，培养学生思维品质”，或者说“探究式英语学习模式，对学生的思维品质到底有什么影响？”。

（2）要给研究主体下定义。需要用下定义的办法，揭示主体的本质。比如，某研究课题“传统文化在中学英语教学中的渗透及实施方法研究”，研究者给出了如下概念界定，是比较恰当的。

a. 传统文化：本课题所研究的传统文化是指符合中学生认知特点和我校实际学情，能够与中学英语学科教学内容相融合、能提升学生人文素养和思辨能力的优秀传统文化内容。

b. 实施方法：是指在中学英语教学中实现传统文化教育活动所采用的方式、运用的各种手段、程序和策略的总和。例如，包括学校教育中的课堂教学、游学、社会实践、探究特色课程等具体的方式等。

c. 跨文化交际：是指本族语者与非本族语者之间的交际，也指任何在语言和文化背景方面有差异的人们之间的交际。本课题强调跨文化交际是双向交流，只要有跨文化交际的地方，就不可避免地涉及本土文化的输入和输出，这是交际的本质需求，要求学习者既对目的语文化有充分的掌握，也能用恰当的英语正确表达本土文化。

（3）要揭示研究主体的基本内容。定义集中揭示了最本质的内容，还应当对此进行适当分解，将它的构成要素作出说明，以便对研究主体有进一步更为清晰的把握。比如“中、高考复习教学方法”的主要内容应包含：a. 基础建构阶段（也可叫作系统归纳复习），这是本复习教学方法中最重要的一环，是平时长期的教学与总复习教学的衔接阶段，须占用总复习教学的一半或大部分时间。b. 专项复习，主要是按照中、高考英语试题中的综合和能力题型进行设计和训练。在专项中侧重解题技巧的归纳指导，让学生掌握看到什么题就知道做这种题的要领。c. 综合训练，是要将基础建构阶段中无法编排进的、在前两个阶段中掌握得不太好的、在专项复习中易出错的难点、重点和考点进行全面的总结，集基础知识和能力要求为一体进行全面的训练。所设计的试题要求要以“综合”为特色。d. 综合练习后，大约在中考前的一个月、高考前的两个月可以进行英语中、高考总复习的最后一个项目——体验真题。体验真题要求严格在教师的控制下，由教师根据学生的实际情况，采用“拼盘式”的精选真题。

（4）要揭示研究主体的特征。特征，是一事物与其他事物的区别所在。每一个研究主体都有它的特点，这些特点显示了研究主体的鲜明个性。人们正是通过特征来认识事物的。所以，对研究主体的特征，也必须揭示清楚，这样对于操作有一个规定。比如我们要研究“从开放性试题到课堂教学策略的调整”这一课题，那么我们就必须在弄清开放性试题本质的基础上，抓住它的特征：a. 素材生活化。作为测试，总是要从现实（或历史原始状态）生活（或重大前沿科学发现）中选取材料，进行加工、提炼，使之转化为学科问题，从而使命题材料更加鲜活，更加富有生活气息和时代感。b. 问题现实性。理论与实际结合起来，所要求解决的问题常常是人们日常关心的，达到学以致用的目的。c. 立意智能型。这种题目在创拟时着眼考查学生的单项能力或综合能力，不以知识的静态呈现为目的，重在考查学生的已有学习能力或潜在学习能力。d. 答案开放式。正确的答案常常不是唯一的，不用所谓标准答案框定学生丰富多彩的思维，限制学生创造力的发挥，只要持之有据、言之有理即可。评分答案只提供了一个方向和等级类别。

3. 弄清基本术语，分析操作度量

概念是构成科学体系的重要因素，没有概念就没有科学的构建。搞英语学科教育科学研究，必须弄清楚常用的基本术语。

（1）主试和被试。在一般的实验中，“被试”一词指用来参与实验的人，是指接受处理的实验的参与者。在我们的英语课题实验中，需要特别指明，就是接受实验的学生。“主试”，则为英语课题实验的设计者、执行者，一般指参与课题实验的英语教师或教研员等。

（2）自变量和因变量。自变量和因变量是教育研究中广泛采用的变量描述术语。自变量，就是对被试采取的手段、措施，也就是对被试能够施加的影响。它通常需要人为地加以处理、改造、控制，以便操作。有些变量是可以测量的（如：“教学时间长短对教学效果的影响”，其中的教学时间可以测量，因而又叫作连续变量），有些变量是属性和性质的变量，不能精确测量，只能用术语进行描述（如：“比较不同英语教学方法对教学效果的影响”，其中的教学方法作自变量，就不能测量）。在英语教育科学实验中，必须对自变量作出界定，同时，要对自变量进行全面分析，越具体、清楚越容易操作。要反对大而化之、笼统叙述的做法。通常而言，自变量可以是一个，也可以是一组。

因变量就是被试在接受自变量影响之后，所获得的结果。如在英语“指向核心素养的中学英语泛读教学实践研究”中，学生由于接受了泛

读教学的影响而发生的在学科核心素养方面的变化就是因变量。对于实验结果进行统计处理和分析，也必须确定一个统一的标准，以便于用数学方法来处理。

（3）无关变量：就是与本课题研究要素无关，但可能对研究结果产生影响的变量。比如：在课题“英语课外阅读促进学生写作能力行动研究”中，课外阅读就是自变量，学生写作能力的变化发展就是因变量。我们知道，学生写作能力的发展变化不仅来源于某一种元素，还来源于教师的教育方式、教学时间、测试方法等因素。换句话说，教师的教育方式、教学时间、测试方法也会对学生的心智发展产生影响。因为，在这个课题研究中，教师的教育方式、教学时间、测试方法没有列入自变量范畴。那么，教师的教育方式、教学时间、测试方法因素就是无关变量。

当我们经过一段时间的课外阅读之后，学生的英语写作水平确实有了变化（或是积极的，或是消极的），这时我们不要简单地认为就是自变量产生的结果。也许课外阅读确实起到了很好的作用，也许是无关变量发挥了积极作用。到底真正的原因归向哪里，需要科学地处理。为此，常常需要对无关变量进行控制。通常的办法是：同一个水平的教师带两个班，一个班进行课外阅读促进写作能力的实验，另一个班采用常规性的做法。因为教师的教育方式、教学水平、授课时间、教学风格是一样的，也就是说，两个班所接受的教育教学水平是共同的，是相当的。只有教学方法不一样，那么因变量的产生就可以归因于自变量在发生作用。同理，水平、能力相当的两个教师，由于采用了不同的测试方法，学生的发展水平悬殊较大，那么，不同测试方法就是实验结果的原因。如果把测试方法列入有目的、有计划地采取的手段，毫无疑问，测试方法就是自变量，否则，就是无关变量。

（二）编制阶段

教育科学研究方案有其基本结构，通常要包含以下十个方面的内容：

1. 问题的提出

从实践与理论以及别人研究的状况上，回答为什么要选择这样一个课题作为研究对象，将理由解说充分。比如：要进行“传统文化在中学英语教学中的渗透及实施方法研究”，就要综述课题提出的背景；要有明确的针对性，要让人们知道，你要解决什么问题；要明确课题研究的价值和意义。示例如下：

一、问题的提出

（一）选题缘由

1. 面对社会环境提出的迫切要求，利用英语这门语言工具，向世界传播中国文化。

当今时代，国际博弈已逐步从硬实力的比拼转向软实力的较量。中华传统文化是中华民族及其祖先所创造的、为中华民族世世代代所继承发展的优良文化，历史悠久、内涵博大精深、影响深远，是中华民族几千年文明的结晶。在北京奥运会之后，中国文化对当今世界的影响不断扩大，美、韩、日等国纷纷把汉语作为主要外语纳入国民教育体系，截至 2013 年，中国的孔子学院已在 116 个国家落户，共有 430 多个孔子学院，还有 650 多个孔子课堂。近日，更有网络流行语“no zuo no die”被编入美国在线俚语词典。可见随着我国综合国力的不断发展，中华民族文化在世界文化中的地位与日俱增，文化自信逐渐得以树立。

从电视中充斥着西方的食品和饮料广告，到《舌尖上的中国》的再度风靡，从西方文化强势入侵，到中国元素（qipao；qigong；jiaozi 等）的全球应用，无不体现中华优秀传统文化的时代价值，越来越多的外国人怀着好奇心来到中国，探究中国辉煌的传统文化。据统计，2017 年，仅京、沪、穗三地公安机关登记在册的常住外国人就达 310 万多人，临时住宿外国人近 600 万。面对这样的新时期，我们应该充分运用英语这门“世界语”工具的优势，传播好中国声音，讲好中国故事，向世界展现一个真实的中国、立体的中国、全面的中国，向世界传播中国文化，担当起弘扬中华优秀传统文化的重任。

2. 教学中发现现有教材、教师授课、学生现状出现中西文化比例失衡问题。

在目前的中学英语教学中，中国传统文化所占比重远远低于西方文化内容。语言与文化是密不可分的。美国语言学家 Kramsch（1998）指出：语言表述、承载、象征着文化现实。一直以来，传统文化教育都是学校教育的重要内容，为培养学生的人文素养提供了内涵丰富的教育素材。语言既是文化的一部分，也是文化的载体，同样，外语教学不仅是语言教学，还应包括文化教学。从 20 世纪 80 年代起，文化教学在外语教育中的重要性已得到普遍认可。英语教学“不仅是语言教学，而且是文化教学”这一理念在我国英语界受到广泛认同。英语教学的重点也已从提高学生的语言能力扩展到提高学生的交际能力和跨文化交际能力。然而，国内中学英语教学的内容以西方文化为主，例如北京理工大学附属中学初中部使用的人教版初中英语教材和高中部使用的北师大版高中英语教材中中西文化比例失衡，尤其高中英语教材中只有 30% 为中国文化内容，而中国传统文化的内容仅占 10%；中学英语教学对本土文化涉及不多，这种文化内容的失衡导致了学生用英语表达中国传统文化的能力不足，在与外国人交流时出现中国文化失语现象，引发跨文化交际障碍，造成外国人对中国文化的误解。所以在中学英语教学中融入中国传统文化教育已刻不容缓。

3. 根据课程改革、高考改革的趋势，有待加深对本国文化的理解与认识。

从课程改革、高考改革的趋势看，国家越来越重视中学英语教学中文化的渗透。2001 年《普通高中英语课程标准（实验稿）》中提道：“接触和了解英语国家文化有益于对英语的理解和使用，有益于加深对本国文化的理解与认识，有益于培养世界意识。”《普通高中英语课程标准（2017 年版）》对“文化意识”的重视达到了空前的高度，文化意识的培养也成为了“内容标准”中的一个独立的板块。英语教学的文化教育功能得以更清楚地界定。例如：许多学生把“亚洲四小龙”理解为 Four Dragons of Asia，而实际上英美报刊中将其翻译为 Four Tigers of Asia。“龙”在中国是神圣的象征，而西方《圣经》中“龙”却是罪恶的象征，由此可见在语言教学中文化意识培养的重要性。

2013 年 10 月，北京市教委发布中高考改革征求意见稿并向社会征求意见。英语学科有意向实行社会化考试，旨在突出语言的实际应用功能，改变英语学科教育的高分低能现象、“哑巴英语”现象。北京教育科学研究院有教育专家说：这样的改革不但给学生提供了更多的学习机会，而且也会缓解目前高考过分强调英语技巧的现象，从而促进英语教学改革。越来越多的学者认为，应加强中国人的中国文化素养，无论是在国内还是国外发展，了解自己本国文化才是最重要的，只有在既了解西方文化，又对自己本国文化熟悉的情况下，一个中国人的国民素质、自信心、创造力才会提升。

在课程改革和高考改革趋势的影响和要求下，如何在英语教学过程中渗透本土文化，发展学生跨文化交际的意识和能力，培养学生传统文化传播意识，成为中学英语教学中一个亟待解决的新问题。

（二）研究意义

1. 提升学生的中国文化英语表达能力和语言实际运用能力。《国家“十一五”时期文化发展规划纲要》中提出：“重视中华优秀传统文化教育和传统经典、技能的传承，中小学各学科课程都要结合学科特点融入中华优秀传统文化内容。”除却国家课程外，理工附中还有着丰富的校本课程，这些课程承载着厚重的中国传统文化。例如：“功夫茶”；中国书法；扎染等，这些课程对于学生来说是用英语来传播中国传统文化的好机会。在课堂上将这些传统文化内容作为素材和内容来激发学生的学习兴趣，可以调动其学习热情，提升学生的中国文化英语表达能力和语言实际运用能力，从而提升其综合能力。

2. 培养学生跨文化交际能力和传统文化传播意识。北京作为首都是中国政治、文化、教育和国际交流中心，对外贸易活跃，涉外活动日益增多。理工大附中在美国、澳大利亚、新西兰等国家均有“姊妹校”，近年来与姊妹校的友好往来日益频繁，上学期还有北欧国家丹麦的学生来访，除此之外还常有日本和我国香港、台湾等地学生来访。在这些交流中，英语是主要的沟通工具。众所周知，跨文化交际是双向交流，只强调一方的文化而忽略另一方的文化无疑会给交际带来障碍，无法实现有效的跨文化交际。英语教学是为双向交流服务的，不仅仅是培养介绍与引进国外的文化、知识、技术、科学等的人才，还担负着本国文化的输出，为政治、经济、贸易往来服务。北京理工大学附属中学英语教学既要重视学生的语言能力和交际能力，又要传授书本之外的文化知识；既要加强英美文化的导入，又要逐步增加中国传统文化的渗透。要努力使学生在了解西方文化的同时，更加深刻地领悟绚丽多彩的优秀的中国传统文化，从而在跨文化的交际中，自然担当起祖国优秀文化的传播者角色，让世界了解中国。

3. 提高师生人文素养和思维品质。中国传统文化是跨文化交际的前提，只有拥有自己的中国传统文化，才有资格进行必要的跨文化交际；缺失了中国传统文化，跨文化交际将无从谈起。只有对中国传统文化充满自豪和自信，才有可能在跨文化交际中处于平等地位，否则，只能沦为异文化的附庸和奴仆。而对中国传统文化的自豪和自信来自于对其深厚的感情和深刻的理解。在跨文化交际中，一味地尊重和迁就对方并不能达到平等交际的目的，相反，适当地保持自我却可赢得对方的尊重。对一个跨文化交际者来说，中国传统文化是其一切力量和技巧之源，有良好的中国传统文化修养作基础，在跨文化交际中就可以举重若轻。

2. 界定研究主体的内涵，并说明其特征

（略）

3. 提出研究假说、目标

a. 假说，就是对提出的问题在没有解决之前作出的尝试性的猜想、解答，也就是在未研究之前，对可能出现的结论提出推测。建立假说是英语教科研的显著要求，也是区别一般性工作的重要标志。

假说，不是凭空瞎想、胡猜。它的来源，一是受理论的启发；二要靠自身经验的积累；三是研究者的创新思考。

假说是一项研究的“灵魂”，要贯穿研究过程的始终，是研究的焦点。假说又是行动的“源泉”，行动是假说的派生物和操作形式。没有假说，

就没有英语教育科学研究。假说的表述，应力求明确、简要。

b. 对假说中的重要概念（一般是指自变量与因变量）给出操作定义，并进行分析。

c. 建立假说，还要对达到什么样的目标、预计在哪个方面有所突破、有所发展，一并想清楚。

继续以“传统文化在中学英语教学中的渗透及实施方法研究”为例：

研究目标

1. 提高参加课题研究的相关教师的人文素养和思维品质，强化学校科研推动英语教学质量提升的氛围，促进师生共同发展。

2. 探索、总结适合英语教学的传统文化教育内容和有效实施方法，以提升学生的中国文化英语表达能力和语言实际运用能力。

3. 培养学生跨文化交际能力和传统文化传播意识，促进英语学科教学方式和学习方式的变革。

研究假设

1. 通过在校本教材和课堂教学中增加传统文化教育专项内容，能够使学生系统地掌握传统文化的英语表达。

2. 学生在参与学科拓展类课程、微课程、传统文化小大使、文化沙龙、游学等多样化的教学活动后，能够更为深刻地理解传统文化的内涵，自发地产生传统文化的传播意识。

3. 在中学英语教学中渗透传统文化的探究过程中，学生的语言实际运用能力和跨文化交际能力得到了进一步提升，同时师生的人文素养和思维品质也在教学相长中得到了提高。

4. 阐明研究的理论基础

整个研究的理论基础要分析得尽可能细致一些，透彻一些，以便对假说构成一个有力的支撑，使整个研究工作在理论的正确指导下进行。一个研究常常需要几种理论协同支持，涉及几种就要把几种理论的精髓、要义阐述明白。这一部分中还可以规定研究应遵循的原则。

5. 研究的主要内容及操作

当课题定下来，建立了假说，并对假说进行了理论论证之后，应当对研究的主体内容在集中提炼的基础上，再作出分解性说明，把涉及的几个方面交代清楚，以便使研究工作既能围绕一个核心进行，又能从不同的侧面进行突破。

6. 研究结果的测查与评价

一般说来，对被试施加一定的刺激变量（自变量）之后，我们期待着被试产生一定的变化和反应，这个变化反应（反应变量）是不是达到了假设的水平，是不是体现了我们的预期目的，需要进行科学权威的测量与评估。

概括说来，英语创新教育实验的因变量主要集中在以下 6 个方面：（1）学生的学业成绩；（2）学生的心理素质；（3）学生的学习能力；（4）学生的创新能力；（5）学生的创新个性；（6）实验教师和实验学校领导的素质等。

而作为学生的学业成绩，应采用先进而科学的试题进行测试。测试题一般要聘请命题专业人员帮助完成。测试可分为前测、中测和后测。其他几个方面的测量，将根据编制或采用权威量表进行。

作为一个实验方案，应当想清楚如何进行测量和评价。

7. 研究的步骤、策略与方法

先说明研究的被试（即实验对象）和研究的起止时间。

一项研究，完成整体规划之后分几步来落实，应当有一个计划性。一般说来，课题研究要经“启动、实施、总结、深化”几个大的步骤，每一步骤集中做几件事，要解决什么问题，达到什么目的都应当有个清楚的表述。

运用什么策略展开工作、推进研究，也是很值得重视的。作为区域性的工作，主要有八个方面：统一思想，形成共识；加强领导，健全组织；整体规划，分步实施；转变观念，理论先行；点面结合，重点突破；

注重指导，规范发展；加强管理，提高水平；及时总结，典型推动。

作为一个具体的英语教科研课题，著者认为有必要采取下列策略：整体设计，多端切入；课题做小，研究求深；分工合作，协同攻关；着眼实效，力求突破；改进提高，精益求精；注意提炼，推出成果。

作为一个小的课题研究的方法，应当符合课题研究的需要，应当有具体的参数规定，进行具体的解释。也就是说，必须对研究方法进行界定，不能仅列个纲目算完。作为英语创新教育研究与实验，一般可以选择下列方法：

a. 理论研究法：需对大量的事实和经验进行抽象、归纳演绎，从中提炼出规律性的东西，对真理进行再发现，再开拓。

b. 文献探讨法：即查阅和研究一些与本课题有关的理论、经验和研究状况。其目的在于：从思想上得到一些启示，开拓思路，提高认识；从实践中发现一些可借鉴的经验，找出应避免的教训；从研究状况上认识已有的成果和不足，从而避免研究中的重复，确定本课题研究的新思想、新角度、新方法。

c. 调查法：这是英语教育科研中最基本的方法，借助面访、开调查会、问卷等形式，对研究对象进行有目的、有计划的了解，从而弄清事实，掌握情况，发现经验或问题，提出教育对策，探索英语教育规律。操作时需要：确定调查目的，选择调查对象（进行抽样、随机抽样、机械抽样、分层抽样、团体抽样），编制调查问卷或提纲（名称、指导语、封闭式或开放式问题），确定调查方式（笔答或访谈），组织实施，分析结果，撰写报告（问题与目的、方法与步骤、结果与分析、讨论与建议）。

d. 观察法：研究者按照一定的目的和计划，在自然条件下，对研究对象进行系统、连续的观察，并做出准确、具体、详细的记录，从而全面掌握所要研究的情况。观察的特征是在直接感知的基础上来认识教育教学现象，对大量现象进行分析概括，从而得出结论。

e. 教育实验法：包括探索开创性实验法、验证性实验法、实验室实验法、自然实验法、单组实验法、循环实验法等。在精心考虑和专门设计的条件或环境中，对某些教育方式、方法进行试验或检验，取得有关事实数据，找出教育现象与教育条件之间的因果关系。这是英语教育科研中最重要的研究方法。

f. 个案分析法：以一个典型的人物或事例作为具体的研究对象，了解个案发展变化的某些线索和特点，从大量可靠材料中，排除个别的偶然的因素，抓住必然的本质性的材料，联系有关因素，综合分析、归纳出正确结论。可以通过若干个个案研究，进行比较，找出规律性的东西，以指导工作。（程序为：确定对象 → 了解现状 → 理出个案发展脉络 → 初步判断与因果分析 → 提出个案意见 → 进行总结分析 → 撰写报告）。

本章第三节，提供一个个案研究的案例，也可作为硕士学位论文范例。

g. 教育统计法：是运用统计学习的一般原理，特别是数理统计原理去把握教育现象的数量特征和发展变化的数量规律的方法。

h. 行动研究法：研究的问题现实存在，研究者和实践者一体化，研究者就是实践者本人，研究过程与日常工作相结合，研究结果重在解决实际问题。

8. 预期成果形式

一个英语教育科研课题研究过程结束之后，成果通常有以下表现形式：论文；调查报告；实验报告；专著；录像材料；教学案例集等等。

9. 组织领导

（略）

10. 工作制度

要建立学习、交流、研究等工作制度，定期开展活动。特别注意建立必要的投入制度，在财力、人力、物力上对课题研究予以必要的支持，保证该英语实验课题顺利进行。

（三）实施阶段

1. 实施行动：要精心设计教育行动。好的教育行动的标准是：符合本课题研究假说的精神；有创造性，有新意，便于操作，利于课题研究小组全体人员参与；实施后效果显著。

要精心实施教育行动。要制订周密的实施计划，对实施者做必要的培训；在实施过程中有严密的组织工作，规范的实施程序和方法；要预测实施过程中的突发问题，预想一些应变的行动，以保证实施过程顺利进行。

2. 及时修正：这是行动研究法的一个优点，可以使研究工作符合英语教育的规律，把教育科研与英语教学结合起来。及时修正的含义是：边实践边收集行动后的反馈信息，强化有效的行动，修正无效的行动，及时调整研究计划，以取得最佳的英语教育教学效果。要想做到及时修正，关键是及时收集行动后的反馈信息，并对这些信息做出客观的分析与判断。

3. 检查效果：衡量英语教育科研的成败，一是看这项研究所投入的行动是否产生了预期的效果；二是看被试是否有了变化和提高。因此，研究者要通过多种手段去检查效果，从多方面分析、反映效果。

一种办法是定性分析。要广泛收集被研究对象的各种表现，看看他们是否因研究者采取的行动而发生了变化，有了提高。要对这些现象分析、综合、概括、推理，然后用比较具体的文字加以描述。不能简单地说："他们的英语水平提高了一大步"，"他们的英语交际能力有一定程度的增强"。因为,这里的"一大步"和"一定程度"都是"模糊概念"，是不可度量的，是没有说服力的。

另一种办法是定量分析。一般的做法是：在该英语教研课题研究实施前，先通过相关的问卷测试、教师或家长评定等手段进行"前测"；课题研究结束后，再用前测的内容和方法进行"后测"；然后通过统计分析，用数据来说明前后的变化。如果变化是显著或非常显著的，就可以说明课题研究所采取的教育行动是科学的、有效的。这里的关键是，测试或评定的题目和方法应当是科学的，最好使用国内公认的量表或工具；如果是自己编制的题目，一定要请几位有关专家评审，经过修订后再用，以保证测试结果的科学性。

还有一种办法是典型分析。即通过有代表性学生（优等生、中等生、后进生）在课题研究前后的表现、事迹的记叙，用前后对比的方法来说明教育行动的效果。这里的关键是，选择的学生要有典型性，记叙的事更要有典型性，才会有较强的说服力和感染力。

检查英语课题实验的效果，最好把上述三种办法结合使用。

4. 综合解释：综合解释是个理性思考的过程。要回顾课题研究的全过程，运用研究以来的全部资料，进行由近及远、由表及里、去粗取精、去伪存真的理性思考。要对本课题建立的假说进行解释，或肯定，或否定，或补充完善；要对本课题研究所采取的行动进行解释，其指导思想和具体行动，是否科学，是否可行，是否有效；要对本课题研究的结论进行解释，总结经验，发现规律，并尽量概括至理论的高度来认识。

综合解释又是收获英语教科研成果的过程。成果可通过研究报告、专题论文和经验总结等形式表现出来。研究报告可包括以下几部分：

（1）研究概况（概括地说明研究计划和研究过程）；

（2）实践效果（用定性、定量、典型分析相结合的方法，充分说明并分析取得的效果）；

（3）研究结论（围绕本课题研究的假说与行动，总结经验，发现规律）；

（4）问题探讨（指出本课题研究中未解决的问题，或由此研究而联想到的其他有待研究的问题）；

（5）参考文献目录。

二、基础英语教育科学研究课题方案示例

"指向核心素养的中学英语泛读教学实践研究"研究方案

一、问题提出

（一）研究背景

当前，中学生英语阅读教与学都存在很多问题，主要表现在：第一，阅读量不足。从整个英语教学来看，在初中学习阶段要求阅读量达到

15 万词以上，但是学生并没有达到；高中英语阅读量要求在 30 万词以上，但学生的阅读量还远远不够。第二，将应试训练和阅读等同起来。教师不是通过广泛的阅读来培养学生阅读的乐趣，反而是用应试训练来代替阅读；学生整天沉浸于题海之中，势必会扭曲正常的阅读过程，无法实现阅读的功能。第三，学生根本就不明白什么是精读，什么是泛读，“精泛不清、职责不明”，“精读不精、泛读不泛”。目前两者之间的界限越来越模糊，英语阅读逐渐失去了它的内涵与魅力。当英语阅读只剩下备考训练时，英语教育就变得非常可怜，学生厌恶英语阅读。短期来讲，以上倾向造成的后果是阅读材料单一化、教学方法简单化、阅读兴趣削弱化。长此下去，英语基础教育就会偏离方向，忘记自身最本真的使命：英语教育的培养目标是培养人、发展人，而不仅仅是训练考试技巧。鉴于此现状，本课题旨在探索一条更加合理的阅读教学之路，力图通过实践研究，形成一套行之有效的、能够真正提升学生英语学科核心素养的英语泛读教学的方法。

（二）研究的目的、意义

1. 开展本课题研究有助于提升学生的英语学科核心素养重要维度文化意识和思维品质。

阅读是人类发展的一项基本技能，许多国家都非常重视培养青少年的阅读能力。经济合作与发展组织（OECD）每三年组织一次国际性的学生素养测评（PISA），其中三个测评项目指向文化意识和思维品质。在全球化和信息化的知识经济时代，泛读是一种获取大量信息的主要手段。如果学生要成为出色的阅读者，他 / 她需要具备良好的泛读能力。出色的阅读者必定具备良好的文化意识和思维品质。

2. 开展本课题研究有助于全面提高学生的语言能力。

教育部颁布的国家《普通高中英语课程标准》要求学校和教师“激发和培养学生学习英语的兴趣”，“养成良好的学习习惯和形成有效的学习策略”，“帮助学生了解世界和中西方文化的差异，拓展视野”，“为他们的终身学习和发展打下良好的基础。”而多数学校现行的基于考试的做法是无法达到以上目标的。泛读促进语言能力的发展，因此，本课题关于开展研究基于核心素养的中学泛读教学实践具有重要的理论与实践意义。

3. 开展本课题研究有助于改善中学泛读教学。

在新形势下，泛读教学和研究必须用信息资源引领研究发展方向，揭示阅读过程和重要变量，进行有效研究。在新课程改革提出培养学科核心素养的背景下，本课题提出通过泛读教学提高中学生英语阅读效率、阅读能力和自主学习英语的能力，拓展国际视野，培养学生的阅读素养，进而提升学生的学科核心素养。这一研究是在实践层面实施国家《普通高中英语课程标准》要求的改革性实验，从教材、教法上进行改革试点，突破现有的基于考试的英语阅读教学模式，尝试通过英语泛读教学达到提升中学生阅读素养的可持续、发展性目标。

二、文献综述

（一）国外研究

著名英国语言教育家 West 于 20 世纪初在印度从事英语教学时提出了以"阅读法"作为第二语言教学法的理念，并首次将阅读区分为"精读"和"泛读"。自此，"泛读"教学便逐渐进入了语言教学专家们的视野。

20 世纪 80 年代，泛读在外 / 二语学习中的作用逐渐受到重视，起因是 Krashen"可理解输入假设"的提出。受图式理论和心理语言学的影响，早期研究借用 L1 阅读的理论框架，基于"读得越多，读得越好，越有兴趣"的理念，研究局限于教法、阅读材料和课程管理的探讨，实证研究不多。20 世纪 80 年代研究的主流是"书潮"（book flood）效应，即大量"高兴趣"阅读材料的编写与使用。

20 世纪 90 年代中后期，泛读研究有了突破，范围扩展到语言学习的各个方面。这个时期的研究主要从以下几方面进行：（1）阅读材料研究的重点转移到如何利用阅读材料开展阅读项目上。（2）Krashen（1995）充分肯定泛读在外 / 二语学习中的价值，他提出"FVR 作用二元论"：（1）语言论。（2）情感论。

美国教学专家 Ashor 曾创造了独特的"阅读兴趣评估法"，并针对此方法进行实验观察。结果表明：学生对他们最感兴趣的材料理解最好。

该方法也曾被应用于泛读教学中，尤其在选择泛读材料时更为重要（周立人，1996）。

Holec、Boud 和 Miller 等人的“自主学习理论”强调学习者要对自己的学习负责。自主学习理论目前在国内外得到了极大的重视和发展，并被广泛运用于英语泛读教学中（叶仕栋，2010）。

Mason（2005）在对传统的阅读教学和自主选材阅读教学进行了大量的比较后明确指出：泛读是中等水平以上的学生学习外语最成功的方法。

进入 21 世纪，泛读研究更新了研究视角，开始在新的结构设计下研究泛读，具体表现为：（1）理论层面。思考泛读教学中该做什么，不该做什么。（2）注重实证研究。（3）强调合作与互动。（4）突显主体作用，深层揭示情感动机。

综上所述，国外对外语 / 二语泛读的研究已经比较丰富和成熟，体现在泛读价值和意义的探讨、泛读理论基础的建构、教学方法探索等方面。

（二）国内研究

近年，我国对泛读对外 / 二语学习的作用研究方兴未艾，1990—2007 年有关泛读的研究文章达千篇。

泛读的基本理念是学习者在语言能力范围内“大量”接触阅读材料。利用课堂时间安静地阅读自选材料的 SSR（sustained silent reading）、以训练“阅读策略”为目的的 USSR（uninterrupted sustained silent reading）和强调自主选材的 self-selected reading 或 independent reading 都属于泛读。研究表明，无论母语还是外语环境，大量阅读对学生语言能力发展都有促进作用（Krashen & Cho 1995）。

20 世纪 60 至 80 年代，英语泛读教学界普遍以阅读英文原著为主要教学方式（刘文辉，2012）。进入 90 年代后，阅读内容发生了改变，泛读教学模式也有了相应革新，如：马沈龙（1990）提出应以“课堂讨论”的方法进行英语泛读教学的实施过程，并详细地论述了此方法的必要性、做法、要求和效果。进入 21 世纪以后，国内英语泛读教学模式更加多元，如：姜君丽（2007）提出了“互动式”英语泛读教学模式。李天紫（2007）则指出我国外语教学必须充分认识泛读的作用，并提倡“读书型”外语学习，使学习者真正享受读书和学习英语的快乐。聂成军（2014）提出，英语阅读是优雅的，适合英语泛读的材料，除了经典，还是经典，主持编写并出版了义务教育课程标准和普通高中英语课程标准泛读教材《常春藤英语》，将中国基础教育英语泛读教学推进了一大步。

当前，我国中学外语泛读教学从理念到现状还不容乐观，泛读课未得到应有的重视（夏赛花等，1997）。主要表现在：一是对泛读的研究不够深入；二是课外延伸学习的研究、指导、督促、检查、总结不够；三是教材编写宗旨与外语阅读目的存在较大差异；四是课外阅读书目不系统，阅读效果难以评定；五是中学阶段培养学生的阅读能力主要依靠课文，学生接触的语言材料少，英语知识有限，势必难以达到阅读要求。

总之，国内英语界对于泛读的理论研究和教学实践确实取得了一定的阶段性成果，值得我们借鉴。但是由于研究时间还较短，泛读教学的研究还不够深入，与英语学科素养的联系还不够紧密。

三、研究内容

（一）概念界定

1. 核心概念：泛读教学

泛读教学的概念蕴含以下三个概念：泛读、泛读教学、泛读教学实践。

泛读，通常是指学习者在语言能力范围内大量接触感兴趣的阅读材料，理解一般或整体意义的阅读，更关注文章意义，而非个别词句，强调尊重学习者的意愿，根据自己的兴趣阅读。

泛读教学包含以下内容：一是泛读教学是一种学习方法，即学习者大量阅读材料；二是泛读教学是一种语言教学 / 学习过程，即根据特定教学法所采用的技巧、训练方法及练习活动的过程；三是泛读教学是一种教学体系，包括教学方法、教学设计、习得研究等多方面的内容。

泛读教学实践包括：培养学生的阅读能力和提高阅读速度；提高学

生的阅读技能；增加词汇量，扩大知识面；培养学生细致观察语言的能力以及假设判断、分析归纳、推理验证等逻辑思维能力，即学生独立思考问题的能力。将以上综合而言，包括三个方面：阅读能力、普通知识（包括语言知识），以及思维能力。

2. 核心概念：核心素养

核心素养蕴含以下两个概念：核心素养、中学英语学科核心素养。

核心素养是指学生借助学校教育所形成的解决问题的素养与能力。

本课题所指向的核心素养主要是指英语学科核心素养。英语学科核心素养是指学生通过英语课教育及自己的实践和认识活动获得的英语学科包括语言能力、文化意识、思维品质和学习能力等四个方面的发展，它们之间不是孤立存在的，而是相互依存、相互渗透的。

（二）研究假设

本课题有以下研究假设：

假设 1：泛读教学能够提升学生的词汇水平、阅读流畅度、阅读理解能力、表达能力；

假设 2：泛读教学能够提升学生的文化意识；

假设 3：泛读教学能够帮助学生提高批判性思维能力；

假设 4：泛读教学可以提升教师自身的素养和英语教育教学水平。

（三）研究目标

通过本课题为期三年的实践研究，旨在提升教师对泛读教学相关理论的理解和把握水平，掌握泛读教学的策略和方法，提高泛读教学的成效，从而提升学生的泛读能力，进而带动学科核心素养全面提升。在此基础上，开发对一线教师教学实践具有较强启发和指导价值的示范性教学案例。

（四）研究具体内容

我们的研究将依据阅读与泛读相关的理论以及新的课程标准修订过程中提出的学科核心素养架构开展泛读教学研究。

对泛读及相关的概念和理论进行梳理和深入研究，参照国内外有关泛读教学的策略和方法，组织实验校教师进行学习和理解，并在此基础上形成一套泛读教学的教学模式，开发相关的教学资源。

对中学英语学科核心素养的组成部分和培养核心素养的策略和途径进行深入研究，并探索英语泛读教学与中学生英语学科核心素养之间的关系。

指导教师进行行动研究。教师在深入理解泛读相关理论，了解相关教学方法和策略的基础上改进泛读教学，引导教师边实践边研究，不断总结教学的经验，提升泛读教学的水平，以更好地服务于学生英语核心素养的提升。

（五）拟创新点

本课题研究将中学英语泛读教学与英语学科核心素养建立紧密关联，通过研究和实践英语泛读教学力求促进学生的英语学科核心素养的提升，验证英语泛读教学对于促进学生词汇量、阅读流畅度、阅读理解能力、表达能力的作用，验证英语泛读教学和学生的文化意识、思维品质之间的关系，验证英语泛读教学和教师自身素养的提升、教育水平的提升之间的关系。

四、研究方法与过程

（一）研究思路

在实验校成立实验组与对照组，实验组在英语阅读教学中实施泛读教学，对照组采用传统教学方法。通过定量研究分析，探求英语泛读教学与学生英语语言能力、文化意识、批判性思维能力和书面表达能力、英语词汇量和阅读速度的关系。通过质性研究分析，探求学生英语阅读成长经历和教师泛读教学成长经历。

（二）研究方法

本课题主要采用定量研究和质性研究相结合研究方法。定量研究方法包括实验法、问卷调查等。质性研究方法包括访谈、课堂观察、行动研究等方法。

（三）技术路线与实施步骤

2016 年 9 月：

1. 进一步遴选实验样本学校。在全区（国）范围内遴选 15—20 所中小学校参与本课题。

2. 启动相关文献研究。

3. 遴选子课题参与人员。

4. 筹备开题报告。

2016 年 10 月：

1. 继续进行文献研究。

2. 召集子项目负责人讨论会，开题，随后开展培训。

2016 年 12 月：

完成问卷调研统计分析，确定项目参加单位承担的子课题。

2017 年 2 月下旬—2017 年 12 月：

在各样本校开展第一轮实验。

2018 年 1 月：

1. 召开小型研讨会。课题负责人带着第一轮实验的结果与反思参加研讨会。

2. 进一步修订实验方案。

2018 年 2 月—2018 年 12 月：在各样本校开展第二轮实验。

2019 年 1 月—2019 年 6 月：

1. 各课题负责人发表成果。

2. 组织较大规模研讨会。

3. 验收所有预期研究成果。

2019 年 8 月：

1. 筹备结题。

2. 组织结题会。

2019 年 8 月：完成结题报告、在核心期刊发表论文、出版《中学英语泛读教学案例集》。

（四）组织与经费保障：自筹经费。

1. 组织保障

本课题负责人曾经连续多年担任北京市中学英语学科带头人，已从事中学英语教育 30 年，具有较丰富的课题研究经验，具有扎实的专业功底和较强的科研能力。他作为核心成员参加了“促进学科能力发展的教学改进项目”“区域教育学段统筹的顶层设计与实践创新研究”等重要课题的研究工作，指导区域内多个课题，具有丰富的课题管理、实践和指导经验。

课题主要参加者包括海淀教师进修学校中学6位教研员在内，有特级教师3名，市级骨干教师5名。课题组的教师们在长期的一线教学教研工作中，早就意识到泛读在培养学生阅读素养中的重要作用，并为此开展了一系列的研究，如“提升学生阅读素养的研究”“初中英语主题阅读的设计与实施的课题研究”“中学生英语阅读能力的培养途径研究”等。这些课题为本课题的开展奠定了丰富的实践基础；此外，在区域教研室的引领下，近年来有多位教师开展了泛读教学的研究，并在区域内起到了示范引领作用。课题组主要成员中有多位教师在核心期刊发表过学术论文。

2. 已有相关成果

保证课题顺利实施的泛读教材使用面广。早在2014年7月，课题负责人和部分主要课题组成员，在大量翻阅世界主要英语国家语文教材的基础上，编撰出版了一套普通高中和义务教育课程标准阅读教材“常春藤英语系列”。目前北京市内外已有几十所学校选用了本教材，实验英语泛读教学。这些阅读教材将服务于本课题。

前期实验基础扎实。本课题有着扎实的前期研究基础，主要成员作为负责人的区级课题“中学生英语阅读能力培养的途径研究”，2011年9月开题，2014年12月顺利结题，为本课题的实施积累了宝贵的课题经验和研究数据；区级课题“初中英语主体阅读的途径和实施”业已于2015年6月立项开题。

主要成员之一公开发表在核心期刊《中小学外语教学》的论文《例谈高中英语阅读教学中读后活动的设计》被教育部考试中心关于新高考新阅读题型的论证的论文引用。

五、研究预期成果及成果形式

1. 研究报告

2. 中学英语泛读教学案例集

3. 论文（参加论文评选、公开发表）

4. 出版中学英语泛读丛书

六、课题组核心成员情况介绍

课题负责人：北京市海淀区教师进修学校 聂成军

其他人员（略）

七、附件（调查问卷、访谈提纲、量表、课题实施方案等）（略）

主要参考文献：

1. Krashen S.The case for free voluntary reading[J].The Canadian Modern language review. 1993a, (1): 72-82.
2. Krashen S , Cho K2S. Becoming a dragon: Progress in English as a second language through narrow free voluntary reading[J].California reader, 1995, (29): 9-10.
3. Mason. B. Extensive reading: Why do it, how to do it, how not to do it. ELT News. 2005(6).
4. 姜君丽 . 互动式英语泛读教学模式实验报告 [J]. 山东外语教学，2007, (5): 74-77.
5. 李天紫 . 论英语泛读教学的发展趋势 [J]. 外语界，2007, (6): 65-71.
6. 刘文辉 . 国内外泛读教学研究成果述评 [J]. 华文教学与研究，2012, (4): 33-43.
7. 马沈龙 . 英语泛读课堂讨论教学初探 [J]. 贵州教育学院学报，1990, (4): 57-62.
8. 夏赛花，吴古华 . 英语泛读课的现状和改革 [J]. 外语界，1997, (4): 32-35.
9. 叶仕栋 . 自主学习理论在英语泛读教学中的应用 [J]. 吉林省教育学院学报 , 2010, (3): 16-17.
10. 周立人 . 论大学英语泛读教学——国外外语教学理论的综合应用 [J]. 国外外语教学，1996,(4):19-24.
11. 聂成军 . 常春藤英语 [M]. 中国人民大学出版社，2014.07

三、基础英语教育科研叙事研究范例

新任高中英语教师教研观形成的个案研究

摘要：教研观是指一个人对学科教学研究的基本认识和看法。教师持有什么样的教研观不仅会影响到教师的教学态度，而且还会影响到教师对于教学方法的选择，甚至还会影响到教师的职业生涯与专业发展。本研究通过实地观察、访谈、文献资料分析等方法对一名任教三年的新任教师持有的教研观特点、形成过程与影响因素进行了分析与探究。得出如下结论：

（1）新教师的教研观与老教师的教研观有趋同的情况。虽然新课程改革已经进行了十多年，但是高中教师的教研观，依然呈现出一切为高考服务的特征。（2）新老师教研观的形成是一个互动、反思、验证、确认的过程。（3）作为新任教师其教研观的形成是与所在环境互动的结果，入职学校的教研机制对其教研观的发展起关键作用。（4）新教师教研观的形成过程有行为主义的特征。

教研观的形成，需要教师的清晰的职业目标和专业发展思路，需要一个稳定的支持系统，即在繁重的工作之余，有持续动机来进行教学研究。教研观还包括要把基于一线教学时间的思考用学术的语言和规范表达出来，让更多的外语教师群体去分享自己的智慧。

关键词：新任教师，教研观，形成

Study on a New High School English Teacher' s

Teaching and Research View

ABSTRACT

Teachers' teaching and research view means a teacher's basic outlook on teaching research, which affects the way of teaching and the choice of teaching methods as well, and even affects the teacher's career and professional development. With the approaches including observation, interviews and literature analysis, this research studies and analyses the research view development and form factors of a new high school English teacher with three-year teaching experience and has the following findings :

1. New teachers' teaching and research view still has a case of convergence with the old teachers' teaching and research view. In spite of more than ten years' new curriculum reform, the teacher's teaching and research view still shows all the characteristics of serving Gaokao. 2. New teachers' research view formation process is a process of interaction,

reflection, proving, and process validation. 3. As a new teacher, his teaching and research view formation, on which the teaching research prompting system of his work school plays a very important role, is the result of his environment interact. 4. New teachers' teaching and research view formation shows the characteristics of behaviorism.

To form a teaching research view, teachers need clear career goals and professional development ideas, and also a stable support system. A teaching research view should also include expressing one's thinking based on teaching experiences with academic language and norms, so that more groups of foreign language teachers can share their wisdom.

KEY WORDS：New teacher, Teaching and research view, Formation

1. 问题提出

1.1 研究缘起

1.1.1 研究者自身的教育背景

研究者本人 1985 年参加工作投身教育事业，在一线教学 12 年后，担任了县教研员，4 年后因工作需要调入北京工作，重新回到了教学第一线担任高中英语教师 7 年，于 2008 年 8 月正式调任现职——北京市海淀区教师进修学校中学英语教研员。现职职责是引领海淀区中学英语课程改革，把握全区中学英语教育、教学方向，以教研、考研、科研、调研为阵地，与其他教研员和全区一线英语教师共同成长。

研究者本人自身教育经历，从一线教师到专职教研员，再回到一线担任教师、再次担任专职教研员，如此两个“轮回”，既经历了自身入职之初困惑之后的成长，又目睹了很多一线教师的专业发展过程，深刻体会到顺利度过“生存期”，走上健康的专业发展道路，是每一位新任教师职业生涯之初的追求。但是，现实总是不能完全随个人的意志，新任教师里面，总有一部分避免不了平庸，当然，也会有一部分从职业之初就崭露头角并很快成为新任教师队伍中的佼佼者。

1.1.2 研究者目前的工作背景

（1）对新教师发展的关注

研究者本人供职于北京市海淀区教师进修学校，担任高中英语教研员，帮助英语教师的专业发展是研究者本人工作职责之一。近几年来，我区每年新入职的高中新任教师人数一直稳定在 160 人左右，其中英语教师 50 人左右，教师队伍构成呈现年轻化态势。新任教师是教师队伍的生力军，正逐渐成为我区教师队伍的一支重要力量。新任教师的专业发展，向来是我区教师队伍建设的一项重要任务，也是研究者特别重视的一项工作。而对新任教师的专业发展现状与专业发展需求展开研究有利于研发相应的新任教师培训策略，从而促进新任教师的成长与发展，是抓好新任教师的入职培训和做好我区教师队伍建设的关键环节以及实现我区教育科学发展的有效手段。

（2）区教研及培训工作

研究者本人的主要职责是，在教研工作中积极贯彻国家的各项方针政策，认真落实素质教育的精神和要求；根据上级要求，结合教学实际情况，制订所负责年级学科教学计划；按要求条件，组建所负责年级区学科中心教研组，并积极开展教科研活动；组织开展以教材教法为主要形式的教研活动；自觉主动深入教学第一线，开展调查研究；按时参加集体下学校听课活动，认真填写听课记录，及时做好与教师的交流和反馈；开展教科研工作；开展教学改革实验，总结经验，积极推广；认真总结教研工作经验和成果，撰写相关论文；做好教学评价工作，积极进行教学评价改革的研究，完成命题、质量分析和评价报告；组织开展对青年教师的培训与辅导。

1.1.3 教研的目的、内容和方法

教研的目的，一是要改进课堂教学，使其取得最佳的教学效果；二是要促进教师的专业发展。改进课堂教学的实质，就是使教师改进教学方法，进而提高教学效果并促进教师发展。所以，如何改进教学方法，使教师自身的教法能符合当前教学的实际，取得最佳的教学效果，这已经成为改革课堂教学，开展教研的主题；改进教学方法，是每一位教师每天都在思考着、做着、摸索和总结着的突出问题；要想提高教学水平和教学质量，就必须进行教学方法的改进。但是，改进教学方法没有固定的模式，靠的是各位教师发挥主观能动性，通过艰辛的实践和苦心的摸索，不断试验、分析、总结和提高，才能得到改进。教学方法改进的过程，就是教研观建立的过程。

教研内容与教研方法是密不可分的。常见的教研内容和方法，一般都包含以下几个方面：

1. 理论学习。定期组织教师学习教育教学理论或要求教师利用课余时间自觉学习有关教育教学理论，特别是学习《普通高中英语课程标准》的一些新理念、新课程实施过程中的一些新经验等。

2. 集体备课。在教师个人认真备课的基础上，再组织同学段、同学科教师进行集体备课。

3. 教材培训。教材是教师赖以施教的依据，而对于新教材，很多教师还不懂怎么教，这就急需进行教材培训。通过培训，使教师能够吃透教材，用好教材。

4. 课题研究。课题研究是将教研与科研有机融合的教研活动形式。

5. 沙龙研讨。沙龙研讨是一种由教师自愿参加的可以自由发言的针对教学实际问题的讨论会。在这民主和谐的氛围中，教师不拘形式地探讨教学中的问题与困惑。通过讨论、争论，各种观点互相碰撞，使自己在不同的见解中提高认识，同时也促进教师不断地进行探索，从而提高教师教研水平。

6. 课例研究。课例研究是以课例展示的形式开展的一种教研活动。研讨内容一般包括：听课、执教教师谈教学设想与意图以及教后反思、听课教师对所听的课进行评议，肯定好的、可借鉴的地方，提出建设性意见等。

7. 教学反思。反思是一种教师改进教学策略、不断提升自己教学水平的好方法，是不断提高自身教育教学素养的过程。

8. 对比式教研。对比式教研是指针对课程改革提出的新理念、新要求、新方法，通过设计不同的课堂教学对比来加深认识，寻求教学的具体对策。对比的方式可以是多样化的，可以将早几年的课堂教学录像与按新课程理念设计实施的同一内容的教学进行对比；可以是同一教学内容由不同教师按各自不同的设计进行教学对比，即所谓“同课异构”；也可确定一个教学内容，由一位教师自行备课后实施教学，教研组成员听课后再对照新课程的新理念、新要求进行集体备课，然后由同一位教师再进行课堂教学实践，进行前后对比。

1.1.4 研究者对 Z 老师专业快速发展的了解

Z 老师，男，1985 年 2 月 14 出生。2007 年本科毕业于山东省鲁东大学（烟台师范学院前身）外语学院，师范类英语教育专业。同年考取首都师范大学外语学院硕士研究生，专业为外国语言学及应用语言学，研究方向为二语习得与语言测试。2010 年取得硕士学位后就职于北京市 S 学校高中学部（高一到高三），担任班主任和英语教师工作。从 2010 年入职到现在仅仅有三年多不到四年的时间，在很多三、四年教龄的新任教师还尚未摸索到做教师的门路的时候，Z 老师却已做出了不小的成绩。他参加了海淀区“十二五”教育科学项目“高中英语课堂活动有效性研究”，公开发表了“高考英语北京卷情景作文中有效细节添加的实践研究”（中文核心期刊 第一作者独立完成）等 5 篇论文，编著及译著作品有《高一英语听说训练教程》等 4 部，承担校级、区级及市级公开课 8 节。另外，Z 老师所教学生高考成绩出色，2013 年所带两个高三毕业班的高考成绩平均分为 137.8 和 138.6，在年级名列前茅。

是什么因素造就了如此快速成长的一位新任教师？研究这样一位快速成长的新任教师，能否对于帮助区内新任教师专业发展有所启示？

1.1.5 对预研究的反思

对很多新任教师而言，其入职的最新的三年工作期通常被普遍看作是为“求生存阶段”（F.Fuller，1985），与众多有经验的教师相比，新任教师往往承受着更大的心理压力。Richard IngerZoll（2003）的研究发现：在美国，大约有 29% 的新任教师由于难以胜任头三年的学校生活而选择离开了教师岗位。在我国，因为求职、入职不易，虽不会有如此高的教师流失率，但新任教师同样面临着适应新环境、顺利走上教师职业生涯的强大压力。

为什么在很多新任教师还没有适应教师岗位的时期，Z 老师不但很快适应了高中英语教师岗位而且还做出了不小的成绩，在教学、教研、科研等各个方面均已经开始表现出非凡的发展前景呢？这与 Z 老师的教研观应该有着内在联系。

1.1.6 研究问题聚焦——新任教师的教研观以及教研观形成过程的问题

研究者希望通过这样的探究，了解新任教师的教研观并展现出新任教师教研观的形成过程，使教师能对自己的教研观有所省察，让新教师发展形成一种专业发展的信念，即教研观的形成能够大大促进教师的专业发展。

1.2 研究问题

本研究将选取任教 3 年的新任高中青年教师 Z 老师为研究对象，试图探究 Z 老师科研观的现状及其形成，具体的研究问题如下：

1. Z 老师持有什么样的教研观？
2. Z 老师教研观形成的过程的特点是什么？
3. 影响 Z 老师教研观影响的基本因素有哪些？
4. 如何帮助新教师形成正确的教研观？

1.3 研究目的及意义

1.3.1 研究目的

新任教师专业发展的阶段，往往处于相当迷茫而又十分关键的时期，从一定程度上可以说是危机期，也是生存期。新任教师前几年的专业成长的快慢直接影响教师整个职业生涯的发展。本研究会到学校中进行实地观察，对教师的工作环境、真实课堂和教师行为等进行深入研究，探究教师行为背后的教研观。研究者决定从中选择合适的个案，以探究个案中的 Z 老师是怎样在众多的新任教师中脱颖而出的，他的教研观是如何形成的，又是怎么促进他的专业成长的，以求通过个案帮助更多的青年教师走上专业发展的“高速公路”。

1.3.2 研究意义

本研究从个案中尝试得出高中新任教师教研观的形成过程，归纳影响其教研观形成的核心因素，以及教研观同专业快速成长之间的互动关系，让教师们有意识去反思自己对于教科研的重视程度，进而改变和调整自己的教研观念。同时，让学校管理者能重视新教师在学校中的发展和成长，重视教研观在教师发展中的重要作用，为新教师教研观的发展创造良好的环境，提供正确的引导和帮助，让新教师能在未来的教师职业生涯中走得更稳、更顺。

2. 研究的背景知识及概念框架

2.1 概念界定

2.1.1 新任教师

新任教师（beginning teacher），也称新教师（novice teacher，new teacher or newly qualified teacher）。目前我国对新教师并没有一个确切的定义，与新教师相关的概念有新手教师和新任教师。根据蔡奇纳（Zeichner）的说法，新任教师是一个已完成了所有的师范课程的新手教师；有的学者认为新任教师一般指从事教学工作年限不足三年的教师，也有人认为从教年限不足五年的教师都可称为新任教师。新任教师是个相对概念，包括的范围应该更广，不仅包括刚参加教学工作的教师，也包括转学科任教的教师，刚从其他学校调动过来或离开学校较长时间后又返回到教学专业工作中来的教师也应该属于这个范畴。

大多数研究采用美国学者麦克唐纳（McDonald，1982）的观点。麦克唐纳认为新任教师是一个完成所有的职前培训课程，包括实习阶段的教学实践；已被授予临时证书，并受雇于某个学区；他负有的责任通常与那些较有经验的教师所负有的责任相同；同时他正处于这个职业或服务的第一年。但是有关新任教师的教龄，国内外学者意见都不相同。从一般经验看，前三年是教师成长的奠基时期，教师获取教学所需知识和技能的阶段，在这一阶段，现实的、亲身的体验比所学理论对教学的指导更重要。教师在前三年的经验基本可以决定一名教师的发展方向和职业成就。

本研究采用麦克唐纳学者的观点，但是根据国内研究的习惯以及前三年对于新任教师的特殊意义，本研究认为，新任教师是完成所有职前培训课程和实习，受聘于某校担任教学工作三年以内的教师。这个概念的时限界定也符合大多数对新任教师的研究采用的年限。

2.1.2 教研观

目前的研究中，研究者对“教研观”的界定在文献中比较罕见。要谈“教研观”，必须要明确什么是教研。教研，顾名思义，就是学科教学研究的简称。是指人们运用科学的方法探求教育事物的真相和性质，摸索和总结其教育规律，并取得科学结论的研究活动过程。教学研究并不完全等同于教育科研。教育科研是以教育科学理论为武器，以教育领域中发生的现象为对象，以探索教育规律为目的的创造性的认识活动。简言之，是用教育理论去研究教育现象，探索新的未知的规律，以发现新情况，解决新问题，总结新经验，为实施素质教育，深化教育改革服务。

教研观是教师对于“教研”根本认识的综合观念，即教师对教研的角色、功能、意义等认识观念的综合集。教研观可分为宏观和微观两个层次，宏观的教研观指的是一切教育活动进行研究的综合观念；微观的教研观则只局限于一般教学活动。

本研究所涉及的教研观主要指的是教师对于中小学学科教学研究的看法，是中小学教育工作者对教育领域的对象、现象及其规律的一种创造性认识活动。中小学教师在教育教学实践中，逐渐地认识学科教学本质、教育现象及其规律性、进一步探求科学的教育教学方法，以最新的教育理念指导教育教学工作实践，不断提高教育教学质量，获取最佳的教育效益。

2.1.3 教师专业化发展

国外的专家学者对教师专业发展概念的界定主要有如下几种观点：富兰与哈格里弗斯的观点认为：教师专业发展是指教师通过日常的教育教学或是参加各种类型的教育教学相关的培训，在某些方面的能力，如教师的教学目标意识、教育教学技能等方面得到一定的提高和发展。

格拉特霍恩认为，教师专业发展是指教师教育教学得以丰富的一个过程，在此过程中，教学的各个要素能够有机地结合，从而实现教育教学的目的，促成教师的专业成长。

霍伊尔的观点认为，教师专业发展是指在教育教学的各个阶段，教师通过自己的教育教学实践，在专业知识和专业技能方面都得到发展的过程。

利特尔的观点认为，教师专业发展可以从两种不同的角度去理解。角度一就是教师的教育教学的过程是复杂的，教师既要更新课程改革的理念，还要关注教学效果、教学方法等。其次，还要通过平时不断的反思调整自己的教育教学。角度二就是教师的教育教学受到教师的教育教学培训、各种学习等多方面的影响。

通过研究分析上述国外著名专家和学者的观点，教师专业发展这一概念的界定可以归纳为如下两种基本观点：一是指教师的专业成长过程，是一个通过自己的教育教学实践，在专业知识和专业技能方面都得到发展的过程，教师专业发展是一个多侧面、多等级层次的发展过程；二是指促进教师专业成长的过程（即教师教育），通过日常的教育教学，教师的教育教学经验必定呈现出一个由经验匮乏到经验丰富的过程，在此过程中，教学的各个要素得以合理、高效地结合，实现教育教学的目的，最终促成教师的专业成长。

国内著名专家学者对教师专业发展概念的界定主要有：

叶澜的观点认为：教师专业发展就是教师的专业成长或教师内在结构不断更新、演进和丰富的过程。宋广文的观点认为：教师专业发展是指教师个体的专业知识、技能、情意、价值观、发展意识由低到高的过程。

刘万海指出教师专业发展是以教师专业自主意识为动力，以教师教育为主要辅助途径，教师的专业素质和信念系统不断完善、提升的动态发展过程。

汤成超谈道："化"按《辞海》解释是"表示转变成某种性质或状态"。这里包含了过程和性质的含义。关于专业化也有两层含义：一是指一个普通职业群体逐渐符合专业标准，成为专门职业并获得相应的专业地位的过程；二是指一个职业群体的专业性质和发展状态处于什么情况和水平。当前理论界讨论的观点是“一个大家完全认同一致的教师专业化发展的概念是不存在的”。

从以上国内对“教师专业发展”的定义来看，主要体现出两种思路和视角：一是关注教师成长与职业发展的教育培训研究；二是关注教师内在专业素质结构及职业专门化规范和意识的养成及完善的研究。

3. 关于教师教研观研究和新任教师专业发展研究的综述

3.1 教师教研观研究

很多老师都在认真教学的同时做科学研究，应该说教研渗透在教师教育教学工作的每个环节。然而，遗憾的是，对于“教研”本身的研究却是名不见经传。纵观浩瀚的教育文献，很少能见到关于教研或教研观的系统研究及论证。更多的是有些有心的教师以反思的形式记载了一些经验性的内容或者心得。

比如，刘超勇在《我的教研观》一文中指出，教研就是“去探讨解决该怎么教，该如何学的问题。具体地说，教研是我们教师自觉去研读教材，探讨教法，选择手段，以提升自己课堂教学的驾驭能力，进而谋求教学结构的最优化，谋取教材效益的最大化的过程。教研是我们去全面了解自己所教的学生，研究学生的个性特点，探讨学生的心理特征，把握学生的认知水平，以图因人施法、因材施教的过程。教研是我们在教学实践过程中不断地进行经验总结，发现偏差，反思分析，切磋技能，不断地提高教学育人水平的过程。”虽然非常详尽地阐述了作者对教研的理解，但是，并没有体现出什么是教研观，更没有表明作者的教研观是什么，更多的是作者在教学中形成的一些心得。

有趣的是，虽然没有人给教研观一个明确定义，但很多研究者想当然地认为这是一个众人皆知的概念，从而在各种文章中铺天盖地的出现，甚至出现了各种分类或表达方式。比如“树立大教育观”，“校本教研观”，“教育教学教研观”等等。仔细读来，发现所谓树立大教育观，也不过是从宏观上强调要遵循教育教学的科学规律。校本教研观也无非是立足于本校进行教研，而教育教学教研观也是指教育教学的研究者对教学研究的观点和看法。

很多人都认为，教研主要是教研员工作，教研观也是教研员才有的。陈云芳认为，教研员要梳理现代教研观，如：自主教研观、科学教研观、成长教研观、全程教研观、开放教研观、系统教研观、民主教研观、综合教研观、创新教研观等。然而教研员往往是课改理论的宣讲者，不是教学行为的实践者；是教学模式的规范者，不是个性行为的引导者；是教师教学的评价者，不是参与者。因此，教研不能只是教研员的工作，教师必须参与教研。因此教师也必须形成自己的教研观。

目前对教研观的形成过程研究几乎是空白，但能看到一些具体的做法。比如，吴国丽介绍了关于创建“共享型教研文化”：通过行政手段来形成一套有利于共享教育资源、共享教研成果的校本培训和校本教研制度，以一系列制度化的活动来加快教师的观念转变和行为转变。规定每个教师必须有一定时间参与集体备课、观课和评课，在专业引领和同伴合作的环境下开展教学实践和教学反思，注重在共享型教研文化基础上推进教师个性化发展。开展教师生涯规划的个别指导，聘请导师按照“分析教学行为—概括教学策略—提升为教学风格”的思路，引领教师发展。陈卫兵也提出搭建片区教研平台，提升教研实效；李学权提出区域性网络教研平台构建。可见教师教研能力提升、教研观的形成，需要氛围，需要引领和支持；然而，对每一位教师，具体该通过什么样的方式对其产生影响，让其尽快形成个人的教研观，提升其教研能力，还有待研究。

3.2 新任教师面临的问题研究

新任教师专业化的主要矛盾是实现从书本知识到实践操作、从间接经验到直接经验的转化，对于如何备课、如何上课、如何处理来自多方面的人际关系，处理班主任工作等具体操作策略尚未形成一个统一的处理模式，因此他们在具体工作中难免会出现许多不足。美国国家教育统计中心（NCEZ）的数据表明：接近1/3的新任教师在他们开始从教的第一个3年任期内离职，在第一个5年任期内的离职率甚至达到50%。预计到2012年，仅全美公立学校就将需要240万新任教师。导致中小学教师短缺的原因主要是：大量正规院校或教师培训项目培养的毕业生不愿意从事教育，而许多在校任职的新任教师又因无法胜任教学工作不得不离开教师岗位。研究者发现，在教师生涯的早期阶段教师的流失现象非常严重，一个重要的原因就在于，学校通常会向新任教师分配一些最困难的任务，而这些目标往往难以完成，所以导致新任教师身心俱疲。

美国学者维曼（T. Veeman）曾对教师问题进行过研究。他认为：教师会遇到的最困难的 10 种问题如下：1. 维持课堂上的纪律；2. 调动和维持学生的学习动机；3. 依据学生的个性实施个性化教学；4. 对学生做出正确、公正的评价；5. 与家长的互动；6. 处理学生的个人问题；7. 日常的组织工作；8. 大量繁重的教学任务和相对较少的准备时间之间的矛盾；9. 处理与同事间的人际关系；10. 为更好地上课获得充足的资料。

张军（2006）描述了自己新任教学任务时的生活，指出新教师职业适应的影响因素是：1. 工作强度大；2. 班主任工作带来的压力；3. 工作时间长得让人难以想象。一个新任教师当然也要面对这些问题，而这些问题在学校学习过程中几乎是未曾碰到和经历过的，这给新任教师带来极大的压力。我国学者赵昌木（2004）、王小棉（1999）、戴锐（2002）等人也作了相似的研究，综合各位学者的研究结果，新任教师的职业适应困境主要有四个方面：一是职业价值观和职业信念缺失，二是教育教学能力不足，三是角色转换迟滞，四是职业人际协调性差。另外，从已有文献资料中我们可以发现，对新任教师的教学行为特征基本上是负面的描述，采用了诸如沮丧、焦虑、困惑、孤立和自我怀疑等术语。

为了克服新任期面临的问题，让新任教师尽快进入角色，有研究从职前教育、任教学校和新任教师本身三方面提出若干建议：职前教育应从改革实习制度做起，使学生做好做教师的心理和实践上的准备，并且职前教育应与任教学校建立良好的长期的合作关系，面向中小学实际，积极参与新任教师的入职培训，同时及时了解新任教师的不足与需求，以便为调整教师教育策略提供依据。对于任教学校，首先在准教师实习期间应该真正担负起教师的培养职责，提供能促进准教师专业发展的各种条件。对新任教师本身而言，要积极主动地配合对其实施的各种职前和入职培训方案，积极参与学校事务和各项活动，使自己融入学校的文化当中，要积极与人合作，寻求各方面的支持，包括资深教师、校长、家长等。陈海凡(2003)指出新任教师的问题与现状是:1. 教学上的困难；2. 班级管理上的困难；3. 融入学校文化的困难。针对这些困难，新任教师任教学校应该采取支持性的措施促进新任教师的专业发展，具体方法有导师制度、入职教育、集体备课、新任教师自主发展等。

3.3 新任教师专业成长研究

3.3.1 教师专业发展阶段论中新任教师专业发展困境

我们必须对新任教师的教学困境和需求有所了解，才能提供合适的教学帮助与辅导。Brock 和 Grady 研究发现：理想与现实的差距，职前教育所学得的理论知识，无法完全应用于教育现实的问题；薄弱的专业基础知识，不管是教育、教学或心理专业知识，都不能灵活运用；专业孤独感；资深教师不愿主动协助新任教师的教学，新任教师也不愿因寻求协助而暴露自己在教学上的弱点和无能；班级管理困难，无法灵活运用班级管理策略有效管理班级；缺乏足够的教学与咨询资源。没有适当的对象，也无教学、班级管理、指导教师沟通等方面的协助和咨询。一些研究得出，学校没为新任教师提供充足的机会来展示他们的教学技能，也没有为新任教师利用实验室和教育技术为达到教学目标而创造一些简单的教具。通过研究发现，新任教师的需求主要集中在班级管理、师生沟通、适应学生个别差异、激发学生动机、有效使用教学方法、教学评价、了解学校环境、获得教学资源、与同事沟通、获得情感支持等方面。若这些需求不能通过教学辅导得以满足，必定影响新任教师的专业成长与教学质量。教学辅导教师制度的实施深受新任教师、辅导教师和学校领导的欢迎，新教师的留任率大幅提升。作为辅导教师应具备以下两方面的条件：担任导师的专业能力，如有足够的教学热情、丰富的教学经验和高超的教学技能，以及较强的评价能力；担任导师的人格。从教师社会化的角度而言，从教第一年的教师比处于其他发展阶段的教师所经历的变化更多、更剧烈。为了适应新的社会角色，他们的需求及所关注的问题与资深教师相比显得十分不同。陈蕊（2009）从美国新任教师面临的问题、入职指导的策略、有效性、评价方式四个方面，发现新任教师需要在以下四个方面得到任职学校的支持：学校的行政人员参与到教学活动中；减轻教学任务；管理课堂秩序；教师专业发展机遇。从新任教师队伍整体来看，其职业素质和社会期望之间还存在一定的差距。促进新任教师有效社会化的措施有：创建良好的学校文化；完善校内新任教师导入制度；促进教师之间的社会互动；发展校本培训。采取逐步试办的方式，试行教学辅导教师方案：明确教学辅导教师的职责和制定严格的选拔条件；保证双方有更多互动的时间与空间；建立辅导教师的培训制度；给予辅导教师适当的酬金和工作条件；建立新任教师入门网站；新任教师应努力加强自身发展。还有学者韦禾（2006）、沙柳（2006）、张秋玲，申岩林（2009）对澳大利亚学者科林·马什（Cohn MarZh）的专著《新任教师手册》从写作宗旨、内容、结构等方面进行了剖析，列举了新任教师常常遇到的困境和疑问。

3.3.2 新任教师专业成长需求

格里芬（Griffin，1985）和斯伯林霍尔（Thies-Sprinthall，1986）描述了新任教师的一些需求。包括：（1）帮助其胜任工作，而不是甄别和选拔；（2）有技能的现场指导教师，一般为新任教师的有经验同事；（3）指导教师和新任教师一起工作所需要的时间；（4）在自由氛围下新任教师与其他人交谈的机会；（5）进入学校时的定向；（6）现实而合理的安置，涉及班级规模、班级类型和课外活动的数量等。格拉瑟恩和弗克斯（Allan A. Glatthorn & Linda E. Fox）根据对新任教师专业结构特点的分析，提出新任教师在教学早期阶段普遍存在的四个方面的需求：合理安置（Teachable assignment）；支持团队（Supportive groups）；强化性评价（Intensive evaluation）；强化发展（Intensive development）。

任学印提出新任教师的专业发展需求有两个方面：一是教学需求，即新任教师要尽快适应教师角色，胜任教学工作，首先需要发展教学所需要的各种技能和判断力；二是心理需要，即对新任教师来说，不管做过多么好的职前准备，他们都时刻感到不安全，缺乏自信，或有一种不能控制自己和环境的感觉，因此他们需要获得心理方面的支持。

3.3.3 新任教师入职指导与发展策略研究

一是从“师徒制”的角度出发：马晓娟在硕士学位论文《“师徒结对”对新任教师成长的影响要求》中，指出“师徒结对”是新任教师专业成长的有效途径。师父会对新任教师给予多方面的支持和帮助，提供指导和引领，帮助新任教师通过观察、学习、反思自己的教学方式，使新教师进一步丰富实践性知识，增强教学技能，尽快胜任教学工作，提高新任教师参与课程改革的知能，为可持续成长奠定基础。郭旭在硕士学位论文《“师徒制”与新教师专业发展》中，从理论的层面出发，分析“师徒制”是如何有效运作的，具体阐述了“六个环节”的运作方式。

二是从“反思”的角度出发：高祥在硕士学位论文《促进教师专业发展的教学反思策略研究》中指出，以“教学反思”作为基础来促进教师专业成长的“实践—反思”取向已被教育界广泛认可，是促进教师专业发展的有效途径。对当前一线教师教学反思的实然状态进行考察，从基于教师习性的主观因素和学校场域的客观因素两方面揭示出影响教师教学反思的因素，并提出指向性的教学反思的“三大策略”。

三是从“研究共同体”的角度出发：潘琦在论文《基于研究共同体的教师专业发展个案研究》中谈及，一线中学教师和教育理论研究人员共同作为研究主体，从教育生活世界的经验出发，双方共同就研究过程中的现象、问题进行切磋、商讨、探究，形成针对各个教师的个性化培训策略。教师将新的策略应用到教育实践中去，在教育理论中融入个体特定的心理体验和精神渗透，使其建构为真正属于教师的个性化教育知识；而研究人员则将教师的个人教育问题转化为公共问题，借助集体智慧解决个人困境的同时提升内在的理论价值，并从教师的专业发展中寻找到新的理论生长点，达到双向构建，共赢互惠。

3.4 新课程改革背景下教师专业成长的相关研究

关于在新课改背景下的教师专业成长，我国很多学者、研究人员以及一线教师都从各自不同的角度进行了相关研究。黄国宝的硕士论文《试论新课程背景下的教师专业发展研究》和施小娟的硕士论文《新课程与教师专业发展的研究》，主要从新课程与教师专业发展的关系进行了理论探讨；贺晓敏的硕士论文《新课改背景下新任教师专业成长研究》采取定性与定量相结合的方法，对初中新任教师专业成长现状进行分析，进而揭示影响新任教师专业成长的因素，最后从教育制度、任教学校、新任教师本身三个方面提出一些可行性建议与对策，最终促进新任教师实现更好的专业成长。佘玉春的《课程改革背景下教师专业发展案例研究》，从教学案例分析的角度对不同发展阶段的教师进行了研究，主要内容是教师对“课程”与“教学”概念的认识，以及参与课程改革的态度与动机。根据已收集到的资料，不容置疑，新一轮课程改革对教师提出了新的要求，为教师专业发展提供了契机，也充满了挑战。

4. 研究设计

4.1 研究特点

本研究采取的是中国教育研究中比较常见的个案研究，从研究对象个人生命经验来叙说其工作、生活中的事件、行动及行动者的所遇、所思，并且对于研究对象的一连串实践做有次序的陈述，说明这一连串实践的关联性。本研究所有叙事内容不仅包含这一系列事件之间的时间顺序、研究者的观点和倾向，还包括研究者和聆听者之间的关系，同时也在某种程度上强调个体的生命历程、实存的时空脉络。因此，本研究具有以下特点：

1. 以质性研究为方法论

质性研究是把研究者本人作为研究工具，在自然情境下选择、采纳若干种资料搜集方法，对研究者所关注的社会现象进行整体性探究，使用归纳法分析资料，进而形成理论，并通过与研究对象的互动对其行为和意义建构获得解释性理解的一种方法（陈向明，2000）。本研究之所以采用了质性研究这一研究方法的原因如下。首先，新任教师的教研观问题属于新任教师本人个人化的内在思维运作。每位教师的教研观固然可能具有某种共性或者普遍性，但是，必须承认，任何一位教师的教研观都会有其特殊性。如果研究者以多数教师教研观的共性或者普遍性进行研究，就非常容易流于表面，难见深度。其次，在新任教师教研观的形成过程中，无可避免地会被动地受到许多情境中内、外因素的影响。

研究者必须深入到新任教师工作的第一现场，零距离贴近新任教师的日常教学生活，观察新任教师的实际行动，与新任教师进行必要的访谈和沟通交流，捕捉新任教师教研观的信息，以求单一地、深入地了解其间的微妙变化。对于中国教育研究中比较常见的叙事研究来说，“教育”是孕育研究的土壤，“质的研究”是“耕耘”，也就是研究的方法。研究者相信，质的研究不但将使教师获得有意义的职业生活，而且会在某种程度上改变教师的教学、生活行为和存在方式。

2. 以新任教师的工作和生活故事为研究对象

本个案研究，不可避免地要去叙事。所要叙之事，就是研究对象工作和生活中的故事，也就是研究对象在日常工作，包括其课堂教学、教学研究、教学反思以及研究对象本人在生活实践等活动中曾经发生或正在发生的事件。基于此，这种叙事是情境性的，自然也就是真实的。因此，我们可以说，这些工作、生活故事一定会胜过任何教条的说教，具有任何说教都会缺失的强大感染力。

3. 由解说者即研究者描述和分析

本研究是由解说者去进行描述和分析。解说者，其实就是研究者本人。作为研究者，解说的是研究对象在工作和生活中发生的故事。解说中，既要有一条故事的主线，又要适时揉入研究者的理性分析。故事的主线和研究者的理性分析交叉出现，就使所叙之事通过研究者的解读具有了特殊的意义。

本研究中的叙事，不仅是呈现被研究者当前的面貌，而且还要将镜头拉回到被研究者入职之前的生活经历和教育背景，还要观察被研究者个人与社会的互动，并结合地点的感念，因此是一个三度探究空间的历程。意即互动——个人与社会；连续——过去、现在和未来；情景——结合了地点的感念。换言之，把时间性作为第一个向度，把人和社会作为第二个向度，把地点作为第三个向度，以这种方式来检视事件的过去、现在、未来，个人与社会的互动，以及事件发生的情境，完整的叙述历程得以逐渐展开。由此，研究者探究新任教师的教研观及其教研观的形成过程。

4.2 研究对象的选取

本研究采取的是在教师教育研究之质性研究中比较普遍的非概率性抽样方式“目的性抽样”。这种抽样方式是本着完全为研究目的服务的原则，去抽取能够为本研究问题提供最大信息量的研究对象。

本研究依据研究问题，打算选择新近入职、在一线学校正式工作三年之内或者刚满三年的新教师为研究对象。选定研究问题后，研究者很自然地将目光放向了最近三年入职海淀的高中英语教师，这是因为研究者本人身为海淀区教师进修学校高中英语教研员，跟这些老师大都有过一面或多面之缘，有的甚至还亲自指导过。在一次给新入职教师的讲座后，我还曾经说过我正欲对新入职教师的专业发展进行一项研究，欢迎新入职教师跟我联系，成为我的研究对象。此后有几位新入职教师通过加我飞信联系，愿意作为研究对象参与我的研究。其中有一位来自海淀山后地区某所学校的新任教师还给我发来了她的汇报课课件、教学设计等。

在进一步了解了这几位教师的工作情况后，研究者决定选取来自北京市 S 学校的 Z 老师作为研究对象。Z 老师任教高中英语，与我同一学科，又是我的老乡，更能配合我的研究。因此，本研究中将以 Z 老师作为研究对象，进行个案研究。

4.3 研究资料的收集方法

4.3.1 观察法

质性研究的一个重要数据来源就是观察。在质性研究里面常用的观察，是努力收集关于事件详细的描述性信息，及时加以分析，或者将这些丰富的描述性资料妥善保存，以后再加以分析。分析的重点是所记录事件的时间、地点、时间发生顺序之类，也即如何发生的细节。

教师的教研观，往往并不等同于教师本人自己述说的或者他本人认识到的，常隐藏于教师本人的实践行为背后。想要通过新任教师的工作、生活实践将其教研观外显出来，实地的、近距离地观察新任教师在学校的工作、生活实践情况是非常必要的。

在本研究中，研究者采取了非参与式观察的方式。非参与式观察这种观察方法不干扰真实情境。在研究过程中，研究者为了提高研究的真实可信度，同时为了观察Z老师在一般工作和生活情境中所展现的行为实况，研究者打算在征求Z老师同意的基础上对观察现场进行拍照和录像，或者请求被研究者提供研究课、教研组重要活动等影像资料。另外，在每次观察完成后，研究者及时与被研究者进行简短的交谈，进行观察资料的确认，这样一来，观察资料的真实性就得到了保证。

4.3.2 访谈法

质性研究，如果仅仅把观察作为研究方法是不够的，质性研究还非常有必要给被研究者提供机会，让其充分地叙述和回顾他的教学研究历程，深刻剖析其本人的意念和信念，表达其本人的故事，从而使研究者能从其充分的叙述和回顾中找到关联、寻找意义。也就是说，研究者要“进入被研究者的脑袋”中去描述被研究者的态度、价值和信念（王凤仙、颜宝月，2001）。访谈法可以帮助我们了解新任教师入职之前的教育背景和生活背景，使我们全面地了解新任教师教研观的形成过程。同时，访谈法还可以作为对运用观察法收集到的资料的一种补充，这种补充有益于研究者了解新任教师对教学研究的认识，从而减少通过观察法收集到的资料中研究者的主观性对研究的影响。基于此，访谈法也是在本研究中使用的研究方法。研究者会根据研究进展的具体情况设计访谈提纲，进行多种形式的访谈，包括电话访谈、飞信访谈、书面访谈、面对面访谈。

4.4 研究资料的整理与分析

数据的收集和分析的过程，在质性研究中是往复和动态的，本研究的数据分析方式是和数据收集的过程同时进行的。当然，对数据的分析，既可以在研究现场进行，也可以在现场之外进行。

4.4.1 资料的整理

为了更好地进行资料的整理，研究者会将收集的资料进行编号记录，这样有利于以后的查找。例如以“观察 20131125 教研组”来表示 2013 年 11 月 25 日在被研究者所在教研组进行的教研观察资料。

在研究过程中，研究者会及时对访谈内容进行逐字誊录，在记录和整理资料的同时，在资料上进行分类标记，这样有利于后期进行资料分析。

4.4.2 资料的分析

本研究进展中资料的分析方面，质性研究的类属分析法和情境分析法相结合的方法，为研究者所使用。在分析资料中反复出现的现象以及可以解释这些现象的重要概念时，先使用类属分析法；结合有关事件发生的时序对人物和事件进行描述时，再使用情境分析法，以求清晰地展现新任教师教研观的具体情况。

4.5 研究的信度与效度

4.5.1 信度

Guba 和 Lincoln（Guba and Lincoln，1994）认为，“结论是否与收集到的数据一致”，是质性研究的信度应该考虑的问题。

在本研究中，研究者主要采用了自我反省法和三角交叉法来保证研究的信度和效度。

自我反省法是通过及时找被研究者或者调查对象进行核实，对自身的背景、偏好有所省察，尽量排除自我偏见，从而使研究的客观性、真实性得到维持。

在研究中，采用一种以上完全不同的方式来汇集资料，确认或支持研究结论的方法谓之三角交叉法。本研究中，研究者既具体使用了资料三角交叉法，又使用了方法三角交叉法。使用资料三角交叉法，研究者对于同一主题分别对不同身份的受访者进行访谈，通过向被研究者的同事、领导、上级教研机构教研员询问、求证，将他们的话与本研究者的话进行交叉印证，来保证资料的准确性。使用三角交叉法，研究者通过多种形式的访谈、多个现场的观察、问卷等方法收集资料，相互印证。

4.5.2 效度

研究结果是否可信，即研究的效度，对于教育领域的研究而言尤为重要。量化研究往往是对研究方法本身的评估，而质性研究中的“效度”，是用来评价研究结果与实践研究的相符程度。在本研究中，研究者努力使自己的描述详细、客观，以求真实地反映研究对象和研究内容。因为研究者深深懂得，既要使研究使用的方法有效，又要使对该结果的表述再现研究过程的所有部分、方面、层次和环节之间的协调性、一致性和契合性，才是一个效度高的研究。

4.6 研究中的伦理问题

研究要真实，研究中的伦理也要得到维护。质性研究中，因为研究者的参与极深，所以对研究伦理的处理更需要谨慎、小心，避免给被研究者和研究现场带来干扰和伤害。本研究中，Z 老师作为研究者的老乡、晚辈，同时也是研究者的业务指导对象，对研究者的研究给予了很大的支持和接纳。可研究者还是要恪守研究的伦理，尽量不给被研究者带来不便。

第一，本研究中出现的教师、领导、教研员以及学校的名称，统统进行化名处理，以保护研究对象的隐私和权益。

第二，在观察中，研究者尽量不干预、不介入教师的教学、教研，力求降低对教师教学和教研活动的干扰。

第三，较敏感性的资料一律是在得到被研究者确认并在得到其同意后再呈现在研究中。这样做，是基于保护研究对象的考虑。

第四，在研究中，研究者如果遇到无法通过与研究对象沟通解决的疑问或问题，将不以自己的观点作评判，而是直接呈现在研究中。

5. 新教师看教研——新教师的教研观分析

5.1 故事的开端——研究对象、研究场景介绍

5.1.1 对 Z 老师的了解

最初了解

我的研究对象 Z 老师，是一位 2010 年 7 月份毕业于首都师范大学入职北京市海淀区的新教师。我第一次见 Z 老师，是在海淀区新入职教师培训班里。当时，我被邀请给这个培训班做一个讲座，题目是《与新入职教师谈写作教学》。讲座结束后，在全班 40 多位新教师中，只有 Z 老师以一封 e-mail 的形式对我的讲座进行了反馈。当时我就觉得 Z 老师是个对教研很用心的新老师。当时的 e-mail，我保存在了我的电脑里面“新教师培训”文件夹里面。全文如下：

聂老师：

您好！今天下午听了您的讲座收获很多，最为感触的是您的点拨和提醒：外语教学的立足点是语言知识！而且，您从外语教学植根的理性主义和经验主义这一哲学层面科学地阐述了这一立足点的合理性。我是非常赞成您的观点的。

工作半年了，我分明觉得圈内教学对语言知识已经不那么重视。比如，如果某一个老师还是用同义词、反义词、派生词、词组造句等方式来处理词汇的话大多会被同行说成“老古董”；如果某个老师在阅读课上讲了语法，也会有“落伍”之嫌。自己当然也害怕被别人贴上“落伍”的标签，于是这些虽然知道有效的教学方法也不敢用。读研时还读到关于语法和词汇该不该教以及怎样教的学术争论，到了基础教育一线一看，广大英语老师已经被引向轻视语言知识的方向了。

半年来，我到外校听课时看到的大多是学案的大量运用、低效小组活动（不是任务）充斥着课堂、老师最喜欢干的事情就是让学生首先速读，然后细读，接着就是填写被表格肢解的支离破碎的语篇，最后就是让学生做根本就没有内化好的信息输出活动。似乎这种做法是一种时尚，是一种主流，显得自己的课堂有科学流程，有合理依据。作为刚刚走出校门的教师，刚开始就接触这些课堂，慢慢地发现外语课堂“外化”了，课堂虽然很活跃，有温度，但没有深度。学生的基本功根本就不扎实！语感好点的同学，做个选择错的当然也不多，可一提写作，问题全出来了，其原因不言而喻。

谢谢您关于教学立足点是语言知识的观点，我觉得这对于我对外语教学有更深的理解。当然，重视语言知识在新时代下也要有更新的操作办法，并不是语言知识的填鸭灌输。我希望广大新入职的老师也能够意识到这个问题，不要抱有外语教学“急功近利”或者“随大流”的思想，不然在教学起步阶段教学观念就偏了方向，等发现的时候就至少耽误了一届学生。

再次感谢您集学术性与实践性于一体的讲座，希望这样的讲座我能够经常听到，也盼望有一天能得到您的亲自指点。

祝好！

Z 老师（S 学校）

从 e-mail 的字里行间，可以看出 Z 老师是位善于思考的新教师。于是我推荐他加入了海淀区高一英语中心组。

Z 老师加入区中心组后

2011 至 2012 学年度，我负责海淀区高三英语教研工作，全部精力都在高三。Z 老师是高一中心组的成员，经常来我单位参加中心组活动，所以时常能碰个面，但是没有交流，仅有礼节性的寒暄。出于对于新教师专业发展的关心，我比较留意他，知道他做过教材教法分析，参与区统考练习题的命题工作。

首次约谈

为了完成毕业论文的研究，2013 年 6 月，我联系到了我的这位老乡，目前在北京 S 学校教书的 Z 老师。我告知他我需要一个任教三年内的新教师作为研究对象。Z 老师在得知我的用意后，表示非常愿意配合的我研究。那时，我还没有确定最终的研究问题。那次的约谈，非常遗憾我没有进行录音，但是还能记得我们谈话的主题是关于新教师的教研观和新教师的专业发展。其间，我比较详细地了解了 Z 老师的工作和生活情况。

Z 老师的成长经历

Z 老师任教于北京市 S 学校，我约谈他的时候他刚刚送完高三毕业班，正在暑假。目前他担任高二年级英语教师。读研究生之前，Z 老师一直生活在山东，从小生长在农村，高中毕业后考入烟台师范学院。山东人口众多，是个教育大省，由于省内大学不多，大学本科录取率一直居于全国下游。对于这个农村孩子来说，能够考入师范学院，实属不易。2007 年毕业于烟台师范学院后，Z 老师考取首都师范大学外语学院硕士研究生，专业为外国语言学及应用语言学，师从 L 教授，研究方向为二语习得与语言测试。2010 年取得硕士学位后就职于北京市 S 学校高中学部（高一到高三），担任班主任和英语教师工作。

Z 老师的工作与生活

Z 老师同意参与研究后，我于 2013 年 11 月 25 日至 27 日（周一到周三）全程记录了他的工作和生活日程。从下面 Z 老师一天的工作内容和时间安排，可以看出 Z 老师一天的工作是多么繁忙，同时也能看出来他在教学研究上面的投入。

Z 老师周一到周三的工作内容和时间记录（20131125-27）

11.25 周一

6：30：起床

参加升旗仪式：7：25 — 7：45

第一节课：8 班试卷讲评课 8：00 — 8：45

第二节课：1 班试卷讲评课 8：55 — 9：40

第三节课：4 班试卷讲评课 9：50 — 10：35

与同事交流试卷讲评课：10：50 — 11：30

午饭：12：00 — 12：30

答疑：12：30 — 13：00

批改作业：13：15 — 14：30

做过程性评价：14：30 — 14：50

编写校本教材细目：15：00 — 17：20

晚自习值班：18：30 — 22：30

- 查自习及纪律：18：30 — 19：30
- 梳理明天“原著阅读课”19：30 — 20：20
- 第二遍自习查询：20：40 — 21：00
- 文献阅读：21：00 — 21：30

- 第三遍自习查询：21：30—21：45
- 学生答疑：21：45—22：10
- 文献阅读：22：10—22：30

11.26 周二

6：30：起床

英语早读：7：30—7：50

“原著阅读”备课 Chapter 7：8：00—9：30

第三节课：原著阅读课 9：50—10：35

批改作业：10：40—11：40

午饭：12：00—12：30

答疑：12：30—13：00

编写校本教材细目：13：30—16：30

命题研讨：16：40—18：00

晚自习一：明天上课梳理 19：00—20：20

晚自习二：阅读文献及写教学反思 20：00—21：40

11.27 周三

6：30 起床

英语早读：7：30—7：50

第一节：8：00—8：45 关于发展团员事宜

第二节：8：55—9：40 8 班阅读课

第三节：9：50—10：35 4 班阅读课

第四节：准备下午听力课，准备听力车

第五节：11：40—12：25 1 班阅读课

午饭：12：30—13：00

第六节：13：30—14：15 听力课

14：30—16：00 第五学段英语学科学情诊断会

16：30—17：40 教育家书院英语学科校内研究课标准制定会

晚自习一：备课 19：00 — 20：20
晚自习二：阅读期刊并做笔记 20：00 — 21：40

作为 S 学校高中英语教师，Z 老师每天的工作非常忙碌，工作内容也非常琐碎，教学任务、教研任务和学生管理工作头绪繁杂。他在学校的工作时间远远多于八小时。Z 老师下班到家，一般都是晚上十点以后。一天的繁忙工作好像耗掉了他所有的精力，但是他还是坚持抽时间对自己的工作进行反思。

5.1.2 S 学校

Z 老师所任教的 S 学校位于北京市海淀区西南部，与石景山区一路之隔。本项研究的观察就是在这所学校完成的。

S 学校的周边环境

从我所在的北京市海淀区教师进修学校出发，开车去 S 学校，如果不堵车，15 分钟时间足够了。这所学校的前身是中央军委子弟学校，后来移交海淀区教委管理。学校周边大都是部队大院。

S 学校的校园布局

S 学校原为中央军委子弟学校，在周恩来等老一辈革命家的亲切关怀下，由中央军委于 1952 年创办，是海淀区改革试点校，于 1992 年提出并实行“国有民办”办学体制改革。自此，学校得到快速发展，成为师资力量雄厚、环境设施一流、办学质量优秀的现代化学校，享誉京城内外。2004 年被评为北京市示范性普通高中。2009 年底，学校回归公办。2011 年被批准为国家级教育体制改革试点项目“深化基础教育学校办学体制改革试验项目学校”。

学校占地 234 亩，建筑面积 15.6 万平方米，现有 107 个教学班，4 600 余名学生，是一所拥有初、高中的完全、优质中学。

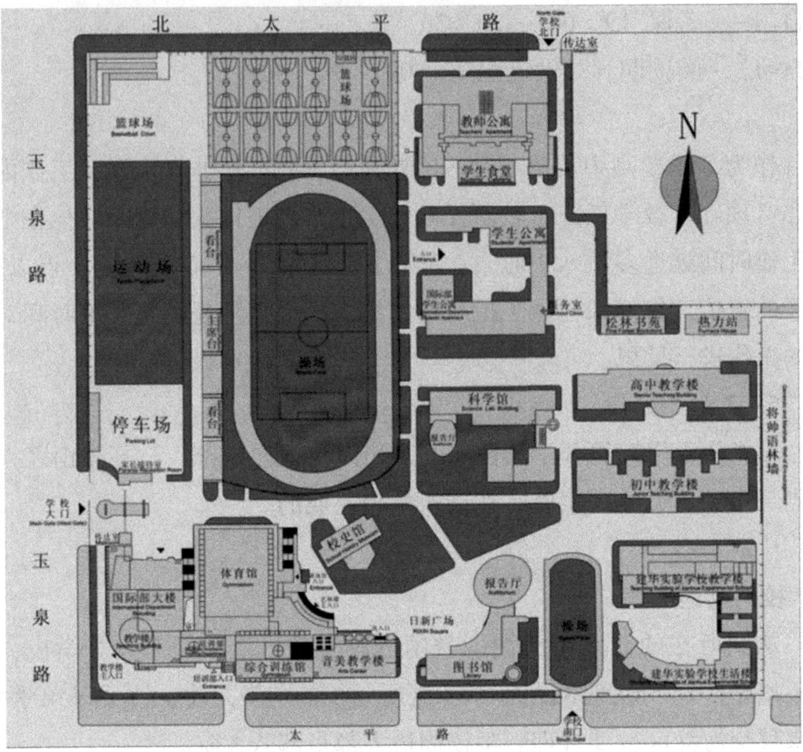

图 1　S 学校校园平面简图

S 学校的学生与教师

S 学校官方网页介绍，现有 5 500 余名学生，107 个教学班。学校拥有一支能力多方位、科研高水平的优秀教师队伍。

在整个论文研究和写作期间，我到访 Z 老师所在的 S 学校数次，观察 Z 老师在学校中的各种活动，与学校中的老师交流，让我收集到了大量的一手资料。

在百度输入“S 学校的学生”，可以搜索到很多介绍 S 学校学生的文章。众多资料中谈到最多的是，S 学校的学生每个人都有自己的课表。

5.2 教研是什么？——对教学研究本质认识

5.2.1 Z 老师今天对于教研的认识

2013 年 9 月，我的同事邀请 Z 老师在海淀区教师进修学校面向全区高一外语教师做了一场“行动在课堂中，思考在笔尖上”的论文写作讲座。讲座结束后，我利用这个机会采访了 Z 老师。

问：小 Z，你做教师已经进入第 4 个年头，你目前持有什么样的教研观？

答：我的理解中教研观要主要涵盖以下几个要点：

最新鲜和接地气的思考来自一线课堂。外语课堂是每一位外语教师的“实验基地”，是一切专业智慧形成的主阵地。外语教师要敬畏自己的课堂，要反复思考外语课堂发生的种种现象。

要坚持写教学日志，把每一节课最舒服的部分，和最不舒服的部分写下来，结合自己理论和实践思考，总结精彩部分的经验，反思不足之处的教训，并及时制订更正计划，争取下一节课回避问题。

教研观的核心在于“反思”，而反思的难点在于如何去反思。因此，为了获取反思的认识论问题，Z 老师一直坚持订阅和阅读几本核心的外语教学期刊，包括外语语言学方面的。这样他的思考有了科学的切入角度，对外语课堂各种现象的发生，有了越来越大的解释力，自己尝试用新的思路来解释的底气也越来越足。

5.2.2 Z 老师入职之初所理解的教研

入职之初，刚刚走出校门的 Z 老师特别重视理论研究，他认为：教研就是从教学实践中自己构建出教学理论，用于指导教学实践；写论文是教研，而做研究课、观摩课或者是参编书籍等不算教研；注重量化研究，认为质的研究不算是严谨的研究范式。

5.2.3 参加新入职教师培训

Z 老师走向教师岗位最新接触的正规继续教育，应该就是海淀区教师进修学校举办的每年一届的新入职教师培训。该培训由进修学校师训部组织，聘请区内外知名专家学者授课。我有幸被邀请讲课半天，题目是“与新入职教师谈写作教学”。Z 老师在培训班里表现积极，上课认真听讲，积极思考，给我留下了很深的印象。我的讲课结束后，Z 老师还以一封 e-mail 的形式与我进行了思想交流。这封 e-mail 透露出了 Z 老师对于教研有着比较深刻的认识。他谈到了“希望广大新入职的老师也能够意识到这个问题，不要抱有外语教学‘急功近利’或者‘随大流’的思想，不然在教学起步阶段教学观念就偏了方向，等发现的时候就至少耽误了一届学生”。

5.2.4 进修

海淀区有着优良的教师进修传统，进修活动的组织者就是我所在的北京市海淀区教师进修学校。中学英语教师的进修时间是每周二下午。每到周二，全区从初一到高三，六个年级的英语教师都会集中到进修学校分年级参加教研活动。教研活动的主要内容是进行教材分析并提出教学建议。活动的组织形式，大都是由学校备课组领取任务，任务是某个模块某个单元的教材分析和教学建议。备课组领取任务后，集体备课研究教材，形成材料，提交区教研室由分管本年级的教研员审查并提出修改意见，学校备课组再次修改后，在某个周二下午的教研活动中向全区本年级教师解读教材分析并提出教学建议。

Z 老师刚刚入职的第一个学期，S 学校高一备课组正好承担了一个单元的教材教法分析任务。主讲教材分析的一般都是骨干教师，很少有新入职教师。但是当时 Z 老师被安排主讲了部分内容。

5.2.5 小结

除了参加本校教研组常规的教研活动之外，Z 老师新入职场所接触到的主要教研形式就是以上两种。在此之前，Z 老师只听说过教研这个名词，但对于教研的具体内容并不清楚。这两种教研活动的参与，使 Z 老师尝到了教研活动的甜头，也使他初步明确了对于教研的本质认识。他认为积极参加教研活动有利于自身业务的快速提高，而不是给自己的教学“添乱”。

是什么让 Z 老师在短短的一年半的时间里形成了这样的教研观呢，是哪些事情促使了他教研观的形成呢？接下来我将结合 Z 老师的访谈与观察，从 Z 老师职前学术背景和任教后的经历中找寻 Z 老师教研观的形成与发展的线索。

6. 走在成长的路上——新教师教研观的形成过程

6.1 职前学术背景奠定教研观的基础

6.1.1 Z 老师的职前学术背景

Z 老师本科学的是英语教育（师范类），就读于山东鲁东大学（烟台师范学院前身）外国语学院。外院是烟师最强的院系之一，办学的专业特色就在于英语教师教育方向，有 47 年的专业办学历史，有胶东半岛最早的英语教师教育专业。学院 1999 年成功申报英语语言文学硕士点，目前已成为山东省省级特色学科。外院的研究机构有“第二语言习得与外语教师教育研究所”“鲁东大学中小学英语教师教育研究中心”“烟台市中小学教师培训基地”等。学院非常重视聘请专家学者给本科生和研究生做讲座，所以 Z 老师得以在读本科期间见到 LRQ 教授、YZJ 教授、LYC 教授等学者大家的风采。也正是有这样的学术平台，Z 老师大学本科的专业训练和学术训练非常全面、扎实。特别值得一提的是，Z 老师读书期间有幸得到时任院长 XDF 教授（研究方向为第二语言习得，国内较早研究 ZLA 的学者之一）和副院长 XXD 教授（研究方向为语言测试）的指点迷津、答疑解惑。正是受他们的影响，Z 老师才坚定了读研的决心。同时，大四那年外院新进广东外语外贸大学的 CZL 博士对 Z 老师也有很深的影响，是他的榜样力量。2007 年 Z 老师的学士论文“Reflections on Using Writing Models in TEM-4”(《关于在 TEM-4 写作中套用写作模板的思考》)，以优异的答辩成绩被评为当年全校的校级优秀学士论文。同年，以专业课接近满分的分数考取了首都师范大学外国语言学及应用语言学专业硕士研究生。

2007 年 9 月，Z 老师来到首都师范大学攻读硕士学位，师从 LL 教授和 ZQL 教授。两位教授分别研究二语习得和语言测试，Z 老师对这两个领域都非常感兴趣，而且两者交叉性也很强，所以主功这两个方向。ZQL 教授给 Z 老师的任务是每两周交给她一篇 journal，要求详细记录这两周的学习及反思；LL 教授的要求是 3 周一次的读书汇报，他有时会安排 Z 老师参与一些书籍的编写，因此 Z 老师参与并相继参编出版了《英语专业四级十年真题及详解》《英语专业八级词汇圣经》等。LL 教授还经常会带 Z 老师参加一些大型的学术会议，比如 2011 月 11 月 5 日在北京饭店召开的“英语教育与教师素质在中国教育改革中的作用”研讨会。

2009 年 3 月到 4 月，北京师范大学人文社科重点研究基地北京师范大学教师教育研究中心主任 ZXD 教授应首都师范大学研究生院的邀请为研究生骨干开设“研究生学术研究能力培养计划”。Z 老师作为学员认真学习了全部的内容，明确了研究能力由学术阅读、学术写作以及学术表达三大核心要素构成，第一次从教育学一级学科角度来审视教育领域的科研。

2009 年 7 月至 8 月，经院系推荐，Z 老师以研究生的身份参加了北京外国语大学中国外语教育研究中心承办的教育部研究生教育创新计划项目“全国外国语言学及应用语言学研究生暑期学校”。共听取主干课程 4 门共计 52 课时，专题讲座共 8 场，参与分论坛讨论 20 场次，研究素养得到深度提高，此次高强度的学习经历是对 Z 老师学业的一次大型总结，为 Z 老师未来的研究打下良好的理论基础。

2010 年 5 月 Z 老师的硕士论文“A Case Study on the Intended Backwash and Realized Backwash of ‘Monthly Tests’”(《一项关于中学英语“月考”预期反拨效应和现实反拨效应的个案研究》)，获得答辩专家的一致好评，被评为优秀硕士论文。

2010 年 7 月至今，Z 老师进入北京市 S 学校高中学部工作。由于专业对口，Z 老师进入状态比较快，工作第一周，就参与主讲海淀区高一年级教材教法分析，11 月即开始做区级以上观摩课（北京市教育学院项目）。自 2010 年 12 月起至今，Z 老师一直是海淀区教师进修学校英语命题组核心成员，多次参与海淀区英语期中、期末的命题工作，为其实践测试理论的同时，积累了大量且宝贵的一线命题经验。

6.1.2 Z 老师的职前知识储备

本科学习期间，Z 老师主修了基础英语、听力、口语、阅读、语音、英语国家概况、高级英语、英语写作、翻译理论与实践、语言学导论、英国文学、美国文学、学术论文写作、英语口译、西方文化、词汇学、文体学、修辞学、心理学、教育学、现代教育技术、英语教学法、语言文字训练、英语教师职业技能训练、教师英语口语、微格教学、教育实习、毕业论文等课程，成绩优秀，成绩绩点位于本专业前5%，被评为2007年鲁东大学校级优秀毕业生。研究生期间，学业成绩优异，绝大多数课程均在90分以上。主修课程如下：

序号	课程名称	学分	考试成绩	考查成绩	是否学位课	教师	考核日期
1	科学社会主义理论与实践	2	83		是	李	2008-01-06
2	理论语言学	3	88		是	隋	2008-06-25
3	马克思主义经典著作选读	2	80		是	张	2008-01-06
4	学位法语	4	80		是		2008-01-06
5	外语教学科研方法导论	3	94		是	徐	2008-06-25
6	参加学术活动	1		合格	否		2009-01
7	第二语言习得	3	88		否	林	2009-07-02
8	计算机辅助语言教学	3	83		否	陈	2009-01-05
9	教学实践	2		合格	否		2009-01
10	外语教学流派	3	91		否	何	2008-06-25
11	文献综述与开题报告	1		合格	否	林	2009-06
12	西方文学批评	3	92		否	王	2008-01-06
13	英语测试与评价	3	88		否	赵	2008-06-25
14	英语文体学	3	90		否	董	2008-01-06
15	语言评价研究	3	90		否	赵	2009-01-05
16	语言学	3	良好		否	林	2008-01-06

2009年7月至8月，参加教育部研究生教育创新计划项目北京外国语大学全国外国语言学及应用语言学研究生暑期学校所学课程：

序号	课程名称	主讲教师	课时
课程1	语言教学理论与实践	美国辛辛那提大学 Beckett 教授	13
课程2	第二语言习得	美国马里兰大学 Nan Jiang 教授	13
课程3	语言测试	美国夏威夷大学 James Dean Brown	13
课程4	应用语言学理论与实践	北京外国语大学文教授	13
专题讲座1	跨文化交际与外语教学	北京外国语大学胡教授	2
专题讲座2	中国特色高校英语教学与教育理论	北京大学胡教授	2
专题讲座3	语言哲学概论	北京外国语大学刘教授	3
专题讲座4	学术规范与论文写作	北京外国语大学王教授	2
专题讲座5	语言比较与翻译研究	北京外国语大学王教授	3
专题讲座6	语料库与外语教学	北京外国语大学梁教授	3
专题讲座7	关于我国英语教育的反思	北京外国语大学韩教授	3
专题讲座8	词典学新论	北京外国语大学陈教授	3

2011年7月2日至8月10日，S学校公派赴美国纽约州罗彻斯特市纳斯莱斯学院国际语言教育中心进修，获得美国教育部认可的美国大学英语6个学分。

2012年10月27至11月8日，S学校公派赴美国加利福尼亚州加州大学洛杉矶分校（UCLA）美国国家教育评估标准和学生测试中心（National Centre for Research on Evaluation，Standards and Student Testing，CRESST）考察学习基础课程和评价。

2013年8月6日至9日，参加北京师范大学外国语言文学学院和《中小学外语教学》编辑部主办的“全国中考英语命题高级研修班”，研讨会共计32小时。

6.1.3 Z 老师的职前研究经历

Z 老师本科阶段最大的研究经历就是学士学位论文“Reflections on Using Writing Models in TEM-4”(《关于在 TEM-4 写作中套用写作模板的思考》)的撰写，基本搞清楚了研究的流程和学术规范问题。硕士论文“A Case Study on the Intended Backwash and Realized Backwash of ‘Monthly Tests’ ”(《一项关于中学英语“月考”预期反拨效应和现实反拨效应的个案研究》)是比较完整地且系统地运用定性和定量相结合的研究方法进行的一次全面的研究，是一次完整地对科研全程体验的直接经历。Z 老师在后来的回忆中这样写道:“很庆幸这两次学位论文的撰写均获得优秀的成绩，我想最主要的原因是自己内心对论文撰写专注、投入、力求完善完美的标准较高的缘故”。

6.2 入职之初名师指导引导教研观的初步形成

6.2.1 选择

还是在第一次约谈 Z 老师的时候，我问及了他对于自己从事教师这个职业的看法。之所以问及这些问题，是因为在我的理解中，很多年轻人，尤其是外地生源毕业后留在北京做教师的年轻人，内心并没有对于教师这个职业的热爱，他们选择做了教师，往往是被动的，因为在北京做教师可以解决北京户口。换言之，不是中学校园吸引他们加入了教师队伍，而是严峻的就业形势逼迫和北京市户口吸引他们加入了教师队伍。

问：你毕业时为什么会想当教师?

答：我本科读的是师范专业，研究生毕业那年去学校实习了一下，觉得当老师也挺好的。当初选这专业，就是为了当老师啊。

问：那你当时为什么会选择来这所学校呢?

答：网投简历啊！学校常年网上招人。S 学校属于名校，好多博士都想进呢！他们要，我就签了。现在看来，这所学校教研氛围浓厚，我来是选对了！

Z 老师自认为作为一名师范院校英语专业毕业的本科生，对于他来说毕业后只有一条出路：当老师。他认为 S 学校有着浓厚的教研氛围，他能成为这所学校的一名高中英语教师，算是很幸运的。

说到成为S学校的一名教师，他没有谈及福利待遇，而是谈及了教研氛围，可见Z老师骨子里就是一名思考者。

6.2.2 师父

为了帮助Z老师这名刚刚加入教师行业的新教师快速成长、尽快适应学校的环境，一进学校工作，校长就给Z老师配了一位师父——H老师，这是Z老师在S学校的第一个师父，也是对Z老师帮助最大的一个师父。

H老师那时是高中英语学科主任，教高三年级的英语课。H老师任教二十多年了，教学经验和资历都很丰富。Z老师每次提起H老师都是一脸的钦佩。H老师是S学校为数不多的中学英语高级教师之一，同时还是海淀区名师工作站英语学科组的导师。Z老师在上完自己的课后，经常跟着H老师在班里听课，听从H老师的安排和指导。

入职之初遇到一位好的领路人，对于Z老师的教研观形成有很大的作用。

6.3 S学校的教研机制促进教研观的发展

为了本项研究更加深入，我飞信采访了S学校英语学科主任H老师。

我 13：50：29

可否将你们学校英语学科关于教研机制的文字材料发我？谢谢！

H老师 14：51：11

聂老师，什么是教研机制？

我 14：51：50

哈哈，你们关于教研的一些规章制度。谢谢！

H老师 14：52：33

倒是有一个，待会儿发给您看看。

H老师 15：15：47

H发送了离线文件“英语学术积分分配方案 .doc”给聂成军

打开 打开所在文件夹

我 15：16：44

感谢！

H老师 15：17：10

聂老师，我们就有这么个东西，鼓励学科教研。学校层面还有一个，学科的内容不能跟学校的重复，所以就是这些。

H老师 15：17：10

H发送了离线文件“学校学术积分办法 .doc”给聂成军

打开 打开所在文件夹

H老师 15：17：48

我们学校的学术积分也发给您参考一下。

我 15：17：56

太好了！

以下是S学校英语学科主任发来的S学校英语学科和学校层面激励教师进行教学研究的规章制度。

6.3.1 S学校英语学科学术积分分配方案

S学校英语学科组是一个教研氛围浓厚、教研能力较强的教研组，在海淀区近百所中学的英语教研组中具有一定的影响力，也是海淀区教研平台上的一支中坚力量。为配合学校激励教师进行教学研究的规章制度，S学校英语学科组形成了更加细化的方案。

英语学术积分分配方案讨论稿

2010. 01

一、指导思想

1. 尽可能围绕“学术”赋分，不奖励常规工作。

2. 不搞平均分配，对学科和备课组有贡献才能拿到赋分。

3. 不赋小分，大的贡献有两项就应该到达获奖的程度。

4. 积分鼓励学科资料积累并系统化。

5. 鼓励继承并发扬上一届年级的优点。

6. 积分鼓励跟得上时代脚步的理念。

7. 积分鼓励勤奋努力，保持学科能力。

8. 积分鼓励参与学科与备课组的公益活动。

9. 没有获过奖励的积分数可以累加，得到奖励后归零重新赋分。

二、具体分配方式及赋分

1. 学科资料

评价方法：资料第一应该是可分享的。任何一个备课组到这个年级都应该可以直接使用。资料如何拿到赋分，必须拿到学科里面找时间做展示。什么资料，如何使用，投票。有延续传承价值的资料才可以得到积分。

赋分方法：展示后根据投票分为三个奖项，一等奖备课组长赋15分（有同样贡献的教师，由备课组长指定赋同等的分），备课组成员各10分。二等奖，备课组长10分，组员7分。三等奖的话，备课组长8分，组员5分

注：对上一个年级的资料传承并完善的，如果能清楚地说出完善的地方并得到认可，也可以赋分。

2. 公开课研究课

赋分办法：公开课研究课实际上是备课组的集体活动，讲课的老师应该得最高分，参与的老师每个人也要给一定的分值。一年内的研究课，选择成绩最好的一次赋分，不管上多少次研究课，只加一次研究课的分。校级研究课8分，参与研讨者5分。

3. 学生竞赛

赋分方法：全国及北京市中学生竞赛能力竞赛获奖，按最高奖项的级别，不计人数。全国级市级一等奖8分，二等奖6分，三等奖4分。区级一等奖3分，二等奖2分，三等奖1分。

4. 教材教法分析讲座

赋分方法：

教材教法分析区里主讲，给发证书。学校给予加分。学科内不再重复给个人赋分，但是给其他帮助过的老师加4分。

5. 其他赋分

● 请专家做报告或者讲座（请一人次赋 2 分）

● 做区级的研究课，学校没有奖励时，按校级一等奖赋分。

● 参与公益活动，如小升新判卷等，每参与一次，赋 2 分。

待定项目：

往学校引项目，都可以赋分（待议）

区级中心备课组成员的赋分问题（待议）

6.3.2 S 学校教职工学术积分办法

北京市 S 学校教职工学术积分办法

（修订稿）

一、为客观评价教职工的业务素养和学术能力，推动教师专业成长，激励广大教职工积极开展教育科研工作，充分发挥教职工研究的主动性和创造性，学校特制定教职工学术积分办法。

二、教职工学术积分办法是我校教职工评价体系中重要的组成部分，是教职工评优获奖、评职晋级的重要依据。

三、具体指标（如下表）

四、使用

五、奖励办法

六、本办法自教代会修订通过之日起施行，解释权归校务委员会。

2010 年 5 月 26 日

考虑到研究伦理因素，研究者因为没有征得学校的同意，隐去了三、四、五部分的具体内容。

6.3.3 小结

新任教师所入职学校的教研机制，极大地影响新任教师的教研观，同时会促进新教师教研观的发展。但是同样处于学校的教研机制的激励之下，新任教师的教研观的形成和发展依然是因人而异的，这说明新任教师教研观的形成和发展还有其他的影响要素的作用。

6.4 编写教材——发展中的教研观

2013 年至 2014 年是 S 学校“课程改革年”，在这一背景下，Z 老师积极参加校本教材编写。基于高考试题及其高质量模拟题试题语料的诸多优点，Z 老师所在的教研组于 2013 年 5 月份开始启动编订基于高考试题及其高质量模拟题的阅读校本习题集。该系列编撰工作于 2013 年 5 月下旬启动，数次讨论，形成统一意见后，经过分工— 查找资料—整合资料—校对—印刷等环节，9 月 1 日新学期开学第一天正式下发供新高三学生使用。开发此阅读习题集出于两个目的：一是出于阅读理解应试的需要，二是培养学生综合语言运用能力的需要。此外，Z 老师还参与编写了《高中英语校本精读细目》第 4、5、6 册。

校本教材的编写为 Z 老师提供了新的成长空间。编写教材的过程中，通过搜集资料、数次研讨、多次请教及参与制定样章等编写步骤，Z 老师对教材编写和课程开发有了更深入的了解和体会，这些认识和体会都内化到反思之中，成为其发展中的教研观的重要组成部分。

6.5 成绩被认可，教研观得到巩固

Z 老师在教学和研究上的付出，也得到了学校及学科同人们的高度认可。2013 年高考，Z 老师所带高三两个班的英语高考分数为 138.6 分和 139.3 分，名列年级前列。高三毕业班结束后，Z 老师没有回到高一进行新的一轮“循环教学”，而是直接被挑选到高二年级，教授科学实验班（年级最优质的学生）的英语课，可见学校对于他教学能力的肯定。2013 年年底，Z 老师获得 S 学校 2013 年度学术积分的金牌榜行列。同时，由他申报的校级第 17 批项目研究课题“英语课内分层实现个别化教学的行动研究”也获得批准立项。此外，为了完善测试诊断及评价，S 学校成立考试院，Z 老师被聘为英语学科测试与诊断研究员，全面负责学校的外语学科测试及评价工作。

6.6 海淀区教研活动引导教研观向深度发展

关于这个小标题的有关内容，2014 年 3 月 10 日下午，我向曾经带了 Z 老师三年的我的同事 L 老师进行了书面采访。之所以采访 L 老师，是因为 Z 老师在入职前三年所参加的各项区教研活动都是由 L 老师组织的，L 老师最有发言权。

问：L 老师，你对 Z 老师参加区教材教法分析、中心组命题和承担区级研究课的表现还有印象吗？

答：太有印象了！

问：你能否从你作为教研员引导他专业发展的角度，就这三个方面写一写他的情况？

答：可以。

于是我将下面三个小标题复制下来飞信传给了 L 老师。

1. 主讲教材教法分析，初登海淀区教研讲台

2. 参加区中心组，发挥命题特长

3. 承担区级研究课

我给她书面采访问题的时候已经是下午 3 点多，L 老师还急于去接孩子。我听到她噼里啪啦敲击键盘的声音，她一气呵成，半小时后给我发回了“答卷”。

6.6.1 主讲教材教法分析，初登海淀区教研讲台

2010 年 9 月新的高一年级的教材教法分析由 S 学校备课组承担，那一天，我第一次认识了 Z 老师。他昂首挺胸、信心满满走上讲台的样子至今还记忆犹新。进行教材教法分析的时候，他声音洪亮，侃侃而谈，富有激情，在讲台上来回走动着给大家讲，完全很老练的样子，根本看不出是一个入职不到一周的新老师！那时候我就想：这个小伙子是个好苗子，可以好好培养！

后来的每次教研活动，我注意到 Z 总是坐在第一排，做得直直的，姿势非常端正，无论是哪个学校、哪个老师，他都非常认真地倾听，而且不停地做笔记，和有些老师来了就找最后排的座位或者打盹或者改作业等形成了鲜明的对比！有几次教研活动后我组织大家互动，他都是第一个站起来亮出自己的观点，虽然有时想法不成熟，但表明他非常认真地思考和参与。几次之后，我半开玩笑地对他说：“有你这样上进的年轻人坐在第一排给了我很大的压力，逼着我好好组织我的教研活动，否则对不住你呀！”

高一上学期时，我组织了本年级的“一招鲜”教学展示活动，他自告奋勇进行策划，而且第一个登上了“一招鲜”教学展示的讲台，博得了大家的一致好评。接下来，我承担了区级重点课题《高中英语课堂活动设计有效性研究》，他主动加入，而且很快成了该课题的中流砥柱，多次主动做会议记录。课题组讨论时一直积极参与，阶段性研究成果——课例及论文在《中小学外语教学》发表。

6.6.2 参加区中心组，发挥命题特长

高一的下学期，我发现了他的才能之后吸纳他成为中心组的一员，有意在命题方面历练培养他。为了使他更快成长，我有意安排他在最有挑战的阅读组，与阅读命题最有经验最资深的兼职教研员 LGZ 老师负责同一篇文章，而且叮嘱 LGZ 老师好好培养他。刚开始的时候，他信心满满选的阅读文章被一篇篇毙掉，他有些灰心，我跟他解释选文是多方面的考虑，以后选文要多考虑我们的命题蓝图要求以及文章题材体裁等等，逐渐的，他选文的被使用率大大提高。命题是一件很艰苦的事情，越是进入核心团队越是磨人，他刚开始真可谓“新生牛犊不怕虎”，以为命题是一件很简单的事情，后来随着慢慢地深入，阅读理解试题的设问和选项等等都更加的科学老练。三年之后，当我们这一届二模考试结束之后，我们中心组进行了一次深度的总结和座谈，Z 老师发言时很动情地向我和另外两位老教师等表达了深深的谢意，用他本人的话说：“从几位师父那里偷学了很多东西……”他提到了从我的几次讲座、刘老师的命题须知、凌老师的教材分析等等汲取了很多营养。我认为，正是因为他的处处留心学习和上进造就了他自己。

6.6.3 承担区级研究课

2011 年的上学期，作为课题组的核心成员，Z 承担了区级研究课。通过几次备课、磨课、修改、反思，最终呈现了一节非常新颖的以视频带阅读的“憨豆先生”。研究课之后，我将教师们的“观课议课表”交给他，要求他当天晚上根据大家的建议和意见写出反思并改进某些教学环节。Z 老师在当晚就将反思发给了我，并对该研究课进行提炼而成一篇论文，发表在《中小学外语教学》上。

6.7 善于反思——教研观促进专业发展

在观察和研究 Z 老师的教学、教研工作时，我发现 Z 老师特别善于反思。这种反思，在很大程度上促进了 Z 老师的思考和教研的深度。研究者向 Z 老师要来了他的一些反思。

反思 1：

分层教学走到今天，A 层算是稳定住了，但也有新的问题，比如今天的科学实验班的 B 层就是问题。我今天讲的是“7 选 5”，一上课他们因为比较兴奋，搞得小测没法弄下去，我就没有好气，用自己的情绪压制了他们。结果一打压，秩序是维护了，可是孩子们上课却打不起精神，有好几个孩子甚至在打瞌睡。我觉得这个小细节为我的专业进一步发展提供了思索的新空间。

1. 上课前几分钟，一定要把学生的状态调整到稍微的兴奋。千万不能在课前打压孩子，上课前几分钟课堂气氛出不来，这节课的效果也就出不来。

2. 学生有困意，感到厌倦，是因为“7 选 5”本来就非常枯燥，文本也枯燥，能读下来就很不容易了，文本一点思维含量都没有，而老师非要强迫孩子跟着走，这不是一种折磨吗?

3. 这种课，可能适合 8 班，但绝不适合 1 班。我想除了语法这样有些思维和逻辑的项目，1 班可以听下去外，一般的思维含量的文本，我看还是免了吧。

4. B 层要设计活动，哪怕是做题，讲题，比赛等，也比单纯讲文本强。我要针对 1 班这种重视竞争、活跃、喜欢做题、喜欢做量化东西的特点来设计课堂或者会更好。

反思 2：

今天是周一，三个班上下来，更觉得分层教学的稳定。比如原来的 1 班，像李天、王茂这样的外语课不愿意思考的学生也开始学习了。每一节的任务驱动，让 A 层的学生有所收获，他们讨论的也热火朝天。B 层的同学，感觉也好很多，C 层虽然有问题的学生，但这样分层，大大增强了个别化教学。B、C两层不仅被提问的次数增多，而且在出现问题的时候，我的确能做到个别化的指导。这种实践带来的变化，让我有一丝丝的自豪感。我想等稳定几周后，我就要着手推进如下问题：

1. 实现A层按认知方式和学习方式，实现“二次分层”。然后，接下来，如何在A层实现多任务，如何引进Project based，让其利用外语为自己服务？

2. B层的基础地位要显现出来（特别是1班的B层），那么如何设计B层的问题？

3. C层（限于4班和8班）的授课起点要进一步降低，那么如何优化C层设计？

4. 各层之间的教学模式转化问题，如何切换自如？各自有序运行？

反思3：

今天是第5周的开始，也是Unit 15单元的开始。我的课堂改革，又进了一步，A、B、C三层完全分出来。并进行了初步的课堂检验。

8班：A层不知道怎么讨论口语活动，口语活动我没有做好示范行为，也没有具体的指导意见；B层的同学复述环节做得不好，学生们普遍比较闷，是个大问题。我的任务要进行新的调整以适应这个班的风格。C层的同学，学得比较认真，但复述环节也做得不好，说明复述这个活动，这个环节设计还是有点仓促了。

1班：A层的同学比较受益，特别是自己说A层的一切交际都必须是英文的，这个的确起到了刺激A层同学们的作用。但我也发现，给A层同学的任务，我的反馈工作做得还不足，比如昨晚没有对答案。这个监控自己还需要加强。

B层同学表现得不错，但在附属环节也出了问题。我应该设置比如听写等任务的。

4班：授课效果最好。A层的同学学得开心，B层的同学也比较给力，C层的同学也学得认真。我觉得这个班的风格最适合分层。

总之，今天的分层总体运转不错。特别是让A层进行口语交际，各层任务各行其责，教师自己进行个性化的教学，的确是一种全新的课堂授课形态。而且，这种模式的确适合自己，自己的口语表达等也能发挥出来。学生们拿着任务，学习士气高扬，内动力促使他们认真学习，我觉得这样的课堂改革方向是对的。

但我的课堂也有很多不完善的地方：任务单设计比较随意，不够科学标准化；分层分类的任务（特别是质量较高的任务，需要加大备课量）及评价（可操作的评价）没有跟上去；分层示范和引导也没有等等，这周我需要进一步完善这一框架，让孩子们爱上英语课堂，充分发挥他们在外语课堂上的学习力。

7. 研究发现

7.1 新老师教研观的特点

Z 老师的教研观依然与老教师的教研观有趋同的态势。在全国各地新课程改革已推广了十余年的时间，这十多年间，各级教育行政部门和教研部门已经对教师进行了 N 个轮次的培训。新课程提倡的是一种新的教育观、教学观，倡导关注学生的全面发展，新课程的最高宗旨和核心观念是学校的一切教育教学行为要“为了每一个学生的发展”。新一轮的基础教育课程改革，要求教师把学生看成教学活动的主体，教学评估重点关注的是学生的“学”而不是教师的“教”。以上这些教育改革的新精神、新理念都对教师的教研观提出了新的要求。但从 Z 老师表现出的教研观来看，由于在他教研观的形成过程中得到老教师的指导、学校氛围强化，Z 老师的教研观依然呈现出一切教研为学生成绩服务、重视教师教法胜于重视学生学法的特征。

7.1.1 重教学，轻教育

Z 老师认为，社会和学校评价教师的优劣，主要是依靠学生学习成绩好坏，而不是每个学生个性、特长的发展。朱国忠（2011）研究表示，目前很多教师很难做到关注每一个学生的全面发展，因为教师搜集的学生信息是非常有限的，在教师心目中，多数学生的印象是非常模糊的。

Z 老师教学的最大目标就是要提高学生的成绩，因此他非常重视那些有利于提高其学生成绩的教研活动，例如，他特别重视参加区中心组的命题活动，也特别重视区进修活动中关于教材教法分析和考前辅导的讲座。他在基础教育核心期刊上公开发表的论文中，关注的重点是如何上好课、如何提高学生的考试分数。

7.1.2 重教法，轻学法

2013 年 10 月初，海淀区名师工作站学员、我的徒弟 TSB 老师在 S 学校借班上课，我邀请 Z 老师参加听课。听课之前，我请 Z 老师列出了观课时着重观察的项目。以下是 Z 老师列出的主要观察点：

（1）教学目标的确定；（2）导入；（3）教学情境的创设；（4）教学方法和教学手段的采用；（5）教学活动步骤的设计；（6）教学思想的渗透。

建构主义的知识观和学习观，是新课程改革所提倡的。而在这种建构主义的知识观和学习观下，一种新的教研观也理应得到倡导。新的教学理念越来越多地考虑学生作为一个认知主体在教学过程中的地位。但是，作为新任教师的 Z 老师，其教研视野所及，目前还更多地停留在如何教好这个层面。

7.2 新教师教研观的形成过程

新教师的教研观呈现出上述特点与其形成过程是分不开的，新教师教研观的形成过程是一个互动、反思、验证过程。

7.2.1 与所处环境的互动

在 S 学校以及海淀区教研的环境中，Z 老师与教师同事、学校领导、区教研员有丰富的互动。

教室是教师的“独立王国”，与其他同事的互动不可能发生在教室中。Z 老师只有在办公室时或是集体活动时才能与其他教师同事互动。在 Z 老师与同事的互动中，他学到了课前精心备课，学到了教学的重点应该是帮助学生积累知识，学到了驾驭课堂的多种方式。

通过集体活动时对校领导的观察以及平时有限的与校领导的交流，Z 老师感受到了学校对教研的重视。

在与区教研员的互动中，Z 老师感受到了教研要有更宽的视野。

7.2.2 自我反思

通过从与环境的互动中获得的经验，Z 老师经常结合自己的实践进行反思。

7.2.3 实践行为的验证

善于反思的 Z 老师对待教学研究的看法不断微调，这种微调大都反映在了他的教学研究实践之中，使得这些微调在教研实践中得到了认可和验证。Z 老师开始更多地将自己的反思整理出来，有的予以发表，更多的是促进自己的教研向深度发展。

7.2.4 任教初期的经历对其教研观的形成起关键作用

新任教师的教研观正处在发展之中，还很不成熟。因此，教师的新任期对新教师教研观的形成是极为关键的时期。

第一，新任教师具有强烈的发展意愿。

工作之初，新任教师面临着人生角色的转换，要适应一个全新的环境，其教学实践经验的缺失，很可能会引起家长的担忧，这无疑都是新任教师的困难（Barbara L. Brock，Marilyn L. Grady，2007）。但是正如黄儒杰（2002）指出，新任教师大都积极投入教学工作，充满了教学的热情，因此，新任教师特别需要得到老教师的指导。

Z 老师刚刚担任教师时，对工作有极大的热情，为了能教好学生，他付出了很多努力。他意识到他必须认真研究教材，因此入职之前的假期里，他详细写了一本教案。与学生见面之前，他已经积极开始了原始的教学研究。

第二，任教新期的经历为其教研观的发展奠定了方向。

根据一般经验，新任教师的前三年是其成长的奠基时期。这个时期是新任教师获取教学所需知识和技能的阶段。在这一阶段，新任教师所经历的现实的、亲身的体验比职前教育所学理论对教学的指导更重要。因此，教师在前三年的经验某种程度上基本可以决定一名教师的发展方向和职业成就。

Z 老师在任教初期时，教研观的发展方向并不确定。他之前只是知道教学研究这样一个概念，但是对于教学研究究竟有哪些活动形式并不清楚。任教初期，他所参加的新教师培训、区进修学校教法分析等经历，就对其教研观的发展有很重要的作用。这些教研经历会影响 Z 老师未来的教研观是向以成绩为重、以教师为中心的教研观发展，还是向以学生发展为重、尊重学生主体地位的教研观发展。

第三，任教初期是教师教研观形成、发展的关键期。

对于新任教师未来的教育生涯影响最深远的是入职第一年的经验，当然入职第一年更是教师生涯中特别艰难的转化时期。雷·笛科勒指出，新任教师如果得不到正确的引导，一旦发现有什么方法对他们有作用，就会不加检视的紧紧抓住并一辈子依赖于它，这将导致教师自身得不到良好发展，教学能力停滞不前。由此可以看出，任教初期是教师发展的关键期，也是新教师教研观形成的关键期，需要外界给予正确的教育和引导。

7.2.5 教研观的形成是其自身与环境相互作用的结果

新任教师的教研观来源于新任教师与环境互动的经验。Olson 与 Osborne（1991）研究四位新教师在第一年如何学习教学的经验过程，总结出了新任教师的经验循环模式，认为新任教师处于适应环境、提高能力与建立信心的阶段，他们进入新的环境，特别容易受到如教研员、校长、同事等因素的影响而改变教学信念（Bullough & Knowles，1990；Olson & Osborne，1991；Rust，1996；Tabachnick & Zeichner，1984）。

Z 老师在其任教的 S 学校的真实环境下，为了适应 S 学校的校园文化，不断进行自我反思，也不断调整其教育教学、教研行为。学校的学术积分制度对于他教研观的形成有着深刻的影响。

7.2.6 新教师教研观的形成过程呈现出行为主义的特征

"刺激—反应"被行为主义作为行为的基本单位，人类的学习被看成是"刺激—反应"间的联结加强，因此，行为后的强化受到重视。新任教师教研观的形成过程也体现出这样的特点。

作为一个思考者，Z 老师在教学、教研实践中，面对教学中的挫折，以及自己教学教研实践的经验，不断进行反思。Z 老师非常希望能发展自己的教研能力，并希望通过教学研究提高学生的成绩，促进学生的发展。

Z 老师的反思是批判性的，而不是一种顺从性的反思。他往往遇到问题进行反思进而解决一个问题，针对教研环境给他的刺激做出相应的反应。对教研员、老教师这些教学教研权威的意见他并不是全盘接收。这种反思有利于 Z 老师发展出符合新课改要求的教研观。

基于以上研究发现，研究者认为：

1. 教研观是一个系统，它包含很多个子系统，包括语言观、语言习得观、语言教学观、学生观、研究观等等。一个教研观的形成，需要教师的清晰的职业目标和专业发展思路，需要一个稳定的支持系统，即在繁重的工作之余，有持续动机来进行教学研究。

2. 教研观还包括要把基于一线教学时间的思考用学术的语言和规范表达出来，让更多的外语教师群体去分享自己的智慧。

3. 英语学科教研观要求教师对英语教学各个领域均有强烈的兴趣，如课程、教材、教法、学生分析等。除此之外，还要熟悉以上各个方面。

4. 要想使新任教师形成正确的教研观，要从以下两个方面入手。对于新任教师本身而言，加强学习，提高自主探究能力，不断反思自己的教研行为，对于正确的教研观的形成，进而促进自身的长远发展有重要意义。对于外部环境如学校、区教研平台而言，应给新任教师建立科学的教研激励机制，创造一个健康的教研氛围，正确地引导新任教师进行教学研究，帮助新任教师发展，形成有利于促进新任教师专业成长、通过教师教研行为改善教师教育教学行为并最终促进学生全面发展的正确的教研观。

第五章
结　语

语言是人类最重要的思维和交流工具，也是人们参与社会活动的重要条件。语言对促进人的全面发展和提高人的综合素质具有重要意义。当今社会生活和经济生活日益全球化，外语已经成为世界各国公民必备的基本素养或综合素质之一。在众多的外语种类中，英语在全球的覆盖率是最广的，具有很高程度的世界通用性。英语是联合国的工作语言之一，也是事实上的国际交流语言。根据以英语作为母语的人数计算，英语是世界上最广泛的语言。世界上 60% 以上的信件是用英语书写的，50% 以上的报纸杂志也是英语的。英语还是与计算机联系最密切的语言，大多数编程语言都与英语息息相关，而且随着互联网的应用，英语的使用更加普及。

鉴于此，近几十年来，在中国也掀起了阵阵学习英语的热潮。《普通高中英语课程标准（2003 年版）》中对“英语课程性质”是这样定位的：高中英语课程是普通高中的一门主要课程。高中学生学习外语，一方面可以促进心智、情感、态度与价值观的发展和综合人文素养的提高；另一方面，掌握一门国际通用语种可以为学习国外先进的文化、科学、技术和进行国际交往创造条件。开设英语课程有利于提高民族素质，有利于我国对外开放和国际交往，有利于增强我国的综合国力。由此不难看出，学习和掌握英语，对新时代背景下中学生的个人发展、对全民族整体素质的提高具有极其深远的影响。

随着教育改革的推进，教育部于 2018 年颁布了《普通高中英语课程标准（2017 年版）》。新课标在开篇《课程性质与基本理念》中指出，

“英语是国际交流与合作的重要沟通工具，是思想与文化的重要载体。学习和使用英语对汲取人类优秀文明成果、借鉴外国先进科学技术、传播中华文化、增进中国与其他国家的相互理解与交流具有重要的意义和作用”。课程标准是英语教育的方向，因此，基础英语教育要胸怀长远，把学生的英语学科核心素养的塑造纳入教学视野，使学生在发展语言能力的同时，形成良好的文化意识和思维品质，学会学习，提高对多元世界的认识，形成开放、包容的态度，加深对祖国文化的理解，增强爱国情怀，能够用英语传播中华文化。

纵观英语学习在我国的发展历程，英语教育取得了令人瞩目的成绩。然而，“在语言技能训练中往往强调模仿记忆却忽略了学生思维能力、创新能力、分析问题和独立提出见解能力的培养”（教育部，2001）。现如今，我们不少同学、家长对英语的热衷程度让人很感动，各种英语培训机构和相关产业异常火爆。可是，大家的关注点都是如何尽快考级，如何尽快提分；只关乎应试，无关乎素养。这不是英语学习的终极目标和真正意义所在。

教育部高中英语课程标准修订组组长、上海外国语大学教授梅德明先生指出：“外语学习从来不是一个简单的学习知识的过程，在学习外语的同时要注重语言背后的文化内涵、价值观、思维过程，其中的内容是非常丰富的。如果把外语学习理解为知识的摄取、传授，就曲解了外语教学或者外语学科育人的根本目的，而且也不会有好的效果，学到的只是一堆凌乱的、没有结构化的、没有任何使用场景的知识。所以语言学习一定是跟社会、文化、思维、学习方式挂钩的，这样的语言学习才是有血有肉的”（梅德明，2017）。

我们面对的是生长在21世纪的中、小学生，他们必须具备与时俱进的世界观、学习观和成长观。国际上热议的“21世纪素养”（21st Century Skills）可以给我们以丰富启示。北京师范大学褚宏启教授把21世纪素养分为三大类：（1）学习与创新素养，包括：批判性思考和解决问题能力、沟通与协作能力、创造与革新能力；（2）数字化素养，包括：信息素养、媒体素养、信息与通信技术素养（ICT素养）；（3）职业和生活技能，包括灵活性与适应能力、主动性与自我导向、社交与跨文化交流能力、高效的生产力、责任感、领导力等。那么，我们该如何培养学生的“21 世纪素养”？如何培植学生的英语学科素养？

一、英语学科核心素养的培养，要以语言知识为基础

语言能力是指借助于语言以听、说、读、看（Viewing）、写等方式理解和表达意义的能力。看的能力与当前外语教学中多媒体、多模态资源有重要关系。其中，听、读、看都是语言输入的常用途径，而说、写则是语言输出的常见形式。语言知识的呈现形式多种多样，然而，归根结底，最核心的部分还是词汇和语法。如果把语言比作是一座高楼大厦，那么语法则是建构这座大厦的框架结构，而词汇则是建构大厦的一砖一瓦。由此可见，词汇和语法在语言知识的积淀、语言能力的提升方面起到了举足轻重的作用。

新颁布的课程标准将词汇量要求降低为 3 000 词，但又特别指出，各地可以根据实际教学情况增加 200 词。具体而言，是要求学生能够根据交际话题、场合和人际关系等相关因素选择较为适当的词语进行交流或表达。因此，帮助学生掌握课标词汇的用法是基础教育阶段英语教学的任务之一。课程标准中提及的语法、发音、功能和话题等其他学习目标的达成，也必须依托于词汇知识。因此，可以说词汇学习是基础教育阶段英语学习中的重点和难点。

大部分的词汇和语法是可以通过语境习得的。语境可以减少词汇的模棱两可现象，帮助理解一词多义；语境可以有效地理解指示代词的指代对象；语境可以帮助听话人理解被说话人省略的信息，从而更好地理解语言。教师要整合各种学习资源，通过科学规范的教学设计，为学生提供生动的语境，帮助学生积累语言知识。

二、英语学科核心素养的培养，要从文化出发

近年来，由于社会大环境的影响，国内英语学习的方式比较片面。为了考试、升学而学习英语的现象普遍存在。然而，语言学习如果过

于偏向功利化，就容易导致学“艺”不精，领悟不到语言的精髓。因此，在当前形势下，**语言学习，还是要回归本质**。那么，语言学习的本质到底是什么呢？是多操练语法，还是多背诵英语单词？其实，语言学习的根本目的是为了交流，而交流又是需要建立在一定的文化背景之下的。因此，教师要引导学生在学习语言的过程中，从文化出发，培养自身的文化意识，这样才能领略到英语真正的魅力，体会到英语深刻的内涵。

那么，应该如何提高学生的文化意识呢？

1. 引导学生做一名生活中的有心人

随着一些 festivals 漂洋过海来到中国，时下国人都过起了洋节，比如：Christmas、Halloween、Valentine's Day 等。但是，除了知道圣诞树、南瓜灯、鲜花和巧克力外，还应该知道这些节日的由来和意义。现在网络很发达，随时随地都可以查阅到。在了解西方国家的传统节日文化背景的基础之上，再选择过什么样的节日，不跟从、不盲从，有自己的视角和眼界，这才是我们应该引导学生达到的一种境界。

此外，很多学生喜欢英文歌曲和英文电影，那么，做个有心人，在欣赏音乐和赏析影片的同时，不要忘记体味原汁原味的语言。

2. 关注课文选材的文化意识目标

基础教育阶段的英语教材中，对于与单元主题相关的中西方文化，往往都会有或隐或显的介绍。但在实际的教学中，很多老师为了赶进度，认为这类内容和考试没有直接的关联，往往会直接跳过。其实，教师完全可以引导学生利用课下的时间，好好学习一下这类内容。“接触和了解英语国家的文化有利于对英语的理解和使用，有利于加深对本国文化的理解和认识，有利于培养世界意识，有利于形成跨文化交际能力”。

我们要引导学生学会用他国文化反观自己的文明，重视文化的价值；我们要基于文化，进行更多的思考，培养更高层次的文化意识。英语学科核心素养的培养，要从文化出发，回归本质，融入生活。语言学习，更像一次周游世界的旅行。我们永远行走在路上，行走的过程中，不要忘记用心去感受周围的世界。

三、英语学科核心素养的培养，要以开发高阶思维为目标

思维品质反映在思维的逻辑性、批判性、应用性和创新性等方面。思维品质是新课标的重要元素，它不仅仅强调“用英语思维”的能力，还尤为重视“用语言工具开发高阶思维”的能力。良好的思维品质的培养，其实是与听、说、读、写、看等英语学习方式紧密相连的，尤其是与阅读关系密切。

这几十年以来，英语阅读的困境在我国一直存在。我们对“什么是阅读”“阅读承载着什么样的使命”等问题的理解很糟糕。英语阅读的过程，不论体裁、题材，不应该仅仅只是学习语言点和语法知识的过程，因此，过于注重语言的工具性，而忽略对阅读文本的充分解读、思考和感悟，不利于培养学生的思维品质。

遗憾的是，在很多英语阅读课上，学生的阅读任务就是完成信息复现，鲜有参与文本的深度阅读、解释、分析、应用等需要一定综合分析和判断等高阶思维的活动，或者对阅读材料的整合不够、解读肤浅，对文本背后的文化价值挖掘不够，对学科核心素养观中的思维品质和文化意识的培养重视不够，无法实现英语课程人文性和工具性的辩证统一。

阅读任务的设计不妨分为以下三个层次：

第一个层次，学生在规定时间内阅读规定文本，完成规定的搜集、理解基础信息的任务，也就是要搞清楚 what the text says。这一过程是对文本符号进行意义的解码和建构，是整个阅读学习的基础。

第二个层次，学生通过逻辑推理来理解语言背后的真实意义。这一过程需要学生结合社会常识、文化背景等做出思维判断，理解作者的意图、观点和态度，就是说，要弄明白 what the text means。

第三个层次，学生通过批判性和创新性思维判断文本阅读中真正有效的信息。这一过程需要学生将信息与自身认知结构相联系，进行批判

性、创新性的理解，并能将之付诸现实中进行应用。

在阅读教学中，如果只完成第一层次或第二层次就停滞不前，学生的思维品质就没有得到很充分的挖掘。长此以往，就会在阅读学习过程中出现信息提取失败、理解受阻，信息提取零散、主线模糊，信息整合过少、挖掘粗浅，提取整合脱节、思维缺失等现象。当然，高阶思维品质的培养也不是一蹴而就的事情，需要长期的训练与积累。在平时的阅读教学中，教师要引导学生有意识地对文本进行深度思考，之后，从量变到质变，一切就会水到渠成。

四、英语学科核心素养的培养，要以学习能力的提高为导向

英语学科核心素养的培养重点应该以能力为主导，落在培养感知与领悟、解析与阐释的语言能力，以及主动与进取、观察与探索的学习能力上。

基础教育阶段英语教育教学中，教师要引导学生积极运用和主动调适英语学习策略、拓宽英语学习渠道、努力提升英语学习效率的意识和能力。

总之，基础教育阶段英语教育教学应该以帮助学生“学语言、悟文化、建思维、启心智”为目标，而不仅仅是掌握一种谋生的手段。基础英语教育界学人应该将自己、学生、英语学科和学校教育编织成一张联系网，努力去编织一个属于学生的世界，同时也丰富和扩大我们自己的世界。我们要立足英语学科核心素养培养的目标和要求，努力提升学生的学科核心素养，使学生成为具有“中国情怀、国际视野和跨文化沟通能力的”全面发展的人。

参考文献

[1] 包天仁 . 中国小学英语教学的现状与反思 [J]. 基础教育外语教学研究 , 2004(11):20-26.

[2] 曹琼 . 有效性教学研究 —— 理论、实践与管理 [D]. 苏州大学 , 2004.

[3] 岑建君 . 功在当代 利在千秋 —— 谈我国外语专业人才的培养与要求 [J]. 外国语 : 上海外国语大学学报 , 1997(6):6-8.

[4] 昌晓莉 , 周明 . 初任教师入门的新捷径 —— 美国佐治亚州教学辅导教师制度 [J]. 中小学管理 , 2006(3):53-54.

[5] 常春 . 小学班主任学生观的实践状态与变革可能研究 [D]. 华东师范大学 , 2008.

[6] 陈海凡 . 初任教师的适应与思考 [J]. 教育学报 , 2003(4):11-15.

[7] 陈卫兵 . 搭建片区教研平台 , 提升教研实效 [J]. 教学月刊 · 中学版 (语文教学), 2013(5):13-16.

[8] 陈向明 . 质的研究方法与社会科学研究 [M]. 北京 : 教育科学出版社，2000 : 103.

[9] 陈云芳 . 浅谈新课程背景下的教研工作 [J]. 成都师范学院学报 , 2004, 20(2):7-8.

[10] 戴锐 . 新教师职业适应不良及其防范 [J]. 教育探索 , 2002(4):95-97.

[11] 丰玉芳 . 建构主义学习设计六要素在英语教学中的应用 [J]. 外语与外语教学 , 2006(6):33-36.

[12] 高祥 . 促进教师专业发展的教学反思策略研究 [D]. 沈阳师范大学 , 2011.

[13] 郭家铨 . 中国英语教育简论 [J]. 佛山科学技术学院学报 (社会科学版), 2001, 19(2):50-56.

[14] 贺晓敏 . 新课改背景下初任教师专业成长研究 [D]. 西北师范大学 , 2011.

[15] 岑国桢本卷 . 国际教育百科全书 . 第五卷 .I-L[M]. 贵州教育出版社 , 1990.

[16] 胡德映 . 中国英语教育九十七年回顾 [J]. 山东外语教学 , 1999(4):55-57.

[17] 黄祯玉 . 基于职业生涯发展需求的新手教师培训工作 —— 来自马来西亚华文独立中学的经验 [J]. 外国教育研究 , 2007(1):20-24.

[18] 贾志高 . 有关任务型教学法的几个核心问题的探讨 [J]. 课程 . 教材 : 教法 ,

2005(1):51-55.
[19] 姜凤萍 . 专家型教师和新手型教师教学监控能力的比较研究 [J]. 教育与职业，2007(36):86-87.
[20] 蒋竞莹 . 教师专业化及教师专业发展综述 [J]. 教育探索 , 2004(4):104-105.
[21] 教育部 . 普通高中英语课程标准（2017 年版）[M] . 北京：人民教育出版社，2018.
[22] 教育部 . 普通高中英语课程标准（实验）[M] . 北京：人民教育出版社，2003.
[23] 教育部 . 义务教育英语课程标准(2011 年版)[M]. 北京：北京师范大学出版社，2012.
[24] 康敏 . 核心素养 : 幸福课堂的本质回归 [J]. 新课程研究 (上旬刊), 2016(1):33-35.
[25] 雷 · 笛科勒 . 未来之路 : 新教师入职教育 [M]. 北京师范大学出版社 , 2009.
[26] 李航 , 杜尚荣 , 李森 . 论外语课堂中教师话语的问题及对策 [J]. 教育科学 , 2012, 28(2):41-45.
[27] 李学权 . 构建区域性网络教研平台 推进普陀网络教研发展 [J]. 中国教育技术装备 , 2009(29):34-35.
[28] 李亚真 , 潘贤权 , 连榕 . 新手 — 熟手 — 专家型教师主观幸福感与教学动机的研究 [J]. 心理科学 , 2010(3):705-707.
[29] 李毓健 . 我国中学英语教学现状及分析 [J]. 山西师大学报 : 社会科学版，2009(S1):200-202.
[30] 刘超勇 . 我的教研观 [J]. 师道 : 教研 , 2012(10):116-116.
[31] 刘锐 , 王海燕 . 基于微课的“翻转课堂”教学模式设计和实践 [J]. 现代教育技术，2014, 24(5):26-32.
[32] 刘万海 . 教师专业发展 : 内涵、问题与趋向 [J]. 教育探索 , 2003(12):103-105.
[33] 马晓娟 . “ 师徒结对 ” 对初任教师成长的影响研究 [D]. 西北师范大学 , 2008.
[34] 梅德明 . 学语言怎样最有效 . 智见（搜狐教育），2017. http://www.sohu.com/a/126628180_488760.
[35] 孟宪伟 . 试析影响中学生英语语法学习的主要因素 [J]. 读与写 (教育教学刊), 2014, 11(6).
[36] 聂成军 . 基础教育阶段英语学科跨学段教研的探索和实践 [J]. 英语学习，2017(12).
[37] 潘琦 . 基于研究共同体的教师专业发展个案研究 [D]. 河北师范大学 , 2009.
[38] 潘淑娟 . 改革开放以来我国外语教育发展研究 [J]. 教学与管理 , 2010(6):52-53.
[39] 钱剑英． 杨新辉，徐钰，张弘，汪丹 . 英语阅读教学中的信息加工：提取与整合 [M]. 浙江大学出版社，2015.
[40] 任学印 , 索桂芳 . 初任教师专业发展需求探析 [J]. 外国教育研究 , 2006(10):52-54.

[41] 沙柳 . 能力和爱心来自专业成长 —— 读《初任教师手册》[J]. 人民教育 , 2006(21):43-43.
[42] 佘玉春 . 课程改革背景下的教师专业发展案例研究 [D]. 南京师范大学 , 2005.
[43] 施小娟. 新课程与教师专业发展的研究 [D]. 上海师范大学，2006.
[44] 宋广文 , 魏淑华 . 论教师专业发展 [J]. 教育研究 , 2005(7):71-74.
[45] 孙艳 . 英语考试改革背景下的基础英语教育新思路 [J]. 教学与管理 , 2014(21):135-137.
[46] 汤成超 . 教师专业化与学校教师教育 [J]. 教育研究，2000（3）：23.
[47] 唐玉琳 . 鸿沟的跨越 —— 五位国中新任教师教学实践之叙事研究 [M]. 台北：台湾师范大学，2007.
[48] 王蔷. 从学科核心素养到英语学科核心素养 —— 高中英语课程改革的新挑战 , 英语教师 . 2015 (16) :6-7.
[49] 王蔷 . 促进英语教学方式转变的三个关键词 :“ 情境 ”“ 问题 ” 与 “ 活动 ”[J]. 基础教育课程 , 2016(5).
[50] 王蔷 . 改革开放 30 年中国基础外语教育的回顾与前景展望 [J]. 中小学外语教学 : 中学篇 , 2009, 32(2):1-6.
[51] 王小棉 . 新教师入职新期所遇困难的研究 —— 兼析传统师范教育的缺陷 [J]. 上海教育科研究，1999(4).
[52] 王守仁 . 关于全面加强中国英语教育的思考 [J]. 外语教学 , 2002, 23(2):89-92.
[53] 韦禾 . 开启教育智慧促进专业发展 ——《初任教师手册》评介 [J]. 教育发展研究 , 2006, 26(3):86-87.
[54] 吴国丽 . 共享型教研文化基础上的教师个性化发展 [J]. 上海教育，2005（06）：65.
[55] 许华琼 , 胡中锋 . 有效教学的评价标准及实施策略 [J]. 教学与管理 , 2010(22):3-5.
[56] 杨建飞 . 新课程理念下学生观的反思与重建 [J]. 现代教育科学 , 2005(10):24-25.
[57] 姚红玉 . 我的新教师生活 [D]. 广西师范大学 , 2003.
[58] 姚红玉 . 对新教师问题的思考 [J]. 中小学教师培训 , 2002(2):22-24.
[59] 叶恩理 , 翁颖卿 , 汪润 , 等 . 英语阅读教学中的目标定位 : 综合视野视角 [J]. 英语教师 , 2016, 16(1):157-159.
[60] 叶澜 . 更新教育观念 , 创建面向 21 世纪的新基础教育 [J]. 中国教育学刊 , 1998(2):6-11.
[61] 叶澜等 . 教师角色与教师发展新探 [M]. 北京 : 教育科学出版社，2001，226.
[62] 张华 . 论核心素养的内涵 [J]. 全球教育展望 , 2016, 45(4):10-24.
[63] 张军 . 新为人师 [J]. 中国教师，2006(11).

[64] 张秋玲，申岩林．初为人师者的良师益友——《初任教师手册》推介 [J]. 人民教育，2009(22):59-60.

[65] 张宜芳．教学信念和教学困扰——二位国小新任教师的个案研究 [D]. 屏东县：屏东师范学院国民教育研究所，2002.

[66] 赵昌木．教师成长：角色扮演与社会化 [J]. 课程．教材：教法，2004(4):57-62.

[67] 钟荣富．台湾的英语教学：回顾与前瞻 [J]. 基础教育外语教学研究，2002(1).

[68] 周明．新任教师的入门新捷径——试析美国佐治亚州新任教师的教学辅导教师制度 [J]. 中小学教师培训，2006，(3).

[69] 朱国忠．课改十年后的学生观建构仍在路上 [J]. 学校管理，2011(4):4-5.

[70] 庄志琳，沈苹苹，唐明霞，等．英语阅读教学中的材料处理：解读与使用 [M]. 浙江大学出版社，2011.

[71] 宗兆宏．英语阅读教学中培养文化意识的过程与方法 [J]. 基础外语教育，2010，12(5):50-54.

[72] 邹芳．浅谈小学英语教学中学生创新能力的培养 [J]. 中国校外教育，2015(32):104-104.

[73] Adamson B. Barbarian as a foreign language: English in China's Schools[J]. World Englishes, 2002, 21(2):231-243.

[74] Bacon-Shone J, Bolton K. Charting multilingualism: language censuses and language surveys in Hong Kong[J]. Pennington M Language in Hong Kong at Century's End, 1998.

[75] Bolton K. The sociolinguistics of Hong Kong and the space for Hong Kong English[J]. World Englishes, 2000, 19(3):265-285.

[76] Bolton K. Chinese Englishes: from Canton jargon to global English[J]. World Englishes, 2002, 21(2):181-199.

[77] Bottery M. Education, policy and ethics[J]. 2000.

[78] Brock B L, Grady M L. From First-Year to First-Rate: Principals Guiding Beginning Teachers. Third Edition.[J]. Journal of Teacher Education, 1999, 50(3):231-233.

[79] Cohen, A. D. Strategies in Learning and Using a Second Language. Beijing: Foreign Language Teaching and Research Press. 2000.

[80] Cunningham A E, Stanovich K E. Early reading acquisition and its relation to reading experience and ability 10 years later[J]. Dev Psychol, 1997, 33(6):934-45.

[81] Crystal D. The Cambridge Encyclopedia of the English Language.[M]// The Cambridge encyclopedia of the English language. Cambridge University Press, 2003:206-208.

[82] Fishman, Joshua A. Summary and interpretation: Post-imperial English 1940–

1990[J]. Post-imperial English, 1996.

[83] Glatthorn A A, Fox L E. Quality Teaching through Professional Development. Principals Taking Action Series.[J]. 1996:155.

[84] H. D. Brown. Principles of language learning and teaching[M]. Foreign Language Teaching, 2002.

[85] Hu W. A Matter of Balance — Reflections on China's Language Policy in Education —[J]. Foreign Language Teaching & Research, 2001, 4(1):66-79.

[86] Kirsch, I., de Jong, J., Lafontaine, D., McQueen, J., Mendelovits, J., & Monseur, C. Reading for Change: Performance and Engagement Across Countries. Paris: Organization for Economic Co-operation and Development, 2002.

[87] Karamustafaoğlu O. Evaluation Of Novice Physics Teachers' Teaching Skills[C]// International Conference of the Balkan Ph. American Institute of Physics, 2007:501-502.

[88] Kerébel B. Introduction: Interdisciplinary perspectives on English in China[J]. World Englishes, 2002, 21(2):177-180.

[89] Littlewood, W. Communicative language teaching [M]. Beijing: Foreign Language Teaching and Research Press. 2000.

[90] MOE (Ministry of Education) (1999). Retrospects and prospects of foreign language majors in Chinese higher institutions. Foreign Language World, 4, 4–9.

[91] NormanA.ZPrinthall, Alan J.Reiman.Lois Thies-Sprint-hall, Teacher Professional Development [A]. In John Siku-la, Thomas J.Buttery, Edith Guyton(Ed).Handbook of Research on Teacher Education [C].Macmillan, 1996: 691.

[92] OECD. PISA 2009 Results: Learning to Learn-Student Engagement, Strategies and Practices (Volume III). OECD Publication, 2010a.

[93] Pang J, Zhou X, Fu Z. English for international trade: China enters the WTO[J]. World Englishes, 2002, 21(2):201-216.

[94] Reagan T. The Promotion of Linguistic Diversity in Multilingual Settings: Policy and Reality in Post-Apartheid South Africa.[J]. Language Problems & Language Planning, 2001, 25(25):51-72.

[95] Sam Roberson, Reba Roberson. The Role and Practice of the Principal in Developing Novice First-Year Teachers[J]. Clearing House A Journal of Educational Strategies Issues & Ideas, 2009, 82(3):113-118.

[96] SCFLM(Supervision Committee for Foreign Language Majors), 2002. http://www.bfsu.edu.cn/chinese/site/gxyyzyxxw/zwhyyz/nhjy.htm

[97] Tsui A B M, Bunton D. The discourse and attitudes of English language teachers in Hong Kong[J]. World Englishes, 2000, 19(3):287–303.

[98] Terrell, Tracy D. The natural approach [M]. Pergamon Press, 1983.

[99] Willems G M. Communication strategies and their significance in foreign language teaching[J]. System, 1987, 15(3):351-364.

[100] Ji Yuhua. English through Chinese: experimenting with sandwich stories[J]. English Today, 2002, 18(1):37-46.

衡门托迹　汶水乐饥

——后记

著者十九岁从教，自 1985 年 7 月至今，半生耕耘于基础英语教育。托迹衡门，苦乐自知。

“青年荷锄鲁东南，壮年种桃京西北，业无大成，唯尽心尽力而已。”先是在山东一所重点中学做高中英语教育 12 年，后担任县教研员，4 年后因工作需要调入北京，重新回到教学第一线担任高中英语教师 7 年，又于 2008 年 8 月调任现职——北京市海淀区教师进修学校中学英语教研员，引领海淀区英语课程改革，把握全区英语教育、教学方向，与其他教研员和全区一线英语教师共同成长。

从一线教师到专职教研员，然后回到一线再次担任教师、再次担任专职教研员，如此两个“轮回”，从文化底蕴深厚的山东到科技高度发达的教育高地北京市海淀区，这种丰富的教育阅历，使著者对基础英语教育的思考越来越深入。

本书是著者长期研究与探索的成果，既有一定的理论高度，又有详实的实践案例。其对于如何利用英语课堂教学培养学生的学科核心素养进行了比较全面的论述。作为案例分析的教学设计，都是近两年著者与一线教师共同研磨出来的优秀成果，大都是北京市一等奖或全国一等奖课例，在培养英语学科核心素养方面，展示了多方面的着力点。尤其是关于英语泛读教学的案例研究，填补了我国基础英语教育教学研究的空白。教科研课题的范例，旨在帮助老师更好地进行教育科学研究。

如果您是一位在基础英语教育教学第一线辛勤耕耘的教师，如果您对于《普通高中英语课程标准（2017 年版）》提出的英语学科核心素养体系心存困惑，如果您正在探索将核心素养的培植落实于课堂教学中，如果您想更好地掌握基础英语教育科研的理论和方法，本书应该能给您一些启示。

本书成稿、付梓，要感谢很多人的帮助。李晓立、徐晶两位女士在文献整理方面助我良多，蒲佳音、王健、刘英、谭松柏、龚维思、王丽俐、李晓立、朱莹、甄丽等老师提供了教学案例，鞠方安先生在全书布局谋篇上提出了建设性的建议，苏杭、胡迪两位女士帮我校对书稿，在此特别致谢。

我的夫人贺冬玲女士对于基础教育的理解给了我很多启示，向她致敬。

最后，感谢教育部高中英语课程标准修订组组长、上海外国语大学教授梅德明先生为拙著作序，感谢教育部高中英语课程标准修订组专家、北京师范大学外国语言文学学院程晓堂教授为拙著写评。

2018 年 3 月于京西知闲斋

图书在版编目（CIP）数据

当代基础英语教育教学与研究例论 / 聂成军著 . —北京：中国人民大学出版社，2018.5
ISBN 978-7-300-25709-9

Ⅰ. ①当…　Ⅱ. ①聂…　Ⅲ. ①英语课－教学研究－中学　Ⅳ. ①G633.412

中国版本图书馆 CIP 数据核字（2018）第 068456 号

当代基础英语教育教学与研究例论
聂成军　著
Dangdai Jichu Yingyu Jiaoyu Jiaoxue yu Yanjiu Lilun

出版发行	中国人民大学出版社		
社　　址	北京中关村大街31号	**邮政编码**	100080
电　　话	010－62511242（总编室）		010－62511770（质管部）
	010－82501766（邮购部）		010－62514148（门市部）
	010－62515195（发行公司）		010－62515275（盗版举报）
网　　址	http:// www. crup. com. cn		
经　　销	新华书店		
印　　刷	唐山玺诚印务有限公司		
开　　本	720 mm × 1000 mm　1/16	**版　　次**	2018 年 5 月第 1 版
印　　张	17　插页1	**印　　次**	2024 年 6 月第 3 次印刷
字　　数	238 000	**定　　价**	49.80 元

中国人民大学出版社读者信息反馈表

尊敬的读者：

感谢您购买和使用中国人民大学出版社的 ________________________ 一书，我们希望通过这张小小的反馈表来获得您更多的建议和意见，以改进我们的工作，加强我们双方的沟通和联系。我们期待着能为更多的读者提供更多的好书。

请您填妥下表后，寄回或传真回复我们，对您的支持我们不胜感激！

1. 您是从何种途径得知本书的：

☐书店　　☐网上　　☐报纸杂志　　☐朋友推荐

2. 您为什么决定购买本书：

☐工作需要　　☐学习参考　　☐对本书主题感兴趣　　☐随便翻翻

3. 您对本书内容的评价是：

☐很好　　☐好　　☐一般　　☐差　　☐很差

4. 您在阅读本书的过程中有没有发现明显的专业及编校错误，如果有，它们是：

____

____

____

5. 您对哪些专业的图书信息比较感兴趣：

____

____

____

6. 如果方便，请提供您的个人信息，以便于我们和您联系（您的个人资料我们将严格保密）：

您供职的单位：________________________

您教授的课程（教师填写）：________________________

您的通信地址：________________________

您的电子邮箱：________________________

请联系我们：黄婷　程子殊　王新文　王琼　鞠方安

电话：010-62512737，62513265，62515580，62515573，62515576

传真：010-62514961

E-mail：huangt@crup.com.cn　chengzsh@crup.com.cn　wangxw@crup.com.cn　crup_wy@163.com　jufa@crup.com.cn

通信地址：北京市海淀区中关村大街甲59号文化大厦15层　　邮编：100872

中国人民大学出版社

